A VIDA É UM SONHO

memórias de ADOLFO CANAN

Labrador

© Adolfo Carlos Canan, 2023
Todos os direitos desta edição reservados à Editora Labrador.

Coordenação editorial Pamela Oliveira
Assistência editorial Leticia Oliveira, Jaqueline Corrêa
Projeto gráfico e capa Amanda Chagas
Diagramação Estúdio DS
Preparação de texto Lívia Lisbôa
Revisão Lígia Alves
Imagens da capa Wikimedia (Vista de la Avenida 9 de Julio, Ciudad de Buenos Aires, por Sking; Monumento a las Banderas, São Paulo, por Wilfredor); Unsplash (Jeruzalém, por Ondrej Bocek)

Dados Internacionais de Catalogação na Publicação (CIP)
Jéssica de Oliveira Molinari - CRB-8/9852

Canan, Adolfo Carlos

   A vida é um sonho : memórias de Adolfo Canan / Adolfo Carlos Canan.
São Paulo : Labrador, 2023.
352 p.

   ISBN 978-65-5625-459-3

   1. Canan, Adolfo Carlos – Autobiografia I. Título

23-5651   CDD 920.71

Índice para catálogo sistemático:
1. Canan, Adolfo Carlos – Autobiografia

Labrador

Diretor-geral Daniel Pinsky
Rua Dr. José Elias, 520, sala 1
Alto da Lapa | 05083-030 | São Paulo | SP
editoralabrador.com.br | (11) 3641-7446
contato@editoralabrador.com.br

A reprodução de qualquer parte desta obra é ilegal e configura uma apropriação indevida dos direitos intelectuais e patrimoniais do autor. A editora não é responsável pelo conteúdo deste livro. O autor conhece os fatos narrados, pelos quais é responsável, assim como se responsabiliza pelos juízos emitidos.

À minha amada Arleti e aos meus queridos filhos:
Karina, Michel, Daniel e Alain.

Introdução

Como diz a sabedoria popular, para alcançar uma boa vida é preciso plantar uma árvore, ter filhos e escrever um livro. Hoje, ao refletir sobre essa moral, percebo o impacto que tais premissas podem ter em nossas existências. Essas três ações representam não apenas realizações individuais, mas também um compromisso com o futuro, com a continuidade da vida e com a partilha de sabedoria e experiência.

Plantar uma árvore é uma metáfora poderosa que simboliza a importância de contribuir para a preservação da natureza e garantir um futuro sustentável para as gerações vindouras. Assim como o ato de plantar uma semente requer paciência e dedicação, também devemos nutrir nossos sonhos, valores e relacionamentos, regando-os com amor e atenção para que floresçam e tragam frutos abundantes.

Ter filhos é uma bênção que nos coloca diante da responsabilidade de moldar e guiar vidas em formação. É um chamado para cultivar amor, empatia e respeito, transmitindo valores essenciais que contribuirão para a construção de uma sociedade mais justa e compassiva. Os filhos são como sementes que carregam parte de nossa essência, e é por intermédio deles que perpetuamos nosso legado.

Escrever um livro é uma jornada transcendental, que ultrapassa nossos corpos. Ao compartilhar nossa voz com o mundo, tocamos vidas, inspiramos reflexões e promovemos a evolução coletiva. Através da escrita, imortalizamos nossa existência e expandimos os horizontes do conhecimento, enriquecendo o espírito humano.

Mas, além desses pilares, há algo ainda mais essencial para uma vida plena: a capacidade de afirmar a própria existência, mesmo diante dos aspectos mais difíceis e desafiadores. Os obstáculos fazem parte do caminho, cada tropeço tem o poder de nos fortalecer e moldar quem nos tornamos.

Não há espaço para arrependimentos, apenas para alegria e gratidão, pois é no enfrentamento das adversidades que se revela a profundidade do nosso ser. Nas páginas que seguem, convido você a mergulhar em uma jornada que afirma a vida em sua plenitude, celebrando cada instante, deixando um legado de amor, sabedoria e alegria para as gerações futuras.

Sumário

Capítulo 1: Aurora Portenha — 9
Capítulo 2: Semilla de Maldad — 25
Capítulo 3: A Terra Prometida — 47
Capítulo 4: "Non, je ne regrette rien" — 71
Capítulo 5: Desertando por Amor — 81
Capítulo 6: Estocolmo — 93
Capítulo 7: Último Tango em Paris — 107
Capítulo 8: Volver — 117
Capítulo 9: Bendito Brasil — 137
Capítulo 10: "O Mundo é um Moinho" — 161
Capítulo 11: Uma Primavera para Recomeçar — 179
Capítulo 12: A Zona Livre do Panamá — 199
Capítulo 13: Made in China — 213
Capítulo 14: O Argentino da Vinte e Cinco — 227
Capítulo 15: Um Homem de Família — 237
Capítulo 16: Pânico em São Paulo — 249
Capítulo 17: Hugo e Haydé — 257
Capítulo 18: O Casamento dos Sonhos — 269
Capítulo 19: Luto — 273
Capítulo 20: Jerusalém de Ouro — 287
Capítulo 21: Ciclos da Vida — 301
Capítulo 22: Viajar É Viver — 307
Capítulo 23: Redenção — 323
Epílogo — 349

CAPÍTULO 1

Aurora Portenha

P ara desvelar as minhas memórias, é necessário adentrar brevemente os caminhos que as precederam. Pois sem os acontecimentos que moldaram minha trajetória, não haveria nada para contar. E, assim, a história começa com a imigração de um jovem rapaz em busca de uma vida melhor, um garoto sírio de origem judaica: meu pai, Salomón Canan.

No início do século passado, a Síria encontrava-se sob o jugo do Império Otomano, uma nação em declínio, destinada a sucumbir durante a Grande Guerra. Assim como inúmeros outros imigrantes sírios, Salomón Canan e sua família deixaram Alepo para escapar da pobreza e dos conflitos locais.

A questão judaica também desempenhava um papel significativo nesse cenário. Naquela época, a maioria dos judeus enfrentava perseguições vexatórias em todo o Velho Mundo, diversas formas de opressão que culminariam com a ascensão do nazismo. Diante dessas adversidades, o deslocamento de famílias judias tornou-se uma constante, em busca de paz e novas terras para prosperar.

Na década de 1910, Salomón e sua família embarcaram em um navio com destino a Marselha, na França. Contudo, sua permanência em território francês foi breve, pois, naquela época, a América era o destino almejado por muitos imigrantes. E não foi diferente para a família de meu pai, que escolheu a Argentina como o lugar ideal para recomeçar.

No início do século XX, a Argentina brilhava como uma das nações mais promissoras do planeta. Uma vastidão de terras que se estendia desde a bacia do rio da Prata e a costa do Atlântico Sul até a majestosa cordilheira dos Andes, descrita poeticamente como "a espinha dorsal da América do Sul". Lá estavam os pampas argentinos, conhecidos pela fertilidade de suas terras.

Ao norte, podiam ser encontrados lugares mais quentes, como Salta, e, ao sul, a "cidade do fim do mundo", Ushuaia, localizada na província da Terra do Fogo — o ponto mais austral do planeta, um lugar de frio rigoroso. E o que dizer de Buenos Aires? Naquela época, a capital portenha destacava-se como uma das metrópoles mais desenvolvidas do mundo. A cidade era impulsionada por avanços socioeconômicos significativos, trazendo prosperidade para toda a Argentina (uma nação com cerca de quatro milhões de habitantes naquele período).

Minha família paterna ficou maravilhada com tudo que presenciou. Era uma profusão de riqueza e abundância para quem só havia conhecido as adversidades da Síria, devastada pela pobreza e pela guerra. Além de meu pai e de sua mãe, também vieram meus tios Alberto, Emílio, Elias, Mussa, Ezra e a única mulher entre eles, minha tia Tereza. Todos eles transbordavam entusiasmo, diante da vida que se avizinhava.

Para meu pai, foi amor à primeira vista. Ele sempre fora fascinado pela Argentina, pela imensidão de suas terras, pela civilidade e cultura presentes, pelas oportunidades que se vislumbravam. Salomón sempre nos transmitiu profunda gratidão por nosso país, o lugar escolhido para dar início à nossa família.

Assim como a família de meu pai, minha mãe também tinha raízes sefarditas[1]. No entanto, meus avós maternos, Abud Abdam e Rachel Chaio, já haviam emigrado para a Argentina no final do século XVIII, vindos da região da Palestina, antes mesmo da existência do Estado de Israel (algo que só se concretizaria em 1948). O casamento de meus avós deu origem a sete filhos: o primogênito, Farak Abdam, meu Tio Salvador, nasceu em 14 de julho de 1922. Em 1924, veio ao mundo minha mãe, Sofía, em 23 de junho, seguida por sua irmã Sara, nascida em 16 de julho de 1926. No dia 4 de março de 1929, nasceu minha tia Margarita, seguida por minha tia Adela, em 2 de junho de 1931. Meu tio Alberto veio ao mundo em 3 de setembro de 1933 e, por fim, a caçula da família, minha única tia ainda viva, Olga, nasceu em 4 de outubro de 1936.

A família de minha mãe era unida por laços poderosos, resultado da presença imponente de minha avó Rachel, uma grande matriarca. Uma mulher de beleza estonteante; parecia uma bo-

---

[1] Após a destruição do Primeiro Templo, aproximadamente em 450 aEC (ou 450 a.C.), os judeus foram exilados para a Babilônia. Após 70 anos de exílio, muitos deles retornaram à Terra de Israel. Contudo, a maioria dos judeus permaneceu na Babilônia. Os judeus que se encontravam na Terra de Israel foram novamente levados à diáspora em 70 EC (ou 70 d.C.), desta vez pelos romanos. O exílio romano criou comunidades na Europa e no norte da África. As comunidades europeias estavam concentradas na França, Espanha, Roma e Alemanha. Os judeus da França e da Alemanha ficaram conhecidos como asquenazes (palavra hebraica para "alemão"), e os judeus da Espanha ficaram conhecidos como sefarditas (palavra hebraica para "espanhol"). Os judeus da Espanha, que permaneceram sob o império árabe por centenas de anos, tinham conexão com os judeus do norte da África e do Oriente Médio – e, assim os judeus dessas regiões acabaram sendo sefarditas (ou denominações parecidas, como sefaraditas, ou sefaradi, ou sefardi, ou sefardim).

neca de porcelana. Até hoje, posso visualizar sua expressão suave e delicada. Uma graciosidade hereditária, presente em minha mãe e suas irmãs, todas esculpidas com traços harmoniosos. A beleza é uma marca distintiva das mulheres de minha família.

Tanto minhas tias quanto meus tios maternos desempenharam um papel fundamental em minha criação. São figuras de extrema importância; pessoas que despertaram em mim a mais elevada estima. Fazem parte de minhas mais preciosas lembranças.

Meu pai já era um homem formado quando se casou com minha mãe, Sofía, em 20 de julho de 1940. Ela mal havia completado dezesseis anos na época do matrimônio. Naqueles tempos, casamentos entre homens mais velhos e jovens mulheres eram comuns. Quase dois anos após o casamento, em 1º de maio de 1942, nasceu o primogênito de meus pais, meu irmão Davi Enrique Canan. Quanto a mim, Adolfo Carlos Canan, nasci em 18 de junho de 1943. A pequena diferença de treze meses entre Enrique e eu tornou-nos muito próximos.

Nossos primeiros anos de vida transcorreram em uma casa geminada, na esquina da avenida Corrientes com a Doctor Tomás Manoel de Anchorena. Foi nesse mesmo bairro que o renomado cantor Carlos Gardel cresceu. O tango sempre esteve presente em nossa casa, um gênero musical que nos envolvia. Salomón era um exímio dançarino de tango, um talentoso milongueiro! Lembro-me das rodas que se formavam para admirá-lo dançar. Era algo impressionante para um imigrante sírio! Bastava tocar um tango no rádio para ele dizer o nome da música e do cantor.

Selim, o afetuoso apelido pelo qual meu pai era conhecido, sempre apreciou a boemia, um aspecto cultural marcante na Argentina. Salomón gostava de frequentar os bairros boêmios como Palermo e Boca, onde também estava seu time de futebol, o Boca Juniors. Meu pai também apreciava passear pela avenida Diagonal Norte, repleta de restaurantes e teatros com músicas típicas espanholas, como o flamenco.

Ele sempre foi um pai extremamente dedicado, e seus olhos se enchiam de lágrimas ao nos contemplarem. Lembro-me dos lanches que ele preparava para nós, sanduíches que tinham o sabor da minha infância, não tanto pelo gosto em si, mas pelo carinho e cuidado que os envolviam. Era possível sentir profundamente seu amor. Ele nos presenteava com desenhos, levava-nos em passeios aos fins de semana, seja pela vibrante Buenos Aires, pelas praias ou pelo campo. Selim, meu pai, sempre buscava transmitir o encanto que sentia por nossa pátria. Era como se ele estivesse imerso em um verdadeiro paraíso.

Recordo-me vividamente de nossa primeira escola, que começamos a frequentar aos seis, sete anos de idade. Era um colégio bilíngue, de origem inglesa, chamado Lange Ley. Tratava-se de uma instituição integral, onde passávamos o dia todo. Porém, Enrique e eu não gostávamos daquilo. Sentíamos raiva, nós nos sentíamos aprisionados. A metodologia de ensino era severa e não nos adaptávamos àquela forma de aprendizado. Permanecemos lá por pouco tempo, talvez nem tenham sido dois anos. Em seguida, fomos transferidos para um lugar que detestaríamos ainda mais.

Nossos pais decidiram nos colocar em um internato, o Colégio Ward, onde passamos a morar. Só voltávamos para casa aos domingos. Também era uma instituição de origem inglesa, bilíngue, mas com uma abordagem baseada nos valores protestantes cristãos. Até os dias atuais esse colégio se encontra na cidade de Ramos Mejía.

É importante destacar que a escolha de nossos pais em nos enviar para um internato ocorreu devido à pouca idade de minha mãe. Seria difícil uma jovem garota cuidar dos afazeres domésticos e de nós dois, especialmente crianças travessas e repletas de energia como éramos.

No mesmo período, meus pais escolheram um novo lar. Um apartamento na calle Larrea, no bairro de Once[2], uma região com forte influência judaica. Lá também residiam imigrantes de outras partes do mundo, como os armênios. O bairro tinha uma dinâmica comercial intensa. O negócio que Salomón tocava com seus irmãos, por exemplo, ficava na esquina da rua onde morávamos, a poucos metros de casa.

Devido ao internato, só podíamos desfrutar do novo apartamento aos domingos ou durante as férias escolares. Lembro-me da alegria que nos invadia ao estarmos lá, sob os cuidados de nossos pais. No entanto, quando chegava a hora de irmos à estação e pegar o trem de volta ao Colégio Ward, éramos tomados por tristeza e melancolia. Sentíamo-nos revoltados por não podermos permanecer em nosso lar.

Talvez tenha sido por essa razão que eu odiava estudar, interessando-me apenas pelas práticas esportivas. Recordo-me de ter jogado muito rúgbi no Colégio Ward. Como mencionei anteriormente, o colégio tinha valores cristãos. Portanto, aos

---

2 Once (em referência ao terminal ferroviário Onze de Setembro, localizada nesse perímetro) é o nome não oficial de uma área do bairro Balvanera, localizado na Comuna 3 da Cidade Autônoma de Buenos Aires. É considerado um bairro não oficial, por não estar entre os 48 bairros em que a cidade é legalmente dividida. Durante o século XIX, Balvanera era considerado um subúrbio de Buenos Aires. Um censo de 1836 estimou sua população em 3.625 habitantes. Quase todos viviam em pequenas quintas, razão pela qual a área era conhecida como *las quintas*. Sua avenida principal, a oeste, era o Camino Real del Oeste, atual avenida Rivadavia. O Once caracteriza-se pelas suas muitas lojas e abrange várias zonas comerciais. Tem uma grande presença da comunidade judaica. Os judeus nessa área são tradicionalmente fabricantes e comerciantes de tecidos. É também o lar de várias sinagogas, faculdades e clubes judaicos. Durante a crise de 2001, devido à migração de muitos judeus de Buenos Aires para Israel, a população do bairro diminuiu significativamente. Hoje em dia, há fluxos migratórios significativos na área, provenientes da Coreia do Sul e do Peru.

domingos, em vez de irmos cedo para casa, éramos obrigados a frequentar o culto, às dez da manhã. Meu pai só nos buscava após o término das cerimônias dominicais. E então, por volta das cinco da tarde, ele já nos levava de volta. O tempo em casa era escasso, detestávamos aquela situação.

Devido a isso, um dia, Enrique rebelou-se. Em um desses domingos, logo após meu pai nos deixar no internato, meu irmão desapareceu de seu alojamento. Foi uma verdadeira loucura, os funcionários da escola entraram em desespero com seu sumiço. Rapidamente, a polícia foi acionada para investigar o ocorrido. Enrique devia ter cerca de nove anos quando aprontou essa travessura.

Ele pulou a cerca da escola para caminhar até a estação de trem de Ramos Mejía. De lá, embarcou de volta para Buenos Aires. Ao chegar à capital portenha, meu irmão escondeu-se no Cinema Mundial, onde costumávamos assistir a filmes de bangue-bangue, essas produções cinematográficas que retratavam o Velho Oeste estadunidense.

A polícia encontrou-o, afinal, dormindo em uma das poltronas do cinema. Lembro-me de meu pai ter ficado muito bravo, e, como consequência de sua travessura, resolveu assustá-lo. Levou-o até a delegacia de polícia para ser repreendido pelo delegado. No entanto, o que ninguém esperava era que Enrique aprontasse ali mesmo! Enquanto meus pais conversavam com o policial, meu irmão aguardava-os em uma sala adjacente. Ali havia uma sacada, uma janela alta de frente para a rua, a cerca de dois metros do chão. Mesmo assim, meu irmão não se intimidou: escapou da delegacia e fugiu de volta para nossa casa. Éramos crianças valentes!

Por outro lado, de certa forma, essa travessura acabou nos beneficiando. Nossos pais nos tiraram do Colégio Ward e nos levaram de volta para casa. Passamos a frequentar a Escola Moderna, outra instituição com influência britânica. Como nas anteriores, ali também recebíamos uma educação de primeira qualidade, inclusive aulas de música. Era um lugar que nos preparava bem para a vida adulta.

No entanto, devido ao nosso temperamento e comportamento rebelde, estávamos bem atrasados em relação às outras crianças da nossa idade. Acompanhá-las era uma tarefa difícil. Por isso, meus pais contrataram uma professora particular para nos ajudar. Lembro-me bastante dela, uma excelente professora chamada Glória. Ela morava perto de nossa residência, uma mulher austera e rígida, que impunha grande respeito.

Após a Escola Moderna, mudamos para o que seria minha última escola antes de abandonar os estudos. Para ser sincero, nem mesmo cheguei a iniciar o ensino médio. No entanto, essa instituição de ensino tinha uma diferença marcante em relação às anteriores. Tratava-se de um colégio judaico, o Talmude Torá. Nessa escola, aprofundamos nosso conhecimento sobre o judaísmo. Aprendemos hebraico e fomos introduzidos em nossa história e cultura. Também fiz muitos amigos judeus nesse lugar, colegas que reencontraria mais tarde, já adulto.

Meus pais tiveram mais dois filhos, um casal caçula. Primeiro veio minha irmã, Haydé Luna Canan, nascida em 20 de setembro de 1948. Ela era o orgulho de meu pai, ele era apaixonado por ela! Pouco tempo depois, nasceu meu irmão mais novo, Victor Hugo Canan, em 5 de janeiro de 1950, completando nossa família.

No tocante às nossas vidas além dos muros escolares, Enrique e eu éramos verdadeiros capetinhas. Há uma memória sombria que permanece oculta, um incidente que até hoje não veio à tona. Essa peripécia escapou de maiores consequências apenas por um fio de sorte. Durante nossa infância, era comum frequentarmos o estabelecimento de trabalho de nosso pai, localizado na esquina de nossa residência.

Canan Hermanos era o empreendimento que ele administrava com seus dois irmãos mais velhos, Alberto e Emílio. Recordo-me até do nome fantasia, Fulghor. Era uma loja de departamentos, especializada em cama, mesa, banho e vestuário, destinada, principalmente, a empresas marítimas, tanto de carga como de passageiros. O principal cliente era a Dodero, uma gigante no setor. Todos os produtos fabricados e vendidos por nossa família abasteciam os navios mercantes.

Gostávamos de brincar com os funcionários da Canan Hermanos. Para você ter uma ideia, foi um dos trabalhadores, chamado Nicolas, que me influenciou a torcer pelo River Plate, contrariando meu pai e meu irmão, torcedores fanáticos do Boca Juniors. Além disso, a loja também possuía um setor de confecção. Lembro-me de ver várias pessoas trabalhando na fabricação de tecidos. Havia um enorme porão no subsolo, onde todo o estoque era armazenado: mercadorias, rolos de tecido e outras coisas. Um imenso elevador de carga era utilizado para transportá-los até o térreo.

No dia em que cometemos nossa travessura, escolhemos esse porão como local para nosso piquenique. Devíamos ter cerca de nove ou dez anos. Aproveitamos os tecidos armazenados lá para construir nossa "cabana". E, então, tivemos a brilhante ideia de acender uma vela perto dos rolos de tecido. Rapidamente, o fogo se alastrou pela loja de meu pai.

Não me recordo ao certo como conseguimos sair dali. Alimentadas pelos tecidos e pelo algodão, as chamas logo encontraram combustível para se espalhar. Recordo-me de subirmos as escadas, correndo e gritando. Tivemos muita sorte por não termos sido alcançados pelo fogo nem intoxicados pela fumaça.

Após escaparmos do prédio, permanecemos na esquina, observando a ação dos bombeiros. Desesperados, chorávamos e implorávamos para que extinguissem o incêndio o mais rápido possível. Nosso alívio foi imenso quando as chamas finalmente foram controladas.

A perda material foi considerável. Havia uma grande quantidade de mercadorias armazenadas naquele dia. No entanto, ninguém descobriu a verdadeira causa do incêndio. O seguro considerou o curto-circuito do elevador de carga como a causa, e os bombeiros corroboraram essa versão. Por sorte, ninguém ficou ferido e todas as perdas materiais foram cobertas. Mas foi por um triz, poderia ter sido uma tragédia horrível. Ficamos por muito tempo com a consciência pesada. Jamais trocamos sequer uma palavra sobre o que realmente havia ocorrido. Uma das muitas travessuras que aprontávamos!

Durante nossa infância, meu pai sempre aproveitava as férias para viajar conosco. Em uma ocasião, alugou uma propriedade rural em Castelar, onde passamos três meses, acompanhados pelo meu tio Salvador e sua esposa, minha tia Isabel, além dos meus primos Kuky, Adolfito e Dani. Tio Salvador era um ser excepcional, inteligente e trabalhador. Sua nobreza de espírito era extraordinária. Sua presença sempre me transmitia uma profunda paz.

Recordo-me de que, nessa época, minha família me apelidou de macaco, pois eu adorava escalar árvores. Minha mãe, preocupada, sempre me repreendia. Os troncos estavam cheios de lagartas, e eu sempre acabava com queimaduras. Mesmo assim, eu subia novamente e gargalhava lá de cima, enquanto ela, embaixo, suplicava para eu voltar ao chão.

Próximo àquela propriedade, havia um aterro. O local exalava um odor forte e horrendo. Meu pai ficou muito contrariado, dizia que jamais teria alugado aquela chácara se soubesse desse problema. Havia muitos sapos entre a vegetação, e, é claro, meu irmão, meus primos e eu nos divertíamos muito com os pobrezinhos. Nós os capturávamos, torturávamos e os enterrávamos vivos. Coisas de crianças impertinentes; para nós, tudo era motivo de diversão.

Naquela propriedade também havia um galinheiro. Certa vez, meu tio Salvador foi até lá e escolheu uma galinha para o abate, planejando assá-la para nós, mais tarde. No entanto, talvez por compaixão ou medo, tio Salvador falhou ao tentar degolá-la. Fez um corte superficial e deixou a ave com o pescoço pendurado!

Ainda posso ver a imagem daquela galinha, viva e com a cabeça pendente, correndo e cacarejando pelo terreno. Naquele momento, isso provocou muitas risadas. No entanto, quando a noite chegou, ninguém se atreveu a tocar no prato. A lembrança da galinha agonizante, com a cabeça pendurada por um fio, ainda estava fresca em nossa mente.

Desde a mais tenra infância, fomos criados com muita liberdade. Nem mesmo tínhamos completado dez anos e já pegávamos ônibus, indo de um lado para o outro. Naquela época, não havia perigos nas ruas. Qualquer cidadão protegia as crianças, mesmo sem nos conhecer. Se eu brigasse com outro garoto na rua, alguém sempre intervinha, para apartar a briga. Era uma cultura diferente, distante da indiferença do mundo atual. A palavra "perigo" não era comum; não havia riscos para os pequenos. Éramos nós, com nossas travessuras, que representávamos o perigo! Meu irmão e eu éramos verdadeiros aventureiros da vida nas ruas.

Passei a ser conhecido como "Semillita" no bairro Once adentro. Era um apelido carinhoso que me foi dado por causa de um artista da comédia argentina, o Semillita. Diziam que eu me parecia com ele. Até hoje, quando visito Buenos Aires, as pessoas da minha época me chamam por esse apelido, que, posteriormente, ganhou outros significados.

Quantas lembranças tenho do meu bairro! Foram os melhores anos da aurora da minha vida! Recordo-me de um grande mercado chamado Larrea. Costumávamos jogar bola no estacionamento, acessado pela calle Paso. Naquela época, meu irmão e eu passamos a conviver com outros garotos do bairro, a maioria de origem judaica, assim como nós.

Agíamos como uma verdadeira gangue de judeus! Não permitíamos, de forma alguma, que garotos de outros bairros jogassem bola em nosso território. O estacionamento do mercado era o nosso parque de diversões. Durante o lazer, jogávamos futebol, bolinha de gude e ioiô. Mas, em tempos de guerra, nos armávamos com estilingues para batalhar contra as turmas de outros bairros.

No entanto, também enfrentamos um momento de grande dificuldade. A Argentina estava sofrendo com uma grave crise sanitária, um surto de poliomielite que afetava, principalmente, as crianças. Naquela época, sabia-se muito pouco sobre o assunto. Esse terrível vírus causou inúmeros casos de paralisia e, até mesmo, morte. Lembro-me do povo se unindo, saindo às ruas com vassouras em mãos, munidos de água e cloro, na tentativa de se proteger, eliminando vírus, micróbios e germes.

Infelizmente, minha irmã Haydé contraiu a doença. O clima em nossa casa tornou-se um velório permanente. Nossos pais ficaram arrasados. Lembro-me de pegar minha irmã no colo, tentando ajudá-la a ficar de pé, mas ela não tinha firmeza em suas pequenas perninhas. Era uma cena muito triste. No entanto, mesmo com apenas três anos, Haydé sempre manteve seu sorriso e alegria. Desde cedo, ela demonstrava grande perspicácia.

Alguns médicos que a examinaram acreditavam ser poliomielite, outros consideravam meningite — ou, até mesmo, as duas doenças, juntas. Não me lembro ao certo qual tratamento foi realizado, nem por quanto tempo durou esse processo. Felizmente, aos poucos, minha irmã começou a caminhar novamente e voltou a se alimentar bem. Haydé foi curada e não teve nenhuma sequela da doença. Pelo contrário, ela parecia mais forte do que nunca. Foi um grande alívio para todos nós, já que eram poucas as crianças que conseguiam sobreviver sem sequelas. Isso só mudou com a introdução da vacina.

Apesar dessa crise sanitária, destaco a prosperidade socioeconômica vivida na Argentina. Havia programas culturais extraordinários para desfrutar em Buenos Aires. Nossa família costumava frequentar teatros e cinemas com grande assiduidade. Como dizia Eva Perón, "*los únicos privilegiados son los niños*".

Evita era muito popular durante esse período da minha vida. Gostávamos muito dela, pois frequentávamos a Cidade Infantil e a Cidade Estudantil, lugares criados por Eva Perón. Ficamos tristes com sua morte, tanto que fomos ao velório. Era impressionante a quantidade de pessoas presentes e a grande comoção que tomou conta do país. Ela era uma mulher carismática, alguém que fazia muito pelos pobres. Nos finais de ano, Evita costumava subir em caminhões para distribuir panetones para a população.

Evita não era uma pessoa culta, ela havia saído de um cabaré para se casar com Perón. Mas o carisma que ela possuía era fora do comum. É evidente que seu marido usou sua generosidade para fins populistas. Após a morte de Evita, muitas coisas ruins vieram à tona. Até então, não sabíamos que Perón recebia submarinos nazistas carregados de ouro, nem que esse líder populista estava escondendo tantos criminosos de guerra em solo argentino. Nazistas como Adolf Eichmann!

A imagem de santa e pessoa extraordinária que Eva Perón carregava foi usada por seu marido para manter sua popularidade alta. Até mesmo o livro de Evita, *La razón de mi vida*[3], foi amplamente utilizado como propaganda política. No entanto, assim que Eva Perón faleceu, seu marido perdeu o apoio popular.

No ano de 1956, após sofrer um golpe militar, o ditador escapou, através de túneis planejados previamente para chegar ao porto e fugir do país, em uma fragata paraguaia. Em seguida, veio o período sombrio na Argentina, com governos militares de características extremamente opressivas. Até hoje, o país paga pelas consequências deixadas por Perón como um terrível legado.

Durante a adolescência, Enrique e eu continuamos causando problemas, apesar do amor que nossos pais dedicavam a nós. Imagine como minha mãe se esforçava para cuidar dos pequenos, Haydé e Hugo, ao mesmo tempo em que lidava com nossas travessuras! Certa vez, eles nos enviaram para uma colônia de férias, após o fim do ano escolar.

Essa colônia ficava em Mar del Plata, uma cidade praiana fantástica, a quatrocentos quilômetros de Buenos Aires. Muitos portenhos escolhiam esse destino para suas temporadas de verão. A colônia de férias escolhida por nossos pais era extremamente cara, mas de excelente qualidade. Lá, podíamos brincar, praticar esportes, fazer passeios e muito mais. Meu irmão e eu causamos grande tumulto! Comparadas a nós, dois terríveis malandros, as

---

[3] *La razón de mi vida* é um livro autobiográfico escrito, na Argentina por Manuel Penella da Silva, para Eva Perón (então primeira-dama, além de presidente do Partido Peronista Feminino e da Fundação Eva Perón). Foi inicialmente publicado em 15 de setembro de 1951 pela Ediciones Peuser, com uma tiragem de 300 mil exemplares, e reeditado, inúmeras vezes, nos anos seguintes. O livro foi assinado por Eva Perón numa época em que o câncer que a levaria à morte já estava avançado. Trata-se de um manifesto peronista, pois descreve as opiniões de Juan Domingo Perón, com quem Evita expressa sua total concordância. Passou a ser leitura obrigatória nas escolas, após a morte de Evita, durante o governo peronista.

outras crianças pareciam verdadeiros anjinhos. Nós aprontávamos em todas as ocasiões. Como adorávamos nadar, íamos até um píer para nos atirarmos ao mar. Os salva-vidas da colônia ficavam desesperados com nosso comportamento. Gritavam para tomarmos cuidado e corriam como loucos atrás de nós. Tudo em vão, pois não os levávamos a sério.

    À tarde, montávamos em cavalos e avançávamos sobre as outras crianças, gargalhando ao vê-las correr em desespero. Depois, até as corrompíamos para que aprontassem conosco. Mal completamos duas semanas naquele local e acabamos sendo expulsos! Fomos devolvidos aos nossos pais, juntamente com o dinheiro investido na estadia. Não suportavam mais nossa presença.

CAPÍTULO 2

Semilla de Maldad

Aos treze anos, entreguei-me ainda mais à rebeldia, deixando de lado os estudos para percorrer as ruas, envolvendo-me em confusões incessantes. Brigava com meu irmão, brigava nas ruas, brigava com os garotos de outros bairros. E essas brigas eram travadas com paus e pedras! Quantas vezes não presenciei uma vizinha trazendo seu filho machucado até nossa porta, para se queixar com minha mãe? Certa vez, arremessei uma pedra nos olhos de um garoto cujo pai havia perdido a visão. A mãe dele veio até nossa casa, irada, questionando se eu também desejava cegar seu filho.

Nesse período, vivenciei dois momentos marcantes. O primeiro foi um golpe inesperado sofrido por meu pai, uma reviravolta que teve início após a morte de minha avó paterna. Ela era uma mulher de temperamento terrível e reprovável, mas, de alguma forma, mantinha seus filhos unidos enquanto estava viva. No entanto, após seu falecimento, a relação entre meu pai e seus irmãos se deteriorou por completo.

Recordo-me de um sábado, durante o almoço em nossa casa, quando meu pai adentrou pela porta, tomado pela desolação. Então, Selim nos revelou que ele havia sido alvo de um golpe perpetrado por seus próprios irmãos e que havíamos perdido tudo. Meu pai fora simplesmente excluído da sociedade da noite para o dia, tratado como um cão. Após esse evento, ele jamais voltou a ser o mesmo.

Nesse período, Selim começou a enfrentar problemas com a bebida, incapaz de aceitar tal injustiça. Durante todos os anos de trabalho na Canan Hermanos, meu pai era o verdadeiro motor do negócio, dedicado e incansável. Seus irmãos apareciam apenas para colher os frutos. No entanto, sem hesitação, afastaram meu pai da sociedade, deixando-o em situação difícil.

Passamos a nos preocupar em manter nosso padrão de vida. Como manteríamos o carro, o motorista, as roupas de qualidade, as boas escolas e os lugares requintados que frequentávamos, além das viagens de férias que tanto apreciávamos? A deslealdade de meus tios nos atingiu em cheio, pegando-nos de surpresa.

Por outro lado, devido à desunião da família paterna, que culminou em uma grande ruptura entre os irmãos, nós nos apegamos ainda mais à família materna, sempre unida, especialmente por causa de minha avó Rachel. Lembro-me das festas judaicas que ela organizava em sua casa, para toda a família. Ali, juntos, celebrávamos datas importantes como o Rosh Rashaná[4], o Yom Kippur[5], a Pessach[6], o Sucót[7] e a Simchat Torá[8].

Nas noites de sexta-feira, nos vestíamos com nossas melhores roupas — terno, gravata, camisa e sapatos bem polidos — e acompanhávamos nosso avô Abud até a sinagoga, para o Shabat. Enrique e eu aprendemos a respeitar profundamente as tradições judaicas no Talmude Torá. Completando treze anos, celebramos nosso Bar Mitzvá[9]. Aos sábados, tínhamos o hábito de jantar na casa de meus avós, reunindo toda a família.

Minha avó Rachel adorava receber a visita de seus netos em casa e sempre se esforçava para nos agradar. Infelizmente, ela faleceu precocemente, no dia 14 de maio de 1957, com apenas 58 anos, vítima de problemas de pressão alta. Eu estava prestes a completar quatorze anos quando esse evento surpreendente e inesperado abalou toda a família. Antes de seu falecimento, tive a oportunidade de visitá-la no hospital onde estava internada. Na época, não percebi a gravidade da situação até vê-la deitada em sua cama, com o peito aberto e cortes profundos. Eram

---

[4] Rosh Rashaná, como é conhecido o Ano-Novo judaico, é um dos feriados mais importantes para os judeus. Ele ocorre sempre no primeiro dia do primeiro mês do calendário judaico e marca o primeiro de dez dias de profunda introspecção e meditação, que terminam com o primeiro dia do Yom Kippur.

[5] Yom Kippur é o Dia do Perdão no judaísmo. Os judeus tradicionalmente observam esse feriado com um período de jejum de 25 horas e oração intensa.

[6] Pessach é a Páscoa judaica, também conhecida como "Festa da Libertação", e celebra a libertação dos hebreus da escravidão, no Egito, em 14 de Nissan do calendário judaico, do ano de 1446 a.C.

[7] Sucót é um festival judaico que se inicia no dia 15 de Tishrei, de acordo com o calendário judaico. A data relembra os 40 anos de êxodo dos hebreus, no deserto, após sua saída do Egito.

[8] Simchat Torá é a festividade que ocorre no oitavo dia após Sucót. Nesse dia, encerra-se a leitura anual da Torá e ela é reiniciada, como lembrança da sua eternidade.

[9] Bar Mitzvá (filho do mandamento) é a cerimônia que insere o jovem judeu como um membro maduro na comunidade judaica. Iniciado como uma cerimônia folclórica, agora é parte universal do judaísmo oficial, da lei escrita. Quando um judeu atinge a maturidade (treze anos, para os meninos), passa a se tornar responsável pelos seus atos, de acordo com a lei judaica.

tentativas médicas desesperadas para estabilizar sua pressão arterial, uma imagem que ficou marcada em minha memória.

Passados seis meses desde sua morte, meu avô Abud casou-se novamente, com uma viúva, o que levou minha tia Olga, então com vinte anos, a vir morar conosco, já que ela não desejava compartilhar o mesmo teto com a nova esposa de seu pai. Embora houvesse uma pequena diferença de idade entre nós, ela ajudava minha mãe a cuidar de nós. Éramos crianças travessas e dávamos muito trabalho.

Nosso apartamento tornou-se apertado. Meus pais ocupavam um dos quartos, enquanto Enrique e eu compartilhávamos o outro. Na sala de jantar, acomodavam-se Hugo, Haydé e minha tia Olga. Em uma ocasião, meus pais saíram de viagem e tia Olga ficou responsável por nós. Em um dia ensolarado, ela nos preparou uma macarronada para o almoço. Por alguma razão, eu e meu irmão Enrique começamos a brigar e, dominado pela raiva, arremessei meu prato contra a parede. Ao ver o molho se espalhar, o furor se dissipou e caímos na gargalhada, esquecendo nossa briga. Éramos terríveis, meu irmão e eu.

Após a traição de meus tios, meu pai começou a se reerguer e conseguiu uma barraca no Mercado Proveedor del Sur, localizado perto da Estación Constitución. Era um bom mercado, e Selim começou a vender roupas, lá. Ele sempre foi respeitado pelos comerciantes do bairro Once, conhecido por sua palavra honrada, o que lhe permitia ter crédito.

Nesse mesmo período, comecei a me virar por conta própria. Enrique e eu já não andávamos mais com as mesmas turmas. Eu fazia amizade com outros jovens judeus, e algumas dessas amizades poderiam ser consideradas perigosas. Quem liderava essa espécie de gangue que formávamos era Gabotto, um rapaz um pouco mais velho que os demais. Ele era temido em todo o bairro Once, naquela época. Havia também Maurício, um amigo que nos deixou cedo demais, aos dezoito anos, em um acidente, enquanto trabalhava em uma fábrica. Fui ao seu funeral para prestar minhas condolências à família. Lembro-me de seu irmão, desolado, questionando incessantemente o porquê daquela tragédia. Além disso, havia Babi e seu irmão, Hector Dayan, que se tornaria um grande amigo ao longo da minha juventude.

Nossa turma organizou uma murga[10] para brincar no carnaval. Era uma forma de nos divertirmos e ganharmos algum dinheiro ao mesmo tempo. Improvisávamos canções na hora, brincando com o público. Sempre acrescentávamos um toque picante às músicas. Nós nos fantasiávamos, usando sombreiros, e qualquer objeto que tivéssemos nas mãos se transformava em instrumento de percussão. Eu já tinha completado quatorze anos naquela época. Passávamos os dias ensaiando em um terreno baldio. Foi nessa época que comecei a fumar e a chegar tarde a

---

[10] Murga é um ritmo musical e uma manifestação cultural popular presente em diversos países de origem espanhola. A palavra "murga" é originária da Espanha. O ritmo musical teria surgido em 1906, quando chegou ao Uruguai uma companhia de zarzuela, cujos componentes formaram um agrupamento ao qual chamaram La Gaditana e desfilaram pelas ruas de Montevidéu para cantar, dançar e arrecadar dinheiro para as apresentações da companhia. O evento teria inspirado a criação, no ano seguinte, de uma agremiação carnavalesca de uruguaios denominada Murga La Gaditana que Se Va, para parodiar o ocorrido com os artistas espanhóis. A partir daí, "murga" passou a designar esses grupos, que, com o passar do tempo, agregaram à música que tocavam elementos do candomblé e de outros ritmos de origem africana. A proximidade com o Uruguai fez com que surgisse, à mesma época, a murga portenha, que se difundiria por toda a Argentina. Atualmente, é manifestação presente no carnaval de diversas cidades espanholas, uruguaias, chilenas e argentinas. A murga é executada basicamente com instrumentos de percussão (bombo, redoblante e platillos de entrechoque). Como ritmo musical, passou a ser gravada e executada em ambientes distintos às manifestações do Carnaval, por artistas como os cantores uruguaios Jaime Roos e Canario Luna, a cantora argentina Adriana Varela, as bandas de rock uruguaias La Vela Puerca e No Te Va Gustar e as bandas argentinas Bersuit Vergarabat e Karamelo Santo. No que tange às vestimentas, a murga recebeu influências do Carnaval de Veneza e da Comedia dell'Arte, da qual manteve figuras como o Momo, o Pierrô e a Colombina. No Uruguai, berço do gênero, a murga ganha ares de apresentação teatral, com coros e encenações que, no Carnaval, fazem humor com a vida social e política do país.

casa, muitas vezes às duas ou três da manhã. Meus pais ficavam preocupados e não conseguiam dormir até eu chegar.

Com essa turma, eu mergulhei cada vez mais no submundo juvenil de Buenos Aires. Cometíamos diversos tipos de pequenos delitos. Invadíamos sessões de cinema para assistir aos filmes de graça e praticávamos pequenos furtos nas ruas, como *pickpocket*.[11] Às vezes entrávamos em prédios comerciais e esperávamos pacientemente até que todos fossem embora para, então, roubar as lojas e vender o que tínhamos roubado. Por serem pequenos delitos, escapávamos impunes, fazendo com que nos sentíssemos os verdadeiros donos do pedaço.

Na verdade, também tínhamos sorte, pois Buenos Aires era, então, uma cidade muito bem vigiada. Havia um *botón*[12] em cada esquina. Os policiais costumavam ser educados e prestativos, desfrutando de grande respeito por parte da população. Eu me envolvia cada vez mais com amizades perigosas, como Cacho, o filho do zelador. Ele era alto, charmoso e cheio de artimanhas. Aonde quer que ele fosse, sempre estava rodeado de mulheres, desde cedo.

Nessa época, também experimentei o meu despertar sexual. Devido aos valores morais e aos costumes da época, era difícil, para um jovem como eu, ter relações sexuais com garotas da minha idade. Minhas primeiras experiências sexuais foram com as empregadas que trabalhavam em nossa casa ou na casa dos meus avós. Em nosso apartamento, havia uma empregada chamada Chela, uma morena alta, com cerca de um metro e oitenta, extremamente bonita.

---

[11] *Pickpocketing* é uma forma de roubo de dinheiro ou outros objetos de valor sem que a vítima perceba. Isso requer uma destreza considerável e habilidade para o mau direcionamento. Esse tipo de ladrão é conhecido como carteirista.

[12] Gíria utilizada pelos portenhos para designar um policial.

Eu mentia para meus pais, dizendo que ia ao cinema, e esperava todos irem dormir para, então, voltar para casa no início da madrugada. Entrava pela janela do quarto dela, que dava para o hall do elevador. Quase todas as noites! Depois de Chela, comecei a me envolver com uma vizinha e, em seguida, com uma empregada que trabalhava na casa dos meus avós.

De vez em quando, meu tio Alberto nos flagrava. Ele sentia uma certa inveja, pois não era muito mais velho do que eu e talvez desejasse estar em meu lugar. No entanto, ele nunca contava a ninguém, apenas observava em silêncio. Tio Alberto teve uma fase bastante peculiar em sua vida, no início de sua juventude. Costumava frequentar um templo de sefarditas ortodoxos extremamente fanáticos.

Nenhum membro da minha família, exceto ele, seguia uma linha tão rigorosa de religiosidade. Meu avô não aprovava, lembro-me dele repreendendo-o com cintadas, dizendo para deixar de frequentar aquele lugar, pois esse tipo de culto tornava as pessoas ignorantes. Um dia, tio Alberto abandonou esse fundamentalismo e passou a trabalhar no comércio. Logo depois, casou-se e teve uma filha, minha prima Edith.

No entanto, meu tio não teve muita sorte e morreu alguns anos mais tarde, ainda jovem. Lembro-me que, durante um verão, ele me disse que faria uma cirurgia para tratar suas varizes e ficar em forma. Após receber a anestesia, ele entrou em coma e permaneceu assim por três anos, sem jamais acordar. Após sua morte, a viúva dele recebeu uma indenização generosa do hospital e desapareceu, com minha prima. Nunca mais soubemos o paradeiro delas.

Durante os anos de minha adolescência, adentrei também o caminho do comércio, em busca de dinheiro. Ansiava por ter recursos para frequentar lugares luxuosos. Cresci em um local onde, a cada esquina, desdobrava-se um tango distinto. Pompeia, Caminito, La Boca, Riachuelo... Elegantes recantos, como Palermo! Desvendamos e nos extasiamos com esses estabelecimentos. Porém, diversão requeria recursos.

Naquela época, a Argentina vivia sob um regime militar, com um comércio fechado e importações proibidas. Em nosso país, a meia-calça stretch e o nylon eram desconhecidos. Apesar de minha pouca idade, fiz algumas viagens a Montevidéu, no Uruguai. Retornava com mercadorias importadas para vendê-las no mesmo local onde meu pai possuía sua loja. Meias de nylon para as mulheres, lenços, suéteres e outros artigos. Na Estação Constitucíon, os comerciantes cooperavam entre si, de maneira admirável. A concorrência era irrelevante; havia espaço para todos. Enrique estava ao meu lado nesse empreendimento, conseguindo obter algum lucro, e nos virávamos bem.

No entanto, estávamos longe do patamar alcançado por meu pai antes do atrito com seus irmãos mais velhos, Emílio e Alberto. Naquela época, possuíamos carro com motorista, casa de praia e um extenso sítio em Castelar. Retornar a tal posição mostrava-se uma tarefa hercúlea. Meu pai, em razão disso, não conseguia aceitar a situação. Remoía incessantemente suas frustrações, descontando-as na bebida. Apenas um de seus irmãos, Elias, permanecia próximo a ele, um companheiro fiel no consumo de álcool. Nesse período, esse tio também possuía um negócio no Mercado Proveedor del Sur.

O alcoolismo de meu pai começou a causar problemas. Em certas ocasiões, ele chegava em casa e se mostrava agressivo. Nossa preocupação voltava-se para minha mãe. Contudo, no dia seguinte, perdoávamos suas atitudes, pois ele era uma pessoa de bom coração, sempre muito amoroso.

Nessa época, durante um almoço, comecei a questionar meu pai sobre um certo tipo de passeio que costumávamos fazer quando eu era criança. Selim nos levava para uma espécie de ônibus aberto, utilizado por empreendimentos imobiliários para mostrar lotes à venda, no campo, durante o trajeto. Novos lançamentos a quatro, cinco horas de distância da capital. Chamávamos esses ônibus de banheiras, devido à sua aparência. Era uma forma de explorar, juntos, a Argentina, que meu pai tanto amava.

Meu irmão e eu tentamos ajudá-lo a relembrar as eventuais aquisições feitas durante esses passeios. Então, meu pai mencionou que havia comprado terras em Córdoba, uma cidade localizada a setecentos quilômetros de Buenos Aires. Um lugar espetacular, altamente recomendado para quem sofria de problemas respiratórios. Selim havia passado algum tempo nessa cidade para se recuperar de uma tuberculose, doença comum na época. O ar puro de Córdoba fez bem à sua saúde.

Descobrimos que meu pai havia adquirido terras não apenas nessa cidade, mas também em outros locais, durante nossos passeios de banheira. Na época, ele pagou tudo à vista; porém, não deu a devida atenção às escrituras ou aos impostos. Desse modo, não sabíamos qual era a situação. Partimos em busca de informações, para descobrir o que poderíamos recuperar; se algo de valor ainda existia. Durante essa empreitada, encontramos nossa propriedade em Córdoba. Foi exatamente nesse lugar que a rodoviária mais importante da cidade foi erguida. Recuperamos também outras terras que estavam perdidas, como Mar del Plata, Rios e Santa Fé. Visitamos os cartórios locais e obtivemos todas as informações necessárias.

Após pagar os impostos e regularizar as escrituras, obtivemos um retorno financeiro muito significativo. Ficamos mais ricos do que meus tios! Meu pai até mesmo deixou de trabalhar naquela época, graças à fortuna que conquistamos. No entanto, infelizmente, não foi o suficiente para fazê-lo abandonar o álcool. Somente algum tempo depois, quando os médicos o sentenciaram a escolher entre a vida e a bebida, ele parou de beber. Seu fígado já estava comprometido.

Ao completar dezessete anos, fui me envolvendo cada vez mais com amizades perigosas. Meu grande amigo e parceiro nesse momento passou a ser Hector Dayan. Nessa época, o contrabando de cigarros importados tornou-se a empreitada mais promissora para ganhar dinheiro. À noite, eu furtava o carro de meu pai e nos dirigíamos a um local chamado Berisso, onde havia um porto.

Recordo-me de pararmos em um bar e entregarmos as chaves do carro a um de nossos contatos. Ele pegava o veículo e desaparecia, retornando somente três horas depois. O carro voltava repleto de cigarros. Hector e eu éramos apenas transportadores. Partíamos de Berisso e seguíamos direto para Buenos Aires, onde distribuíamos os cigarros em pontos específicos. Cada caixa continha quarenta pacotes. Havia todo tipo de cigarro que se possa imaginar: Chesterfield, Lucky Strike, Camel, Marlboro e outros, todos contrabandeados dos Estados Unidos.

Para se ter uma ideia, nessa época, um funcionário público ganhava mil pesos por mês. Hector e eu, em uma única noite, chegávamos a faturar dez mil pesos. Não éramos pagos pela venda do contrabando em si, mas pelos serviços prestados às grandes organizações criminosas que lucravam com as vendas. Com o dinheiro entrando, vestíamo-nos apenas com as melhores roupas. Cheguei até a comprar uma moto italiana, uma Gilera de cento e cinquenta cilindradas. Em casa, minha família não fazia ideia de minhas ocupações. Minha mãe e meu irmão preocupavam-se comigo, com meus horários e com todas as coisas que eu conseguia comprar sem que eles soubessem de onde vinha tanto dinheiro.

Hector e eu nos sentíamos como os soberanos da noite. Era nesse período que trabalhávamos e nos aventurávamos como cafetões. Apesar de não sermos maiores de idade, tínhamos diversas prostitutas de Buenos Aires sob nosso controle. Ser cafetão era desnecessário para nós, mas gostávamos de bancar esse papel. Éramos cercados por mulheres. Naquela época, até mesmo deixei minha casa para morar com uma dessas garotas, no centro de Buenos Aires, reduto de muitas prostitutas. Seu nome era Lita e ela já tinha dois filhos. Eu a ajudava a cuidar deles. Hector e eu fazíamos muito dinheiro juntos.

Éramos terríveis. Costumávamos frequentar cabarés todas as noites, onde nos envolvíamos em disputas com outros cafetões. Era uma realidade árdua. Um território perigoso, marcado por brigas com facas e revólveres. Minha vida havia se tornado um caos, mas eu não me dava conta. Não percebia o perigo iminente, pois já havia me colocado em uma situação de risco extremo. Corria o risco de sair ferido, preso ou até mesmo morto.

Quando minha mãe e Enrique perceberam o rumo que minha vida tomava, passaram a me pressionar constantemente. Até mesmo meu pai juntou-se a eles. No entanto, eu já não dava ouvidos a ninguém; perambulava pelas ruas portenhas com uma arrogância desmedida. Naquela época, um filme estadunidense de grande sucesso deu uma nova conotação ao meu apelido. Não mais associado ao antigo comediante, ele passou a representar o título daquela produção: *Semilla de Maldad*.[13]

---

[13] *Semilla de Maldad* é o título em espanhol do filme *Blackboard Jungle*, lançado em português como *Sementes de violência*. Essa produção data de 1955, dirigida por Richard Brooks, e conta a história de Richard Dadier, o novo professor da escola secundária de North Manual, num bairro degradado da cidade: tensões raciais, violência, gangues e

Hector e eu mimávamos nossas garotas com luxo e ostentação. Naquela época, ter uma namorada estava fora de cogitação. Relações com "donzelas de família" eram praticamente impossíveis. Os costumes vigentes valorizavam a virgindade até o casamento. Assim, nos envolvíamos com "mulheres da noite".

Acabei contraindo todo tipo de doença imaginável. Desde as menores até as mais graves. Minha mãe, uma senhora de família tradicional, chorava e se preocupava com meu estado. Ela não sabia mais o que fazer para me tirar desse caminho desviado. Ao completar dezoito anos, eu não sabia absolutamente nada. Estava totalmente inconsciente do perigo que estava cultivando em minha vida. Mas, naquela época, eu não me importava. Tudo parecia uma grande aventura que me deslumbrava.

Chegado o período em que se cumpria o serviço militar obrigatório na Argentina, uma página em branco era reservada na carteira de identidade para registrar essa etapa. Ao completar dezoito anos, era necessário cumprir o serviço e receber o carimbo de "serviço militar cumprido" na identificação. Hector também já havia completado a idade, mas nenhum de nós tinha qualquer interesse em servir nos quartéis.

Preferíamos a farra e as aventuras que vivíamos. Em uma dessas noites, após bebermos e nos divertirmos, Hector pediu para ver meu documento. Eu já havia colocado uma foto para cumprir as exigências do serviço militar que me aguardava. Ele abriu minha carteira e examinou o documento por um tempo.

— Adolfo, como você está feio nessa foto! — disse ele, para minha surpresa.

---

apatia são uma constante. O honesto professor quer ajudar a mudar o seu pequeno canto do mundo. Alguns acham que a sua causa é uma causa perdida.

Em seguida, arrancou a página de minha caderneta de identidade. Eu o xinguei e, é claro, fiz o mesmo com o documento dele. Rimos muito, sem pensar nas consequências. Assim éramos; tudo era diversão e brincadeira. Mais tarde, tentamos colar a página de volta com fita adesiva. No entanto, as consequências logo se fizeram presentes.

Certo dia, após uma de nossas noitadas, já eram quatro da manhã quando caminhávamos pelas ruas, falando alto e rindo, como se fôssemos os donos do pedaço. Paramos para urinar na calçada quando um veículo passou por nós. Hector, sempre brincalhão, gritou para que tivessem cuidado e não atropelassem seu "membro". Era apenas uma brincadeira. No entanto, o que meu amigo não imaginava é que dentro daquele carro havia quatro policiais de mau humor.

Naquele dia, fomos brutalmente espancados. Apanhamos tanto que tivemos que ir para o hospital. Depois disso, fomos diretamente para a delegacia. Lá, mesmo machucados, fomos obrigados a limpar o local, até mesmo os sapatos dos policiais. Enquanto isso, um oficial examinava nossas cadernetas de identidade e perguntou sobre a página colada com fita adesiva.

— Minha irmãzinha rasgou! — respondi.

Logo em seguida, ele fez a mesma pergunta para Hector, que havia escutado minha resposta. Ele deu a mesma explicação. O oficial ficou furioso com nossas brincadeiras e deu um tapa forte no rosto de meu amigo. Ele começou a gritar conosco, e, naquele momento, comecei a me preocupar. Tentei amenizar a situação:

— Vamos, Hector, conte a verdade, estávamos brincando. Eu rasguei sua caderneta e você rasgou a minha!

O oficial nos censurava:

— Vocês estão rasgando documentos.

Era algo muito sério naquela época. Passamos por apuros na delegacia; foi um alívio sair dali pela porta da frente, mas ficamos marcados. A ficha começou a cair sobre as consequências de nossas ações. Tínhamos dezoito anos, muito dinheiro e, no entanto, fomos fichados pela polícia. Nas ruas, éramos perseguidos por verdadeiros cafetões e cada vez mais nos envolvíamos com a máfia do cigarro e do uísque. No bairro em que morávamos, já não éramos vistos como simples meninos. Semilla de Maldad...

Éramos encarados como jovens marginais. Roubávamos, contrabandeávamos e infringíamos a lei sem hesitação. Até hoje, lembro das lágrimas que minha mãe derramava, da dor que ela sentia ao ver um de seus filhos afundando cada vez mais, sem noção do que estava fazendo com a própria vida.

Após esse episódio, Hector também ficou preocupado.

— Adolfo, o que fizemos ontem foi uma loucura, precisamos sair daqui.

Estávamos bebendo, acompanhados de Lita e de uma amiga dela, a garota de Hector — duas mulheres deslumbrantes. Para nos afastarmos um pouco da capital portenha, decidimos passar o fim de semana em Mar del Plata. Eu já tinha comprado um carro, mas, como nunca havia pegado a estrada, achamos melhor viajar de ônibus.

Era pleno inverno e fazia muito frio quando chegamos à cidade litorânea. Escolhemos um hotel que tinha ares de pensão. O dono ocupava um quarto no térreo, enquanto os quartos de hóspedes ficavam um andar acima. Alugamos uma suíte espaçosa o suficiente para todos nós. Lembro-me da sacada que dava para a rua, era encantadora.

Bebemos durante todo o sábado. A empolgação nos levou aos cassinos de Mar del Plata, onde Hector e eu perdemos quase todo o dinheiro que levamos. Valores que deveriam nos garantir tranquilidade por um mês. Mas, naquele momento, isso já não importava mais. Voltamos ao hotel embriagados e todos fomos para o nosso quarto. Era hora de fazer amor.

Jamais esquecerei de uma cena hilária que vivenciamos lá. Hector, um rapaz de pele clara e cabelos negros, quis praticar sexo anal com sua acompanhante. De repente, ela se borrou inteiramente e a sujeira escorria até mesmo pelo rosto do meu amigo. Ele ficou furioso, gesticulava e xingava, enquanto ela fazia biquinho e dizia "*Yo te amo, my amor, te quiero!*". Como rimos diante dessa situação.

Após ele ter tomado um banho, adentramos o mundo noturno rumo ao cinema. A sala estava escassamente povoada e, na tela, desenrolava-se *Spartacus*[14], um filme consagrado. A gélida atmosfera nos impelia a sair em busca de duas garrafas de conhaque, com o parco dinheiro que ainda possuíamos. Envoltos em névoa etílica, protagonizamos uma zorra dentro do cinema. Houve momentos em que nossos olhos se enchiam de lágrimas, comovidos pela trama. Porém, quando Spartacus foi crucificado, cena profundamente tocante para os espectadores, algo inexplicável nos acometeu: gargalhadas efervescentes, como risadas de hienas. Os demais presentes na sala, enfurecidos, não demoraram a chamar a polícia; e fomos removidos do recinto.

Ao retornar ao hotel, deparamo-nos com um dilema de proporções descomunais: como quitar a estadia? Tínhamos perdido tudo no cassino e gasto o restante em bebidas. Nada nos restava! Assim, urdiu-se em nossa mente um plano de fuga, na calada da noite. A tarefa não seria fácil. Nossas companheiras de jornada carregavam bagagens monumentais, como se estivessem

---

[14] *Spartacus* é um filme estadunidense de 1960, realizado por Stanley Kubrick, com roteiro de Dalton Trumbo.

preparadas para uma vida inteira naquele lugar. Pouco antes do amanhecer, deslizamos todas as malas pela sacada, presas por lençóis improvisados.

Cumprida essa etapa do ardiloso plano, precipitamo-nos em direção à ferrovia. Por certo, o proprietário da pensão deve ter percebido nossa escapada, pois patrulhas se movimentavam agitadamente naquelas redondezas. Naquele instante, temíamos o pior. Porém, felizes reviravoltas da sorte nos sorriram e conseguimos embarcar no trem rumo à Estación Constitución. Todavia, ao chegar a Buenos Aires, fomos detidos por não termos pago a passagem de trem.

Tudo parecia conspirar contra nós, incapazes de evitar enrascadas. Estávamos verdadeiramente apavorados. Era imperativo deixar Buenos Aires, antes que algo mais sinistro nos acometesse. No entanto, uma luz divina despontou no fim do túnel, uma oportunidade magnífica para escapar da Argentina e deixar para trás toda essa confusão. Uma fuga que nos conectaria diretamente às nossas raízes judaicas.

Para prosseguir com minhas memórias, é preciso contar um pouco sobre Israel. Um país ainda jovem, fundado em 1948, três anos após o término da Segunda Guerra Mundial. No entanto, os anseios por essa nação remontam ao final do século XIX, com a criação do Movimento Sionista[15].

Até o desfecho da Primeira Guerra Mundial, a região encontrava-se sob domínio do Império Turco-Otomano. Poste-

---

[15] O sionismo ou movimento sionista foi criado por intelectuais judeus no início da década de 1890 e tinha por objetivo principal o combate ao antissemitismo (aversão ao povo judeu que se espalhou pelo mundo após a dissolução dos reinos judeus na Idade Antiga), que subsistia na Europa desde a Idade Média e que havia se intensificado no século XIX. Sionistas como Theodor Herzl (1860-1904) pregavam o retorno dos judeus para sua região de origem, a Palestina (a "terra prometida"), a fim de formarem, lá, um Estado moderno — aos moldes das nações ocidentais, como forma de autodeterminação do povo judeu.

riormente, até a criação do Estado de Israel, o território esteve sob controle britânico. É essencial ressaltar que os britânicos dificultaram, em grande medida, a concretização desse Estado. Foi necessário empregar diversas ações para expulsá-los daquelas terras. Uma das organizações judaicas que mais atuaram nesse intento foi o Haganá[16], grupo que não hesitava em empregar a força quando julgava necessário. Inclusive, tive o privilégio de me hospedar no histórico Hotel King David, frequentado pela elite britânica durante o Mandato Britânico na Palestina e que sofreu um ataque a bomba em 1946[17].

Diante do crescente aumento da violência, os britânicos transferiram o problema para a recém-criada Organização das Nações Unidas. A entidade internacional formou um Comitê

---

[16] O Haganá foi a principal organização paramilitar da população judaica no Mandato da Palestina, entre 1920 e 1948, quando se tornou o núcleo das Forças de Defesa de Israel (IDF). Formado a partir de milícias existentes anteriormente, seu objetivo original era defender os assentamentos judeus de ataques árabes, tais como os distúrbios de 1920, 1921, 1929, e durante a revolta árabe de 1936-1939 na Palestina, estando sob o controle da Agência Judaica, o órgão governamental oficial encarregado da comunidade judaica da Palestina durante o Mandato Britânico. Até o final da Segunda Guerra Mundial, as atividades do Haganá eram moderadas. Com o fim da Segunda Guerra Mundial e a recusa britânica em cancelar as restrições do Livro Branco de 1939 à imigração judaica, o Haganá se voltou para atividades de sabotagem contra as autoridades britânicas, colocando bombas em pontes, ferrovias e navios usados para deportar imigrantes judeus ilegais, bem como ajudando a trazer judeus para a Palestina, em desafio à política do Reino Unido. Depois que as Nações Unidas adotaram um plano de partilha da Palestina, em 1947, o Haganá veio a público como a maior força de combate entre os judeus palestinos, vencendo, com sucesso, as forças árabes, durante a guerra civil. Pouco depois da declaração de independência de Israel e do início da Guerra Árabe-Israelense de 1948, o Haganá foi dissolvido e tornou-se o exército oficial do Estado.

[17] O atentado ao Hotel King David, em 1946, foi um ataque bombista ao referido hotel situado na cidade de Jerusalém, na então região do Mandato Britânico da Palestina. Teve como perpetradores os membros de uma organização sionista denominada Irgun (diminutivo de Irgun Zvai Leumi — "Organização Militar Nacional"). O hotel servia de residência para os familiares de funcionários do governo britânico na Palestina. O ataque foi organizado por Menachem Begin, que, mais tarde, ocupou o cargo de primeiro-ministro de Israel por duas vezes. Resultou na morte de 91 pessoas (28 britânicos, 41 árabes, 17 judeus e 5 outros mortos) e ferimentos graves em outras 45 pessoas. Esse ataque não é considerado um ato de terrorismo, uma vez que o objetivo de toda a operação era destruir planos que comprometiam a posição e estratégias de grupos paramilitares como o Irgun e o Haganá, e não a morte de civis.

Especial para discutir a partilha territorial, e o escolhido para conduzir a questão foi o diplomata brasileiro Oswaldo Aranha, cujo papel foi fundamental para a criação do Estado judaico.

Entretanto, após serem expulsos da Palestina, os britânicos não deixaram de atiçar a chama da animosidade entre árabes e judeus, conflito que ainda aflige a região nos dias atuais. Não restam dúvidas de que o Reino Unido carrega grande responsabilidade nesse embate, ao incitar um lado contra o outro quando se retirou.

Com o estabelecimento do Estado de Israel, intensificou-se o estímulo para que judeus de todo o mundo povoassem a Terra Prometida. A nação necessitava de jovens combatentes, agricultores, engenheiros, enfim, de jovens comprometidos com o ideal de construir uma nação forte e soberana, capaz de proteger o legado hebraico no mundo, especialmente após os trágicos acontecimentos do Holocausto.

Nesse mesmo período, a comunidade judaica na Argentina era ampla e influente no país. Muitos de nós éramos judeus sionistas pró-Israel. Por meio de nossas redes de comunicação, chegavam-nos notícias dos horrores enfrentados por nosso povo ao longo da Segunda Guerra Mundial, notícias sobre judeus confinados na ilha de Chipre, impedidos de viajar para a Palestina, contrariando o desejo dos ingleses. Há um filme muito conhecido, *Exodus*[18], que relata o drama desses homens.

Na verdade, ao rememorar a história, é inegável que um dos primeiros navios que se lançaram na travessia do oceano, carregando, em suas entranhas, refugiados judeus da Europa rumo à

---

[18] *Exodus* é um filme estadunidense de 1960, do gênero drama de guerra, dirigido por Otto Preminger, com roteiro de Dalton Trumbo. Conta a história de um líder da resistência palestina, Ari Ben Canaan (Paul Newman), que conduz seiscentos judeus dos campos de detenção do Chipre a um cargueiro em direção à Palestina. As forças britânicas são informadas de seu propósito e lhe pedem para desistir. Porém, Canaan e seus passageiros arriscam suas vidas pelo ideal da independência israelense.

Palestina, ostentava o mesmo nome: Exodus[19]. Essas narrativas ressoavam profundamente em nossos corações, incitando-nos a agir em prol de nosso povo. Hector e eu nos envolvíamos em um fervoroso entusiasmo diante da perspectiva de migrar para Israel. Não apenas poderíamos edificar nossas próprias vidas, mas também contribuiríamos para a construção de nossa nação.

Fomos bem acolhidos pela Agência Judaica da Argentina. Ingressamos em um movimento conhecido como "luz sionista", mergulhando em um rigoroso treinamento. Era uma jornada árdua, mas necessária. Somente assim estaríamos aptos a enfrentar as adversidades que aguardavam por nós em solo israelense. O local escolhido para nossa preparação era uma fazenda coletiva situada em Campana, um lugar abençoado com alcachofras de sabor inigualável! Ali, adentramos no estilo de vida dos kibutzim[20], uma forma comunitária de coletividade israelita essencial para o Estado judaico. Naquela fazenda, aprendíamos de tudo

---

[19] Exodus também era o nome de um navio conhecido por ter transportado judeus à Palestina, no período que precedeu a fundação do Estado de Israel. O *SS President Warfield*, construído em 1927 e lançado em 1928, foi utilizado até 1942 no transporte de passageiros e cargas entre Norfolk, Virginia e Baltimore, Maryland, nos Estados Unidos. Durante a Segunda Guerra Mundial, serviu tanto à Marinha Real Britânica como à Marinha dos Estados Unidos. Após o conflito, o navio foi comprado pela Agência Judaica (em 1947).

[20] Combinando o socialismo e o sionismo no "sionismo trabalhista", os kibutzim são uma experiência única israelita e parte de um dos maiores movimentos comunais seculares na história, fundados numa época em que a lavoura individual não era prática. Forçados pela necessidade de vida comunal – e inspirados por ideologia socialista –, os membros do kibutz desenvolveram um modo de vida que atraiu interesse de todo o mundo. Enquanto os kibutzim foram, durante várias gerações, comunidades utópicas, hoje eles são pouco diferentes das empresas capitalistas às quais supostamente seriam alternativas. Hoje, em alguns kibutzim, são contratados trabalhadores que vivem fora da esfera comunitária e que recebem salários, como em qualquer empresa capitalista. Os kibutzim forneceram a Israel uma parte desproporcionalmente importante dos seus líderes intelectuais, políticos e militares. Apesar de o movimento nunca ter excedido 7% da população de Israel, ele poderá ter contribuído, como poucas instituições em Israel, para cunhar a identidade cultural do país. Historicamente, com a colonização do Estado israelense, também exerceram importante papel estratégico militar, quando dos primeiros conflitos árabe-israelenses, funcionando como verdadeiras bases avançadas, pois os colonos com treinamento militar e armas combateram exércitos inimigos até uma intervenção do exército de Israel.

um pouco: agricultura, hebraico, história, cultura, canções, além do manejo de armas de fogo e muito mais.

Éramos um grupo de cerca de 25 jovens, provenientes de diferentes regiões da Argentina: de Buenos Aires, Córdoba, Santa Fé, Rosário. Onde quer que houvesse jovens judeus, fossem sefarditas ou asquenazes, haveria fervor pela ideia de partir para Israel. Éramos transformados em jovens idealistas, prontos para dar a própria vida em defesa do direito à nossa terra.

Foram quatro intensos meses de preparação até nos sentirmos prontos para desembarcar na Terra Prometida. Durante esse período, desapareci completamente da vida de Lita. Ela não tinha conhecimento algum sobre o que me sucedia. Hector e eu fugimos do mundo que conhecíamos, temerosos de que alguém pudesse interferir em nossos planos. Chegaram até a me procurar na casa de meus pais, porém a Agência Judaica nos protegia com sua eficácia infalível. Não havia segredo que escapasse a eles, pois sabiam tudo sobre a vida de qualquer judeu interessado em migrar para Israel.

Os comerciantes do bairro Once faziam generosas doações de roupas, dinheiro e outros recursos. Era a maneira deles participarem da edificação do Estado judaico, apoiando os jovens determinados a erguer Israel. Havia uma forte união entre os judeus em prol da causa sionista.

Até hoje, guardo vividamente a memória do dia de minha partida, ocorrida em 12 de março de 1962. Embarquei no navio Flaminia, uma embarcação alugada pela Agência Judaica e que seguia as normas rabínicas estritamente, mantendo-se imaculada segundo os princípios do kosher[21]. Hugo, meu irmão caçula,

---

[21] Kosher é um termo que faz referência aos alimentos que são adequados ou permitidos pelas leis alimentares do judaísmo. A palavra de origem ídiche significa literalmente

acompanhou meu pai, durante minha despedida. Recordo-me da família de Hector também estar presente, despedindo-se dele. Foi uma separação dolorosa. A bordo do navio, subi ao convés e, de lá, observava-os chorar, como se eu partisse para a guerra. Era doloroso deixar todos para trás, mas era a decisão mais acertada para traçar os rumos de minha vida.

Evidentemente, eu não fazia ideia das adversidades que aguardavam por mim nas terras de Israel, nem imaginava como aquela experiência moldaria meu caráter e atribuiria novos significados à minha existência. Muito menos poderia antecipar que estava prestes a conhecer o meu primeiro amor.

"permitido" ou "apropriado", sendo utilizada dentro do *kashrut*, um conjunto de deveres alimentares estabelecidos pela lei judaica (halachá). As leis que determinam a **dieta kosher** são bastante complexas e exigentes, sendo todas derivadas, principalmente, de dois principais livros da Torá (o livro sagrado para os judeus): o Levítico e o Deuteronômio. Todos os alimentos que não são considerados kosher são denominados *treif* (que significa "proibido" na tradução do hebraico para o português).

———— CAPÍTULO 3 ————

A Terra Prometida

O *Flaminia* deslizava gracioso sobre as serenas águas do oceano Atlântico, seguindo em direção às ilhas Canárias, um arquipélago espanhol que emergia a oeste da costa do Marrocos. Quando, enfim, ancoramos, tivemos a oportunidade de pisar em solo firme. Aquele lugar era um porto livre, e a primeira aquisição que fiz foi uma vitrola Winco 45. Em seguida, decidi comprar queijo ralado. Tanto eu quanto Hector estávamos cansados de nos alimentar apenas de macarrão. A ideia de levar queijo conosco parecia razoável, afinal poderia acrescentar sabor à pasta monótona que preenchia nossos pratos. A parada em terra firme foi breve, pois logo seguiríamos nossa jornada pelo mar Mediterrâneo até chegar ao porto de Nápoles.

De volta ao navio, após ser servido o macarrão, retiramos o queijo e o oferecemos generosamente a outros passageiros, que o receberam com gratidão. O macarrão, de sabor já conhecido, ganhou uma nova vida com aquele toque do produto lácteo. Contudo, para nossa surpresa, descobrimos que nossa "brilhante" ideia se transformara em um desastre. Os rabinos nos fitaram com olhos atônitos, repletos de incredulidade e um indescritível pesar.

— Como vocês puderam cometer tamanha heresia?

Éramos, de certa forma, dois malandros inocentes, criados em famílias judias moderadas. Celebrávamos os feriados judaicos e, vez ou outra, frequentávamos a sinagoga. No entanto, desconhecíamos por completo os costumes ortodoxos e a complexidade do estilo kosher. Não compreendíamos a magnitude do que estava em jogo. Ao servirmos aquele queijo que não fora produzido seguindo os rituais adequados, inadvertidamente profanamos o navio.

Não mais era possível rastrear por quais pratos nosso queijo havia passado, nem quais talheres haviam tocado aquela "heresia ralada". Todo o conteúdo a bordo anterior à introdução do queijo foi descartado e a cozinha passou por uma rigorosa limpeza. Novos utensílios foram adquiridos, e levou dois dias para que o *Flaminia* fosse novamente purificado, de acordo com os preceitos do kosher. Uma vez que a ordem foi restaurada, prosseguimos em nossa viagem. Pouco tempo depois, finalmente, atracamos em Nápoles.

No porto italiano, os rabinos da Agência Judaica decidiram separar Hector e eu, encaminhando-nos para diferentes navios. Assim, antes mesmo de chegarmos a Israel, fomos apartados. Como mencionei anteriormente, o rabinato tinha pleno conhecimento de todos os imigrantes a bordo. Eles certamente estavam cientes de nosso histórico em Buenos Aires. O incidente ocorrido no navio foi a faísca que fez com que interviessem, deixando cada um de nós por conta própria em solo israelense.

Devo admitir que nem todos os passageiros daquela embarcação eram judeus exemplares. Havia muitos judeus argentinos com um passado duvidoso. Lembro-me vividamente dos pais de família que cuidavam zelosamente de suas esposas e filhas durante a travessia; elas nunca andavam desacompanhadas no convés, mesmo com a guarda noturna sempre vigilante, a fim de evitar qualquer abuso.

Separados os "terroristas" de Once, seguimos em direção à Terra Prometida. Chegamos ao porto de Haifa em abril de 1962, um mês após deixarmos a Argentina. Antes mesmo de desembarcarmos do *Flaminia*, autoridades do governo subiram a bordo e emitiram documentos para todos os passageiros. Ao pisar em solo israelense, cada judeu se tornava, automaticamente, um cidadão de Israel.

Lembro-me dos pensamentos que inundaram minha mente quando pisei pela primeira vez naquela terra sagrada. Era primavera, eu portava comigo o desejo de deixar para trás toda a malandragem e a arrogância que me caracterizavam em Buenos Aires. No entanto, eu ainda não tinha a menor noção de como essa experiência transformaria minha visão de mundo, ensinando-me o verdadeiro valor da vida, do trabalho árduo e do amor por essa terra. Essas lições, aprendidas em minha jornada em Israel, ainda ecoam em meu coração até os dias de hoje, moldando o homem que me tornei ao longo da vida.

Fui designado para um kibutz situado em uma colina, a 25 quilômetros de Haifa. Esse agrupamento coletivo era conhecido como Alonim, devido à presença de uma fábrica de alumínio nas proximidades. Logo percebi que seria necessário abrir mão do conforto e luxo de que havia desfrutado na Argentina.

Ali não havia crianças, pois estas residiam em escolas, sob a tutela rigorosa de seus professores. Os pais, tanto homens quanto mulheres, dedicavam-se ao trabalho. Todos contribuíam para o kibutz, em uma igualdade louvável. Cerca de duas mil pessoas compartilhavam o mesmo estilo de vida. Além da fábrica de alumínio, havia vastos pomares de frutas cítricas a serem cultivados.

No início, minha tarefa era colher laranjas. Meu dia começava cedo, às seis da manhã — hora, em Buenos Aires, na qual eu costumava recolher-me ao leito. Levantava-me ainda antes, para tomar o café da manhã. Uma caminhada de aproximadamente quinhentos metros nos separava do refeitório. Após a primeira refeição do dia, nos dirigíamos à praça principal, onde estavam os tratores que nos levavam aos campos. Ali, trabalhávamos incansavelmente até uma breve pausa, às 9h, para desfrutar de um almoço matinal, consistente e nutritivo, repleto de ovos e produtos lácteos. Logo em seguida, retornávamos às nossas atividades, que só cessavam ao meio-dia, para o almoço.

As tardes eram destinadas ao *ulpan*[22], uma escola para novos imigrantes que ainda não dominavam o hebraico nem compreendiam os costumes israelenses. A frequência ao *ulpan* era uma obrigação estabelecida pela Agência Judaica, condição para residir em Israel. As aulas seguiam até às 17h, permitindo-nos desfrutar do restante do dia livremente.

No kibutz, dormíamos em uma imensa cabana, onde cada um possuía seu próprio quarto, um ao lado do outro, como puxadinhos. Não havia separação de gênero no alojamento, pois Israel era um país de mentalidade progressista, uma terra de amor livre. No Alonim havia imigrantes provenientes de todas as partes do mundo, sem mencionar o grande número de estrangeiros inscritos em programas de serviço voluntário, trocando

---

22 Um *ulpan* é um instituto ou escola para o estudo intensivo do hebraico. *Ulpan* é uma palavra hebraica que significa estúdio ou ensino, instrução. O *ulpan* é projetado para ensinar aos imigrantes adultos as habilidades básicas de linguagem de conversa, escrita e compreensão. A maioria dos *ulpanim* também fornece instruções sobre os fundamentos da cultura, história e geografia israelenses. O objetivo principal do *ulpan* é ajudar os novos cidadãos a serem integrados o mais rápido e facilmente possível à vida social, cultural e econômica de seu novo país.

trabalho por hospedagem. Em sua maioria, eram mulheres em busca de novas experiências. Essa diversidade trazia uma atmosfera alegre ao cotidiano árduo de Alonim.

O kibutz era uma ideologia, uma forma de viver, um dos pilares mais sólidos do Estado de Israel. Eles proviam tudo para você e, em troca, você ajudava a crescer o kibutz. Conforme você trabalhava, podia receber bens fornecidos pelo coletivo. Porém, não havia lucro pessoal; tudo que se conquistava na vida era uma concessão, em troca do trabalho árduo.

Se você quisesse se tornar médico, advogado, diplomata ou até mesmo astronauta, o kibutz apoiava e arcava com os custos da sua formação. Mas o que você ganhava trazia de volta para o kibutz, pois tudo que alcançava era resultado do apoio coletivo. Não importava o posto conquistado: se você fazia parte de um kibutz, certamente já havia passado pelas colheitas, fazendas e apiários. Eu mesmo executei todos esses trabalhos em Israel.

Lembro-me de momentos em que observava o vasto refeitório e notava a ausência de muitos jovens. Rapazes fortes e bem formados, ao lado dos quais me sentia frágil. De repente, eles desapareciam por algum tempo. Quando eles reapareciam, eu os questionava sobre o que estavam fazendo. "Exército" era a resposta. Eles serviam tanto ao exército quanto ao kibutz.

Em Israel, o serviço militar não é apenas por um curto período, para depois se tornar um reservista convocado em tempos de guerra. As obrigações militares em relação à pátria são contínuas. Uma vez por ano, até os quarenta anos, retorna-se ao exército para um treinamento militar durante um mês. O *miluim*[23] é uma prática que perdura até os dias de hoje.

---

23 *Miluim*, dever da reserva do exército, é uma das características marcantes da vida em Israel. Depois de completar o serviço militar regular, aos 21 anos, os homens são convocados para uma rodada anual de *miluim*, até atingir os 40 anos.

Não importa se o país está em conflito ou não, os israelenses sempre estão preparados para a guerra. A cada vez um treinamento diferente: em um ano, treino como tanquista; no outro, como socorrista; talvez no próximo como atirador de elite — e assim por diante.

Em suma, trabalhar com armas nos ombros, cuidar da terra e defender o país era o lema de Israel, a ideologia motriz do país. No início, isso me incomodava muito; eu não entendia. Todos pareciam ser mais idealistas do que religiosos. Lembro-me de ter chegado a Israel durante a época de Pessach, a Páscoa judaica.

Chegado o dia, notei as pessoas ao meu redor trabalhando incessantemente, sem se importar com o feriado. Talvez eu tivesse outras expectativas, baseadas em minha infância, quando essa data sempre era celebrada em família. No entanto, em Israel, parecia um dia absolutamente comum. Questionei um monitor sobre o que estava diante dos meus olhos.

— Estou enganado ou hoje é Pessach?

Ele confirmou e me perguntou se eu respeitava o feriado, em meu país.

— Não há problema se você respeita Pessach. O local onde as pessoas se reúnem para as celebrações está aberto.

Fiquei surpreso quando cheguei ao local indicado e encontrei apenas dois casais idosos, rezando, em respeito ao feriado judaico. Todos os outros continuavam cumprindo suas obrigações diárias. Fiquei pasmo; até me senti mal. Como é que, em Israel, a Terra Prometida, a Páscoa não era respeitada? Essas pessoas não eram religiosas!

Iniciaram-se questionamentos intensos sobre a minha presença ali. Abandonei uma terra como a Argentina, uma nação próspera e abundante naqueles tempos, repleta de riquezas. E agora me encontrava em um solo desértico e desprovido, cercado por árabes hostis, com a constante ameaça de uma guerra, pairando sobre nós. As pessoas, seus motivos e o fanatismo idealista com que se comportavam eram incompreensíveis para mim. Tudo aquilo parecia destituído de sentido.

Eu enfrentava adversidades muito mais árduas do que havia previsto antes de desembarcar em Haifa. O fato que mais me inquietava era a iminente obrigatoriedade de ingressar nas forças armadas israelenses. Era um pressuposto para a cidadania israelita. E, para mim, que havia escapado do serviço militar obrigatório na Argentina, ingressar no exército em Israel representaria uma situação ainda mais angustiante, pois eu não desejava tirar vidas nem enfrentar a morte.

No *ulpan*, onde prosseguiam meus estudos, a maioria dos alunos compartilhava a mesma origem sul-americana que eu: argentinos, uruguaios, colombianos e brasileiros. Todos exibiam desapontamento e insatisfação com a sua estada ali. Não ansiávamos por permanecer, pouco nos importava aprender o hebraico. Comportávamo-nos como rebeldes durante as aulas, repletos de sarcasmo, como se tal atitude pudesse aliviar a severidade da vida na Terra Prometida.

Recordo-me vividamente da professora, Madame Judith: uma mulher de estatura baixa, esguia, com olhos azuis penetrantes. Seus óculos pendiam no nariz. Sempre séria e portando uma expressão sofrida, jamais testemunhei um sorriso em seu semblante! Talvez não tivesse nem sequer atingido a marca dos cinquenta anos, mas aparentava estar já na casa dos setenta.

Apesar de nossa falta de educação e desinteresse, ela possuía uma paciência inabalável ao lecionar. Ensinava-nos a falar e escrever em hebraico, relatava-nos a história de Israel e seus porquês. E, mesmo assim, zombávamos dela, em espanhol, para que não entendesse, tecendo piadas de gosto duvidoso a seu respeito. Ríamos como crianças malcriadas. Ainda não o sabia, mas Madame Judith estava prestes a me transmitir uma das grandes lições da minha existência, que começaria a moldar minha perspectiva em Israel.

Recordo-me com clareza desse fatídico dia! Durante a aula, um colega de classe foi tomado por uma fúria desmedida, ou algo parecido. Não creio que tenha sido pessoal, foi mais um desabafo raivoso direcionado à pessoa errada, no momento errado. Em espanhol, o aluno desferiu uma série de insultos contra Madame Judith e contra a vida que levávamos. Ele dizia que morar em Israel era uma desgraça e que não queria mais aprender qualquer coisa em hebraico. É verdade que muitas pessoas não se adaptaram à vida nos kibutzim. Milhares de imigrantes que ali chegaram posteriormente acabaram se mudando para as cidades. Outros simplesmente abandonaram o país para retornar ao conforto de seus lares.

Logo após o rapaz proferir todos aqueles insultos, testemunhei, pela primeira vez, nossa professora perder a calma. Foi uma cena que jamais poderei esquecer. Nervosa e em lágrimas, ela abriu sua blusa diante de todos nós, exibindo seios marcados, repletos de cicatrizes horrendas. Em perfeito espanhol, ela nos revelou que aquelas marcas em seu corpo eram presentes que recebera dos nazistas em um campo de concentração, onde perdeu o marido e três filhos.

— Vocês não têm a menor ideia do que é o sofrimento.

Não tínhamos a menor noção de que ela dominava o espanhol e entendia todas as bobagens que pronunciávamos durante suas aulas. Apontando para muitos de nós, ela compartilhou que se deitara com todos os alemães que se apresentaram à sua frente, a fim de salvar a vida de primos, tios e parentes.

— Foi dessa maneira que consegui preservar a vida de alguns, é por causa de sacrifícios como esse que vocês estão aqui hoje.

Foi um momento de intensidade avassaladora e marcante, para mim. Todos nós, na sala, começamos a chorar também. Uma coisa era ouvir relatos sobre a barbárie ocorrida durante a Segunda Guerra Mundial, mas outra, completamente diferente, era testemunhar alguém completamente mutilado por suas consequências. Sem dúvida, essa foi uma das lições mais cruas que aprendi em toda a minha existência. Um aprendizado visceral que abateu minha arrogância. Eu já não podia mais permanecer o mesmo.

Com o passar do tempo, pude conhecer melhor esses indivíduos aguerridos que não surgiram de festas e celebrações, como eu. Eram os verdadeiros *Olim Chadashim*[24], provenientes de campos de concentração, guerras e miséria. Finalmente eu pude compreender os motivos, pude compreender o sofrimento que tanto afligiu o nosso povo. A partir desse momento, o idealismo de Israel passou a fazer todo o sentido para mim.

A partir de então, comecei a valorizar cada coisa com maior intensidade. Aprendi a me sentir digno da comida que estava em meu prato, pois eu trabalhava arduamente por ela. Apesar da saudade que nutria por minha terra natal, minha família e meus pertences, e apesar de todas as dificuldades que enfrentávamos, passei a respeitar e admirar meus novos compatriotas.

Adaptar-me àquela rotina foi uma tarefa extremamente árdua. Levantar-me tão cedo para trabalhar nas plantações jamais fez parte de minha realidade. No entanto, aos poucos, comecei a me sentir fortalecido como nunca. Minha pele sempre

---

[24] Termo hebraico que designa os novos imigrantes a povoar Israel.

estava bronzeada e até o cheiro da terra começou a me agradar. Finalmente, passei a me sentir um israelense, pronto para portar uma arma nos ombros e dar a vida por Israel!

Sabra[25] é o fruto que floresce nos cactos de Israel. Uma fruta revestida de espinhos, mas extremamente doce em seu interior! É por essa característica que os nativos de Israel recebem esse apelido. Por fora, parecem ser rígidos e espinhosos, mas, em seu âmago, são doces. Aqueles que nascem em Israel possuem esse perfil.

Para mim, foi um privilégio inigualável habitar a Terra Prometida e compartilhar a existência com os sabras. Um povo resiliente e combativo, que já enfrentara os mais terríveis infortúnios, agora erguia a pátria tão almejada. Apenas um povo imbuído de profundo amor poderia florescer, diante de tantas adversidades, com tenacidade, criatividade e labor incansável. O valor da terra para os israelenses era indescritível. O idealismo daquelas pessoas se materializava na própria carne, enraizado em sua essência.

A organização do trabalho no kibutz Alonim era rotativa. Eu já havia passado pelos campos de laranjas, pela cozinha, pelas galinhas e pelos apiários. Então, chegou a minha vez de operar os tratores. Como tratorista, transportava cargas de frutas cítricas em suas caçambas. Mas nem tudo se resumia ao trabalho

---

[25] Sabra é uma fruta que cresce nos cactos dos territórios de Israel e da Palestina, bem como em outras regiões do mundo. É dura e espinhosa em seu exterior. Por dentro, contudo, é macia e tem sabor bem doce. É cultivada e consumida em Israel e outros países. Sabras israelenses são exportados para países da Europa e da América do Norte, e para o Japão. Por ser áspero por fora e suave em seu interior, na linguagem e no imaginário popular de Israel, seu nome é dado aos judeus nascidos antes de 1948, no território da Palestina sob Mandato Britânico (bem como aos seus descendentes), que geraram uma cultura, um modo de vida e uma maneira de se relacionar com o mundo diferente daquela dos judeus vindos da diáspora. Estes, ao se adaptarem à sociedade local, tendem a aspirar a serem reconhecidos como sabras, com o passar dos anos.

árduo, como mencionei antes. Nossas noites eram livres, e, com a chegada de voluntárias, sobretudo da Europa, em busca de aventura, a farra estava garantida. No kibutz, recebíamos vales para trocar por mantimentos no armazém, como frutas, café, vinhos e bebidas. Havia momentos de diversão em meio ao laborioso cotidiano.

Em um dia memorável, fui surpreendido de forma extraordinária:

— Semilla! Finalmente te encontrei! A partir de hoje, ficaremos juntos — exclamou Hector Dayan, meu camarada.

Ele estava na Galileia, próximo à fronteira de Israel com a Síria e a Jordânia. Hector havia conseguido me localizar e arranjado traslado de um kibutz para outro. Assim que chegou, apropriou-se do meu quarto e pendurou uma placa na porta: "Amigos y Copas", acompanhada por uma luz vermelha. Não é preciso mencionar que o local se tornou ponto de encontro para festas e visitas das mulheres estrangeiras.

Contudo, a estadia de Hector em Alonim foi breve. Ele fora designado para trabalhar com as galinhas, mas havia um problema — Hector sofria de alergias. Logo no primeiro dia, ao retornar do galinheiro, ele começou a empalidecer, tomado por uma forte crise asmática. Cheguei a pensar que ele não sobreviveria. Desesperado, tentei levá-lo ao hospital. Carreguei-o por quase cinco quilômetros, até alcançarmos a estrada e conseguirmos carona até Haifa.

Lá, os médicos tomaram as providências necessárias para estabilizar meu amigo, permitindo que se recuperasse da crise. No entanto, como forma de prevenção, recomendaram que Hector passasse a viver em um lugar de maior altitude, com um ar mais favorável às suas condições. Assim, ele se mudou para

Nazaré Lllit[26], situada nas elevadas montanhas, a 45 minutos de Haifa.

Eu permaneci em Alonim, dedicando-me ao meu trabalho como tratorista. Então, chegou o dia em que a Terra Prometida me reservaria uma nova lição de vida. Mal podia acreditar que tudo começara com uma farra... Naquela ocasião, um grupo de mulheres britânicas, possivelmente escocesas, estava de passagem pelo kibutz. Eram loiras belíssimas! Elas vieram para uma experiência de voluntariado de um mês e estavam no campo de cultivo de cítricos, onde eu operava o trator.

Ensinávamos a elas sobre as laranjas, como colhê-las, mas também compartilhávamos risos e diversão, alguns de nós até flertando com as jovens. Eu decidi brincar com o trator, tentando fazer graça. Por acidente, perdi o controle e acabei caindo da máquina, derrubando três laranjeiras durante essa brincadeira inconsequente.

Colegas vieram me socorrer enquanto eu estava caído no chão, e, então, apareceu um homem idoso, talvez com seus 65 anos. Recordo-me de seus longos cabelos brancos e seus olhos de um azul intensamente penetrante. Ele se aproximou de mim com raiva, gritando, em hebraico, enquanto gesticulava furiosamente. Eu não conseguia compreender uma palavra.

Um dos amigos que vieram me ajudar já morava no kibutz havia muito tempo e falava hebraico fluentemente. Pedi a ele que traduzisse a animosidade do homem. Depois de uma breve conversa com o idoso, meu amigo voltou-se para mim:

---

[26] A cidade de Nazaré Lllit (Colinas de Nazaré) foi renomeada como Nof Hagalil (Vista da Galileia) após plebiscito junto aos seus habitantes, no ano de 2019, para que deixasse de ser confundida com sua vizinha Nazaré, o local onde Jesus Cristo teria passado sua infância, segundo a tradição cristã.

— Ele diz que você é um assassino, que matou três de suas filhas.

— O quê? Eu, assassinar suas filhas? Esse homem está louco, isso não pode ser verdade.

Roguei ao meu colega que indagasse novamente ao homem o motivo de tamanha hostilidade. Depois de mais algumas palavras trocadas, quando meu amigo se dirigiu a mim, percebi o pesar, em seus olhos marejados.

— Ele é um sobrevivente de um campo de concentração. Não sobrou ninguém de sua família, tudo que era mais especial para ele foi tirado pelos nazistas. Ele conheceu o inferno na terra. Agora, a única coisa que possui são suas árvores. Com muito esforço e dedicação, ele as plantou, nutriu, regou, viu-as crescer, colheu seus frutos e descansou sob suas sombras. Um processo de anos que você, de maneira estúpida e em questão de segundos, destruiu, como um assassino.

Lembro-me de ter chorado compulsivamente, como um bebê! Sentia-me uma pessoa maligna, o Semilla del Maldad! Estava envergonhado; de fato, sentia-me um criminoso. Quão tolo eu havia sido! Fiquei chocado, pois aquela foi uma maneira dolorosa de aprender sobre o amor daqueles homens. Foi mais uma lição de vida que jamais poderia esquecer.

Ajoelhei-me diante dele e chorei, suplicando por seu perdão. Prometi que nunca mais derrubaria outra árvore e que teria imenso amor pela natureza. Fiz a promessa de plantar muitas outras ao longo de minha vida. Aquele senhor polonês nos contou mais sobre sua história. Eu estava profundamente envergonhado. Nunca soube se ele me perdoou. Encontramo-nos algumas vezes depois disso, mas não passávamos de um simples "Shalom, shalom". Sempre me senti extremamente constrangido em sua presença.

Felizmente, pude cumprir minha promessa em Israel: plantei muitas árvores enquanto estive lá. E não era uma tarefa fácil. Não se plantava na terra, mas sim em meio às pedras, em um solo extremamente árduo. Eu plantava até minhas mãos sangrarem, e, toda vez que o fazia, lembrava-me daquele polonês e de sua história.

Essa experiência tornou-me ainda mais israelense, mais adaptado àquele estilo de vida. Eu continuava com meu trabalho e estudos no *ulpan* com grande dedicação. Apesar da partida de Hector, havia outros amigos argentinos por lá, como Alberto Steinberg, que mais tarde foi parar no Bronx, em Nova York, e Lamparita, um conterrâneo de Missiones, cidade que faz fronteira com o Brasil. Lamparita era uma figura exótica e extremamente inteligente. Ele dominava inúmeros dialetos indígenas, como quíchua ou tupi-guarani. Além disso, conseguia fazer cálculos complexos rapidamente, de cabeça. Apesar de sua inteligência, era um tanto excêntrico. Lembro-me até hoje de seu rosto, mais envelhecido que o dos demais, porém sempre acompanhado de um sorriso radiante. Passei ótimos momentos com esses amigos em Israel.

Em uma ocasião, mesmo desfrutando de excelente saúde e estando em plena forma, acabei sofrendo uma infecção dentária. Era terrível, uma dor lancinante. Desde minha infância, nunca havia me preocupado com a saúde bucal. Meus dentes estavam estragados; alguns deles, seriamente infectados. Foram dias difíceis, nos quais mal conseguia trabalhar. Fiquei acamado, sentindo-me bastante solitário.

Meus amigos se divertiam com algumas mulheres que realizavam serviços voluntários para o kibutz. Era um grupo de mulheres estadunidenses que residiam em Paris. No entanto, eu não tinha ânimo para sair da cama. Sentindo o meu momento difícil, Alberto veio até a minha acomodação para tentar me animar:

— Adolfo, força, meu amigo. Você precisa se recuperar logo, não faz ideia do que está perdendo, *muchacho*. Mas veja só como eu sou um bom amigo: vou apresentar uma amiga americana.

Uma jovem adentrou o quarto; alta, loira. Que beleza encantadora ela possuía! Jamais esqueceria o momento em que vislumbrei seu rosto pela primeira vez. Permanecemos ali, trocando olhares, mesmo eu possuindo escassa habilidade com o inglês. Ela sentou-se ao meu lado e tocou-me de maneira terna, enquanto seus olhos encontravam os meus. Em seguida, partiu.

No dia seguinte, eu já estava de pé, sentindo-me revitalizado. Encontrei-a novamente no refeitório e tentei estabelecer uma comunicação, por meio de gestos. Nesse instante, comecei a acreditar na força do amor à primeira vista.

Katha Derek Scheean! Ela ainda não havia completado dezoito anos. Eu também era jovem, na casa dos dezenove. Foram necessários alguns dias para que eu compreendesse melhor a história dela. Katha era natural do Havaí, mas já residia em Paris havia algum tempo, onde estudava. Estava em uma excursão acadêmica. Sua mãe ocupava uma posição elevada no escalão diplomático estadunidense, trabalhando na embaixada de seu país em Paris.

Parecíamos duas crianças, caminhando de mãos dadas para cima e para baixo. Recordo-me das noites em que vagávamos sob o luar. Ao seu lado, meu semblante transbordava alegria. Ela também estava apaixonada por mim. Katha foi minha primeira namorada, pois, até então, eu jamais havia me envolvido com uma mulher que não fosse meramente um encontro casual ou uma aventura passageira. Com Katha, tudo era diferente. O amor que nutríamos era puro, inocente e delicioso de se experimentar. Era algo completamente novo para mim.

Os dias pareciam fugir rapidamente. A sua excursão era breve, apenas quinze dias em Israel. Quando Katha me dizia que logo teria de partir de volta para Paris, um desespero me tomava. Eu retrucava veementemente, insistindo que ela não poderia de forma alguma partir, implorando que ficasse mais tempo ao meu lado. Por diversas razões, ela também não desejava retornar. Sua mãe havia se casado novamente com um nigeriano, com quem residia na Cidade Luz[27]. Katha me revelou que esse homem a assediava, mas ela temia contar à mãe e não ser levada a sério. Diante disso, eu redobrava meus apelos para que permanecesse. Estava disposto a protegê-la de todas as adversidades deste mundo hostil.

Desde que cheguei à Terra Prometida, jamais havia deixado o kibutz. Assim, propus uma fuga, uma oportunidade de conhecermos a verdadeira Israel e nos conhecermos profundamente. Com esse propósito, consegui obter uma licença para sair do Alonim durante quinze dias. Era uma permissão que se transformaria em uma dívida a ser paga após meu retorno, seja com trabalho dobrado ou com atividades noturnas.

Não mediria esforços para viajar com Katha. E, assim, partimos em direção a Jerusalém. Eu tinha parentes na cidade; afinal, minha avó Raquel e meu avô Abud haviam deixado a Palestina para viver na Argentina. Meu avô tinha enviado uma carta a eles, informando de minha presença em Israel e mencionando que, em algum momento, eu os visitaria. Não poderia haver momento mais oportuno para essa visita.

Jerusalém é uma cidade excepcional. O peso da história está presente em todos os lugares, até nas casas de pedra — que,

---

[27] Paris foi a primeira cidade do mundo a ter iluminação pública, com tochas, lamparinas e velas, em 1667. E, em 1900, foi palco de testes de iluminação elétrica na chamada "Exposição Universal", quando teria ganhado o famoso apelido. Durante séculos, as mentes mais brilhantes de diversas vertentes da arte eram atraídas à cidade, como os insetos são atraídos pelas lâmpadas. Então, alguns historiadores afirmam que vem daí o título de Cidade Luz.

certamente, tinham mais de quinhentos anos. As pedras de Jerusalém, compostas por variados tipos de calcário, ostentam cores que variam do branco ao amarelo, rosa e marrom alaranjado. Essas pedras têm sido utilizadas na construção desde os tempos bíblicos. Hospedamo-nos em um hotel, por um dia, e Katha permaneceu lá enquanto eu visitava meus parentes. Era o lendário Hotel King David, palco de um atentado a bomba em 1946. Fui recebido calorosamente pela esposa do irmão de minha avó. Seu sorriso irradiava bondade. Assim que me avistou, meu tio-avô me envolveu em um longo abraço. Seu nome era Elieu.

Por sorte, Elieu havia trabalhado, em algum momento de sua vida, para uma família turca que falava ladino[28], o que facilitou nossa comunicação. Meus parentes eram calorosos e hospitaleiros. Durante a semana em que estivemos em Jerusalém, fomos tratados como realeza, Katha e eu. Éramos convidados para refeições, tive a oportunidade de conhecer mais membros da família, como os dois filhos de Elieu e uma irmã de meu avô Abud.

Katha e eu aproveitamos intensamente nosso tempo juntos. Visitamos a Tumba do Rei David, um autêntico sítio arqueológico! Katha era observadora, uma jovem de grande cultura, dotada de talentos artísticos. Sempre curiosa, ela vasculhava o chão, em busca de alguma relíquia perdida.

---

[28] Ladino, também conhecida como "judeu-espanhol", é uma língua semelhante ao castelhano. Estima-se que ainda seja falada por cerca de 150 mil indivíduos em comunidades sefarditas, em Israel, nos Bálcãs, no Oriente Médio e no norte de Marrocos. Também é conhecido como "espanhol sefardita". Língua extinta na península Ibérica, no passado, quando havia grandes comunidades judaicas nas cidades de Portugal e da Espanha usada pelos judeus desses países. Compunha-se de uma mistura de palavras hebraicas, usadas no dia a dia, com a língua da região (que podia ser o castelhano, o português, o árabe ou o catalão). A língua ladina se desenvolveu por vários séculos separada por completo da mãe pátria (a península Ibérica, o Sefarad), com a qual não conservou mais que escassos e esporádicos contatos. É a língua dos judeus sefarditas nas cidades da Europa oriental, onde viviam alguns milhares de descendentes dos judeus espanhóis expulsos da Espanha em 1492, e de Portugal, logo depois – que encontraram asilo no Império Turco. Contudo, a maioria desses judeus era mesmo procedente de terras espanholas.

Subitamente, perdi-a de vista. Acima da Tumba do Rei David havia uma trilha que dava acesso aos territórios palestinos naquela época. Os judeus presentes no local alertaram-me para ter cuidado, pois aquela região era perigosa, havendo casos de sequestro de turistas.

Preocupado, aproximei-me da trilha, na esperança de encontrá-la. E, então, avistei-a, já próxima ao limite dos territórios. Gritava para que retornasse até nós. Felizmente, ela voltou com grande alegria, tendo encontrado uma pequena pipa de barro, uma relíquia arqueológica. Katha era ingênua, não compreendia os riscos, mas estava encantada com sua nova descoberta.

Ao fim da semana, nossa paz chegou ao fim. Recebi uma comunicação de meus amigos no kibutz informando que estávamos sendo procurados pela polícia de Israel e pela embaixada americana. Suspeitavam de que eu havia sequestrado Katha. A excursão de sua escola já havia retornado a Paris, e sua mãe estava desesperada por não encontrar a filha.

Ambos ficamos tomados pelo medo, resistindo firmemente à ideia de sermos separados. Minha paixão por ela apenas crescia; eu era fascinado por cada detalhe: seu sorriso, sua pele, seus cabelos, sua beleza, sua inteligência... Tudo nela me encantava! Éramos como velhos conhecidos, e crianças, ao mesmo tempo. Eu a amava intensamente, da cabeça aos pés, e a mera ideia de perdê-la me aterrorizava.

Esse sentimento que me invadia transmitia-me um forte senso de proteção, uma necessidade inabalável de cuidar dela. Katha era uma jovem acuada, vinda de uma família rígida, assombrada pela figura do padrasto. Seu pai, um militar americano que lutara em Pearl Harbor, ainda residia no distante Havaí, incapaz de oferecer-lhe amparo. Uma angústia nos envolvia, pois éramos atravessados por um amor intenso, mas sem qualquer noção de como concretizar nosso desejo de estarmos juntos.

Decidimos, então, fugir para Beersheva, uma cidade em formação naquela época. No entanto, esse refúgio carregava consigo perigos iminentes. Os vizinhos árabes lançavam foguetes da Faixa de Gaza, ameaçando a tranquilidade da cidade. Além disso, havia o receio de sermos reconhecidos, mesmo com Beersheva contando cerca de oitenta mil habitantes. As autoridades israelenses e a embaixada americana estavam em busca de nós, o que tornava nossa fuga ainda mais perigosa.

Diante do impasse, encontramos abrigo no deserto de Negev, onde passamos uma semana entre os beduínos. Foram dias maravilhosos, nos quais, além de desfrutarmos da companhia um do outro, aprendemos sobre a história e os costumes dessa acolhedora comunidade. Graças às minhas raízes árabes, conseguia me comunicar com eles, mesmo que minha avó paterna não falasse uma única palavra de espanhol.

Foram dias inesquecíveis, mas um mês já havia se passado desde nossa partida do Alonim. Estávamos exaustos da perseguição e não tínhamos mais recursos para prosseguir. Era chegada a hora de encerrar nossa aventura, e, assim, decidimos nos entregar, no consulado americano em Haifa. Lá, assinamos um termo de compromisso, deixando claro que não havia sequestro algum, apenas um amor arrebatador, uma paixão genuína. Amor.

Pouco tempo depois, a mãe de Katha chegou. As circunstâncias me impediram de me aproximar, pois eu estava detido pela polícia israelense. Ela não apresentou nenhuma queixa, mas pegou Katha e ambas retornaram a Paris. Sem nenhuma acusação contra mim, fui liberado e retornei ao kibutz para retomar meu trabalho. Contudo, como voltar à normalidade quando meu coração estava completamente apaixonado por aquela americana que se encontrava a quatro mil quilômetros de distância?

Tentei retomar minha vida cotidiana, trabalhando e frequentando o *ulpan*. À noite, buscava a companhia de meus amigos argentinos e nos reuníamos para conversar e entoar canções folclóricas. Mais tarde, resolvemos nos aproximar de pessoas de outras nacionalidades, como iranianos, marroquinos e franceses. Havia uma cumplicidade especial entre nós, estrangeiros, vivendo um estilo de vida comum, unidos pelo objetivo de construir nossa nação em terras desconhecidas.

Era uma terra frágil, na qual faltava tudo. Ao mesmo tempo, havia uma vontade férvida de viver, um amor profundo por aquele solo. Quantos séculos haviam se passado? Após tantas peregrinações, perseguições e lutas, finalmente tínhamos a terra que nos fora prometida, Israel.

Em meus momentos de solidão, pensava muito em minha mãe. Sentia-me culpado por nunca ter sentido sua falta quando estava na Argentina. Foi somente em Israel que pude compreender o peso de sua ausência. Arrependia-me do passado conturbado que a fizera sofrer, das noites em que ela ficara acordada, esperando meu retorno.

Para me reaproximar, trocava intensa correspondência com ela e outros familiares. Era uma maneira de mantê-los próximos e informados. Contava-lhes tudo sobre Israel, como se pudesse transmitir as sensações de viver ali. Nutria uma esperança intensa de revê-los. No entanto, a saudade que me consumia era a de Katha. Trocávamos muitas cartas, ansiávamos pelo momento de estarmos juntos novamente. Esse reencontro habitava meus pensamentos diariamente. Minha namorada, meu primeiro amor.

Certa vez, recebi uma carta de Hector. Ele falava sobre Nazareth Lllit. Ainda estudante, naquele momento, ele tinha uma grande novidade para me contar: estava apaixonado por uma mulher. Senti sua felicidade transbordar pelas palavras. Por fim, ele me questionava sobre quando eu poderia visitá-lo e conhecer sua amada.

Verdade seja dita, eu já não tinha mais o mesmo foco para permanecer no kibutz. Meus pensamentos estavam fixados em juntar dinheiro para viajar até Paris e encontrar minha amada. Sentia vergonha de pedir dinheiro à minha família, mas acabei cedendo. Nas cartas que enviava, relatava o sofrimento causado por esse amor, especialmente para minha mãe. Meu pai, então, enviou-me quinhentos dólares, e meu irmão Enrique, que já trabalhava, contribuiu com mais algum trocado. No final, toda a família uniu-se para me ajudar, enviando-me dois mil dólares.

Decidi que, morando em uma cidade, seria mais fácil ganhar dinheiro e, finalmente, comprar uma passagem de navio. Não demorei muito para tomar essa decisão. Deixei Alonim para trás e segui rumo a Jerusalém. Chegando à Terra Santa, aceitava qualquer trabalho que surgisse. Trabalhei como ajudante de pedreiro na construção de um posto de gasolina, carregando materiais e preparando argamassa. Foi uma valiosa experiência, pois eu sabia pouco sobre construção civil. Porém, minha determinação era imensa, sentia-me forte e tinha um objetivo claro em mente.

Tive uma grande alegria ao reencontrar Júlio Bueno, um amigo de infância com quem havia estudado no Talmude Torá. Apesar de seu sobrenome, ele era tão judeu quanto eu. Com sua barba longa, irradiava alegria e contentamento. Júlio trabalhava como guarda presidencial, fazendo parte da guarda pessoal do governo. Já estava casado com Shoshanna, uma loira de origem ucraniana cujo nome significa "noite" em hebraico.

Com Júlio como guia, fui apresentado a outras pessoas em Jerusalém, como Enrique Misrahi. Assim como eu, ele havia crescido no bairro de Once, mas só tive a oportunidade de conhecê-lo, assim como toda a sua família, em Israel. De origem humilde, migraram para a Terra Prometida em busca de uma vida mais próspera.

Tornamo-nos grandes amigos, e Enrique ajudou-me a encontrar outros trabalhos em Jerusalém. Nos momentos de folga, à noite, costumávamos ir ao Café Adara, um local frequentado por pessoas de destaque. E foi lá, nesse lugar especial, que tive a oportunidade de conhecer um grande herói israelense, Moshe Dayan[29].

Em minhas memórias, ele permanece como uma figura marcante, tomando café com o olho esquerdo coberto pelo tampão. Que orgulho tê-lo conhecido! Naquele mesmo local, também cruzei caminho com a primeira-ministra Golda Meir[30].

---

[29] Moshe Dayan nasceu em 20 de maio de 1915, em Deganya, na então Palestina. Com 14 anos iniciou a carreira militar no Haganá. Quando essa organização foi declarada ilegal, em 1939, Dayan e outros judeus ficaram presos, por dois anos, pelas autoridades britânicas. Depois, lideraram as forças judaicas da Palestina que combateram a França na Síria e no Líbano. Durante o combate, junto aos ingleses, na Síria, contra os franceses de Vichy, em 1941, Dayan perdeu o olho esquerdo, quando seu binóculo foi atingido por uma bala, arruinando seu globo ocular e o impossibilitando, inclusive, de implantar um olho de vidro posteriormente. Desde então, passou a usar um tapa-olho que o tornou inconfundível. Segundo escreveu em suas memórias, a atenção que o objeto provocava lhe era intolerável. Além disso, o acidente lhe ocasionava dores de cabeça intermitentes. Em 1948, na luta pela independência, comandou a região militar de Jerusalém. Na chefia das forças armadas por cinco anos (desde 1953), planejou e liderou a invasão da península do Sinai, em 1956, o que lhe valeu a reputação de grande comandante militar. Dayan foi eleito para o Knesset (Parlamento) em 1959 e designado ministro da Agricultura no governo de David Ben-Gurion. Em junho de 1967, como ministro da Defesa, comandou a vitoriosa guerra dos seis dias e passou a exercer crescente influência na política externa. Em 1978, ministro das Relações Exteriores do governo de Menachem Begin, tornou-se um dos arquitetos dos acordos de Camp David – assinados, no ano seguinte, por Egito e Israel. Faleceu devido à insuficiência cardíaca, no Hospital Tel Hashomer de Tel Aviv, onde estava internado para tratamento de câncer de estômago. Dayan também foi arqueólogo amador e escritor.

[30] Golda Meir foi fundadora e primeira-ministra do Estado de Israel. Emigrou para a Terra de Israel no ano de 1921, onde atuou no sindicato Histadrut e no partido trabalhista Mapai. Além de primeira-embaixadora israelense, na extinta União Soviética, em 1948, ela foi ministra do Interior, ministra das Relações Exteriores, ministra do Trabalho e secretária-geral do Mapai. Conhecida pela firmeza de suas convicções, estava à frente do Estado de Israel em seu momento mais dramático: a Guerra do Yom Kippur, na qual tropas egípcias e sírias atacaram Israel, cuja população estava distraída pelas comemorações

Ela residia em Jerusalém e costumava passear com seus netos nos jardins próximos ao palácio da Knesset[31].

Foram dois meses inesquecíveis vividos em Jerusalém, onde tive o privilégio de explorar os ricos locais históricos e culturais de Israel. No entanto, chegou o momento de seguir adiante e reencontrar Katha. Restavam apenas alguns detalhes, eu aguardava ansiosamente a permissão do Ministério de Segurança israelense para empreender a viagem.

Para chegar a Israel e tornar-me um cidadão israelita, assumi compromissos com a Agência Judaica. Era necessário quitar essa dívida por meio do trabalho nos kibutzim e do serviço militar. A agência monitorava de perto os imigrantes, garantindo o cumprimento de suas responsabilidades. Enquanto aguardava a permissão, meu passaporte não me seria concedido, e partir de Israel seria impossível, mesmo já possuindo os recursos financeiros para viajar até Paris.

Assim, aproveitei esse intervalo para embarcar em uma viagem até Nazareth Lllit e então visitar meu amigo Hector e sua amada, Clarice. Seu nome resplandecia, e fui arrebatado pela tonalidade de sua pele, pelo sorriso cativante e pelos olhos verdes. A felicidade que compartilhavam era notável, verdadeiramente magnífica de presenciar.

---

do Dia do Perdão judaico. Em dezembro de 1978, Golda Meir faleceu de câncer, em Jerusalém, com 80 anos.

31 Knesset é a assembleia legislativa unicameral (o parlamento) de Israel. Constitui o poder legislativo do Estado de Israel. O parlamento israelense foi fundado em 1949, após a declaração de independência do Estado de Israel em 1948. Os seus membros reuniam-se inicialmente em Tel Aviv, primeira capital de Israel após a independência. Sua sede atual está em Jerusalém; foi construída em terra pertencente à Igreja Ortodoxa Grega, que foi arrendada para esse fim. O atual edifício da Knesset, situado em Jerusalém Ocidental, foi erguido em 1957 e financiado por James Rothschild, como doação ao Estado de Israel.

Clarice, oriunda do Marrocos, nascera em Rabat e imigrara para Israel quando ainda era criança, frequentando o mesmo *ulpan* que Hector. Naquele momento, eu não fazia ideia de como ela viria a desempenhar um papel significativo em minha própria vida. Rapidamente, estabelecemos uma amizade calorosa.

Permaneci ao lado deles por algum tempo, até que, finalmente, chegou o meu passaporte e a tão aguardada permissão para deixar o país. Uma sensação radiante tomou conta de mim, ansioso para encontrar minha amada. Na bagagem, cuidadosamente arrumei as melhores roupas que havia trazido da Argentina: trajes elegantes e sapatos de qualidade. Até então eu não os usava, devido às altas temperaturas em Israel, onde costumávamos usar bermudas e camisetas. Agora, ao lado do meu amor, eu me vestiria com o que tinha de mais refinado. Era a forma apropriada de explorar a Cidade Luz ao lado de minha amada. Finalmente, o sonho estava prestes a se concretizar. Embarquei no porto de Haifa em um navio com destino a Marselha, onde Katha me aguardava ansiosamente.

CAPÍTULO 4

"Non, je ne regrette rien"[32]

Assim que o navio se distanciou da costa israelense, meus olhos se encheram de lágrimas. Do convés, eu contemplava as luzes de Haifa, cada vez mais distantes. Chorava por aquelas terras que tanto amara, chorava pelas lições aprendidas durante minha estadia em Israel. Em meu íntimo, fiz a promessa de retornar um dia e retomar a vida que, por ora, ficaria suspensa. Por outro lado, ansiava pisar em solo francês. Mal podia esperar para rever meu amor. Após cinco dias de viagem, o navio chegou a Nápoles e, no dia seguinte, aportamos no porto de Marselha. Foi rápido, mas pareceu uma eternidade. Logo na minha chegada, avistei-a sozinha no cais, esperando por mim.

---

[32] Música de Michel Vaucaire e Charles Dumont, famosa na voz de Édith Piaf.

Ah, a alegria do reencontro! Nos abraçamos e beijamos como se nada mais importasse. Mal sabíamos o que nos aguardava e como viabilizaríamos nossa vida a dois na França. Eu chegara sem saber onde ficaria, mas nada disso importava, só queríamos matar a saudade.

— Antes de mais nada, precisamos ir a um lugar, aqui em Marselha, para que eu coloque um diafragma.

Naquela época, eu não fazia ideia do que aquilo significava. Foi uma das condições impostas por sua mãe para deixá-la vir ao meu encontro.

Após atender ao pedido, nós nos trancafiamos em um quarto e ali permanecemos por dois dias seguidos, namorando como se fôssemos um só, como se o amanhã nunca fosse chegar. Não conheci nada de Marselha naqueles dias. Só saímos do quarto quando chegou a hora de pegarmos o trem que nos levaria a Paris.

Eu estava radiante por estar ao lado dela, na França. Ao mesmo tempo, preocupava-me com minhas condições, sem trabalho nem dinheiro. Eu não era um homem de estudos e não sabia falar francês. Seria tudo improvisado. De uma forma ou de outra, daria um jeito, faria o que fosse necessário para estar com Katha.

Após chegar à Cidade Luz, finalmente pude conhecer sua mãe. Jean era seu nome; uma mulher bela, culta e extremamente inteligente. Naquela época, o presidente Kennedy havia sido assassinado e Lyndon Johnson assumira seu posto. Ela estava bastante envolvida com o trabalho. Apesar de sua boa educação, era nítida a desconfiança em relação a mim. Um olhar de superioridade, o olhar ianque sobre os latino-americanos. Verdade seja dita, nunca tivemos qualquer proximidade — nos tolerávamos por causa de Katha.

Jean morava em uma espetacular casa na rue de la Gaeté, próxima ao boulevard du Montparnasse. A parte externa tinha um aspecto antigo, bem conservado, parecendo uma residência dos tempos da Primeira Guerra Mundial. No entanto, o interior era surpreendentemente moderno e audacioso.

    Durante nossa conversa, uma série de questionamentos surgiu: onde eu moraria, como me sustentaria, o que pretendia fazer em Paris e por que deixara Israel. No início, mantive a calma, dizendo que pretendíamos morar juntos. Eu aprenderia francês e arranjaria algum emprego. Ela me perguntou o que costumava fazer na Argentina, e eu respondi que apenas estudava. O que mais eu poderia dizer? Iria revelar que contrabandeava cigarros e era cafetão? Comecei a ficar nervoso e disse que amava muito Katha e não renunciaria a seu amor de forma alguma. Diante de minha intransigência, Jean acabou cedendo.

— Eu tenho um apartamento próximo à estação Fontainebleau, cerca de trinta minutos do centro de Paris. Por enquanto, vocês podem morar lá.

    Assim, Katha e eu pudemos começar nossa vida em Paris. Era um ótimo apartamento, cem metros quadrados, com uma sala agradável, cozinha e dois quartos. Ficava em um desses prédios típicos de Paris, de cinco andares e sem elevador. O bairro era excelente, muito agradável. Com a ajuda de Katha, pude iniciar meus estudos na Alliance Française. Todos os dias, íamos ao centro de Paris; eu para meu curso, e Katha para a Escola de Artes Modernas, onde estudava.

    Até hoje, lembro-me de seus desenhos e pinturas. Costumávamos frequentar o Louvre, onde ela passava horas, sentada, desenhando. Nos primeiros dias eu não entendia nada. Quantas vezes me vi diante da *Mona Lisa* de Leonardo da Vinci, sem perceber nada de especial, até aprender a admirar aquele quadro. Com o tempo, comecei a compreender mais sobre as artes e a apreciar pinturas e esculturas. O clima artístico de Paris era impressionante. Aprendi muito com Katha: que mulher inteligente; todos os dias, pintando e escrevendo!

Minha namorada apresentava-me àquele mundo. Passeávamos pelos Jardins de Luxemburgo, pelo Palácio de Versalhes, pela Catedral de Notre Dame. As ruas, os pintores, os escritores, os boêmios. Nunca tinha visto nada igual em minha vida. Era algo fantástico, um encontro com a história das civilizações ocidentais. Ao mesmo tempo, percebia as muitas usurpações ocorridas ao longo da história. O patrimônio de outros povos, como o antigo Egito, exposto no Louvre como conquista. No meio dessas riquezas, havia muito sangue.

Amei essa fase da minha vida. Logo comecei a falar francês, e Katha cada vez mais, dominava o espanhol. Ela até aprendia gírias portenhas! Minha namorada apreciava muito nossa cultura, e Katha me presenteou com o primeiro disco de tango de Carlos Gardel. Cantávamos, juntos, aquelas músicas. Logo ela aprendeu a dançar e a tomar mate. Éramos boêmios, frequentávamos o Quartier Latin[33] e a vida noturna do Saint Germain. Lembro-me de um bar chamado Los Machucambos, um lugar que atraía muitos latino-americanos. Foi ali que aprendi a bossa nova com João Gilberto e Vinicius de Moraes. Katha me mostrava tudo; até mesmo os Beatles foi ela quem apresentou para mim. Conheci muitos personagens da noite parisiense, um grande

---

[33] O Quartier Latin de Paris é conhecido por ser uma região boêmia, cheia de bares, restaurantes, sebos, livrarias, teatros, museus, escolas e universidades, sempre frequentada por muitos turistas, estudantes, filósofos e artistas. Essa charmosa e interessante região de Paris localiza-se entre os 5º e 6º (o mais chique) *arrondissements*, próxima ao rio Sena. É cruzada pelo boulevard Saint-Germain e o boulevard Saint-Michel. A origem do nome "Quartier Latin" vem da Idade Média, em que o ensino era todo realizado em latim. Lá encontram-se, além da Universidade de Sorbonne, as universidades Paris Assas e Paris VII, caracterizando a região como mais simples, mais jovem e com menores preços, que cabem no bolso de tantos estudantes. Os estudantes do bairro tiveram grande influência na efervescência política de Paris ao longo dos séculos XIX e XX, sendo um dos centros da insurreição de maio de 1968.

centro cultural: desde artistas até prostitutas, desde intelectuais até pessoas insanas. Figuras da vida boêmia na Cidade Luz.

No entanto, nada de trabalho. Eu pensava em fazer algo, tentar ganhar algum dinheiro. Katha arcava com todos os custos de nossa vida em Paris. Ela escrevia para um jornal havaiano sobre aspectos culturais da capital francesa. Quando seus artigos eram publicados, ela recebia remuneração. Além dessa renda, contava também com o apoio de seus pais e de seu padrinho, um cineasta de Ohio que morava em Istambul e por quem Katha tinha grande carinho.

Nossas amizades eram numerosas; em sua maioria, estrangeiras, diga-se de passagem. Os franceses, em sua aura de distância e inacessibilidade, raramente se abriam para forasteiros que haviam escolhido Paris como morada. Assim, aqueles que vinham de terras distantes encontravam-se em uma situação similar e construíam laços estreitos uns com os outros. Nosso ponto de encontro era o bar Trait d'Union, em Montparnasse, próximo de onde eu frequentava minhas aulas de francês. Costumávamos nos reunir naquele local para bebericar, jogar sinuca e envolver-nos em animadas discussões políticas sobre nossos países de origem. Muitas vezes estendíamos o convite a nossos amigos, para se juntarem a nós, em nossa morada, onde as noites se desdobravam em verdadeiras festas. Música, bebida, euforia. Entretanto, durante esse período, algumas amizades perigosas também cruzaram nosso caminho.

A renda mensal de Katha era justa, não nos deixando muita margem para extravagâncias. Lembro-me do Natal de 1963, quando nos encontramos em nosso apartamento e tínhamos escassez de alimentos e bebidas. Mesmo assim, reunimos nosso círculo de amigos, cerca de vinte pessoas, em nossa morada. No entanto, nossa escassez de recursos não nos permitiu preparar qualquer banquete, nem sequer uma garrafa de vinho. Compartilhávamos apenas o abrigo acolhedor para enfrentar o frio, a música e os discos que pertenciam à minha sogra e que tocavam na vitrola.

Entre nossos camaradas encontravam-se Emílio, um espanhol de Valência, e Hugo San Martín, meu compatriota. Logo no início da festa, por volta das 18h, ambos desapareceram. Só retornaram por volta das 22h, com o carro repleto de bebidas, queijos e frios. Aproveitaram-se das residências vazias em Paris para saquear as caves dessas propriedades. Os proprietários provavelmente haviam partido para as festividades de fim de ano. Trouxeram consigo uma rica variedade de delícias. Champanhes datados de 1930, vinhos cuidadosamente preservados, garrafas exclusivas de colecionadores. E não podemos deixar de mencionar os queijos e os embutidos. Não apenas celebramos o Natal com aquela abundância, mas também o Réveillon.

Emílio e Hugo San Martín tinham o hábito de praticar furtos pela capital francesa. Roupas de grife, artigos diversos e até mesmo carros eram objeto de sua audácia. Certa vez, eles saquearam uma loja especializada em roupas de esqui. Como não tinham onde armazenar suas pilhagens, deixaram-nas acumuladas em nosso apartamento. Era tanto material que logo não havia espaço para mais nada.

Envolvido nesse turbilhão de acontecimentos arriscados, confesso que me deleitava com esse tipo de adrenalina. Katha, por sua vez, estava ciente disso e não era uma alma ingênua. No entanto, ela guardava silêncio e nunca se queixava. Contudo, um dia, fomos surpreendidos com uma visita inesperada de Jean. Ao se deparar com todas aquelas mercadorias dentro do apartamento dela, ficou furiosa.

Decidiu enviar o irmão mais novo de Katha para morar conosco, fruto de seu segundo casamento. Seu nome era Joel, um garoto de doze anos. Katha passou a acompanhá-lo na escola e a cuidar dele. Isso foi suficiente para acabar com nossas festividades. Pouco tempo depois, a mãe de Katha nos pediu para desocuparmos seu apartamento. Eu me mudei para um hotel em Montparnasse, e Katha retornou para a rue de la Gaeté.

Para custear minha hospedagem, consegui um emprego como auxiliar de limpeza em um luxuoso hotel, às margens do rio Sena. Estávamos em 1964, e foi nessa época que os Beatles realizaram um show em Paris. Tive sorte, pois eles se hospedaram justamente no local onde eu trabalhava. Infelizmente, não tive a oportunidade de me aproximar dos mais famosos, como John Lennon ou Paul McCartney. No entanto, tive o privilégio de conhecer Ringo Starr, pois fui incumbido de limpar seus aposentos.

Em um momento de solidão em seu quarto, meus olhos se fixaram em uma espécie de estojo de tecido sobre a mesa. Ao abri-lo, deparei-me com inúmeras notas de libras esterlinas. Eu precisava de dinheiro e, tomado pela necessidade, acabei subtraindo uma quantia para mim. É possível acreditar? Roubei Ringo Starr!

Apesar de não compartilharmos mais o mesmo teto, Katha e eu permanecíamos unidos. Encontrávamo-nos diariamente no Trait d'Union. Naquele bar, era comum que algum colega trouxesse oportunidades de emprego para o grupo. Certa vez, um judeu esteve lá e me informou sobre uma vaga no Aeroporto Charles de Gaulle. Era uma oportunidade de substituir um funcionário na companhia israelense El Al, e eu preenchia os requisitos necessários, incluindo o domínio do idioma hebraico.

Assim, deixei o trabalho no hotel, experiência que durou três meses, para ingressar no aeroporto. Com o salário melhorado, pude novamente morar com Katha. Alugamos um quarto no

Trocadéro, situado no 16º *arrondissement* de Paris, em frente à majestosa Torre Eiffel. Eu estava radiante, pois o sol voltava a brilhar sobre nós. Percorríamos as ruas da Cidade Luz: Saint--Remy, Clignancourt, o Mercado das Pulgas, o Café de L'Opéra.

Eu apreciava muito os cantores franceses da época. Estive presente quando Edith Piaf, o pequeno pardal de Paris, nos deixou! Lembro-me da grandiosa procissão fúnebre montada em sua homenagem. Havia também Juliette Gréco, Yves Montand, Gilbert Bécaud. Aznavour surgiu um pouco depois. Viver ao lado de Katha era uma imersão na cultura francesa. Uma vida perfeita, um amor puro e inocente, algo que jamais imaginei ser possível e que acreditava ser eterno.

No entanto, em 1964, algo terrível aconteceu, rompendo o encanto de nossa história. Katha engravidou, exatamente como eu desejava, pois ansiava por um filho com a minha amada! No entanto, a mãe dela era completamente contrária à ideia de Katha prosseguir com a gestação. Exerceu forte pressão sobre sua filha, que acabou cedendo aos caprichos maternos.

Sem meu consentimento ou aprovação, elas partiram em direção à fronteira com a Suíça, onde o aborto era permitido. Quando eu soube do que estava prestes a acontecer, elas já haviam partido. Desesperado, viajei até a Suíça para tentar impedi-las, mas era tarde demais. O procedimento já havia sido realizado, interrompendo a vida que crescia em Katha. Eu me sentia apunhalado pelas costas, incapaz de aceitar o que Katha havia feito.

A partir desse momento, iniciou-se um ciclo de discussões, separações e reconciliações. No meio dessa turbulência, fomos morar em um convento nas proximidades do Mercado Les Halles. Residimos em um monastério para mulheres, freiras e mães solteiras, próximo ao Palácio do Governo. Ali permanecemos por seis meses, até recebermos a visita do pai de Katha, acompanhado de sua nova esposa.

Eddie, um ex-combatente de guerra estadunidense, era um homem alto, beirando os dois metros de altura. Seus olhos azuis refletiam uma personalidade rígida, típica de um militar disciplinado. Evidentemente, ele não ficou satisfeito com o que encontrou. Não gostou do local onde vivíamos, tampouco de mim, um latino-americano aparentemente sem futuro ao lado de sua filha.

Após ouvir minha história, Eddie questionou por que eu ainda não havia cumprido minhas obrigações militares em Israel. Discursou veementemente, impregnado de princípios e valores militares.

— Antes de pensar em casar-se com minha filha e formar uma família, você precisa cumprir sua palavra, respeitar seu compromisso com a pátria. Somente assim poderá ter um futuro honroso ao lado dela.

Nesses tempos, eu estava perdido, cansado de minhas amizades equivocadas e da minha vida sem muitas perspectivas financeiras. Por conta da minha fragilidade, não foi difícil Eddie me convencer. Ele comprou a minha passagem de retorno a Israel e tentou me tranquilizar, dizendo que Katha me aguardaria. No entanto, naquele momento, o melhor para ela, segundo ele, seria retornar à casa de sua mãe e se dedicar exclusivamente aos estudos.

Evidentemente, ele tinha toda razão; um pai sempre quer o melhor para a filha. Eu era somente um estudante sul-americano de bolsos vazios. Ao mesmo tempo, eu ainda tinha muita fé em nossa história. Eu pensava que Katha concluiria os seus estudos e eu cumpriria as minhas obrigações com Israel. Então, nós nos reencontraríamos com mais maturidade e tudo terminaria bem.

Forçoso é convir: eu era demasiado jovem, não soube como aproveitar a oportunidade para me fixar em Paris, trabalhar e, quem sabe, formar uma família em solo francês. Eu ainda não tinha a vivência necessária para ter logro; faltava-me a experiência, a cultura mais elevada — tão necessária nos círculos parisienses. Faltava maturidade.

CAPÍTULO 5

Desertando por Amor

Como era de esperar, assim que adentrei o solo israelense, encontrei-me imerso em dificuldades com as autoridades governamentais. Fiquei ausente do país por um tempo muito além do previsto, inevitavelmente. Fui convocado a me apresentar ao exército israelense dentro de três meses e precisei declarar meu lugar de residência.

Retornar ao kibutz estava fora de cogitação. Assim, estabeleci-me em Ashdod, junto a Hector e Clarice. Era uma cidade portuária, o quinto maior município de Israel. Fui calorosamente acolhido por meus amigos.

— Adolfo, aqui é o seu lugar, esta é sua casa — disseram-me.

Naquele momento, Clarice encontrava-se no sétimo mês de gravidez, enquanto Hector integrava a Mishmar HaGvul[34], a polícia de fronteiras israelense.

---

[34] Polícia de Fronteiras de Israel é o ramo da polícia israelense encarregada da vigilância fronteiriça. Foi instaurada, em 1949, como "Corpo de Fronteira", órgão dependente

Em Ashdod, deparei-me com uma considerável comunidade de imigrantes argentinos que haviam encontrado seu lar em Israel. Famílias inteiras haviam se estabelecido no país, pessoas de poder aquisitivo confortável, profissionais como engenheiros, dentistas e médicos. Lembro-me de um ortopedista que se tornou meu amigo. Ele pertencia à família Minojim, conhecida pelo renomado violinista que a representava. A família possuía um *moshav*[35], onde cultivavam flores para exportação. Apesar das adversidades do cultivo, Israel já exportava flores para toda a Europa nessa época.

Residi no lar dos Dayan por quase dois meses. Hector frequentemente se ausentava para servir nas linhas fronteiriças, sendo enviado a Hebron, na Cisjordânia, um local conhecido pelos altos índices de violência. Meu amigo lidava com ocorrências de violência doméstica e ataques contra judeus. Em um desses dias em que ele estava ausente, ocorreu algo totalmente inesperado. Clarice começou a sentir dores e entrou em trabalho de parto. Conduzi-a, então, a um hospital em Tel Aviv, onde ela deu à luz Judith, uma linda menina. Senti-me honrado em poder auxiliá-los nesse momento tão especial. Era minha maneira de expressar gratidão pela generosa hospitalidade que recebi após meu retorno de Paris.

---

das forças armadas, com a missão de vigiar as zonas rurais e os confins fronteiriços. Em 1953 teve sua denominação modificada para "Polícia de Fronteiras de Israel", ocupando-se, desde o princípio, da segurança dos novos assentamentos e de evitar a infiltração de palestinos, especialmente através da fronteira com Egito e Jordânia. Nos últimos anos, também tem participado em operações antiterroristas e em sufocar revoltas como a Intifada de Al-Aqsa.

35 *Moshav* é um tipo de comunidade rural cooperativa israelense, que combina fazendas geridas privadamente e a coletivização de serviços, como a comercialização de produtos e, algumas vezes, a indústria leve. De maneira semelhante ao kibutz, essa modalidade de assentamento foi introduzida pelo sionismo trabalhista durante a segunda onda de imigração judaica, no início do século XX.

Chegara o momento de buscar novos ares e permitir que o casal desfrutasse desse momento. Após o nascimento de Judith, decidi passar alguns dias em Jerusalém, onde conheci Suly Petruska, uma argentina ligada à família Petruchansky. Já havia conhecido seu irmão nos tempos de Alonim. Suly era artista plástica, dedicando-se à pintura e escultura na Universidade de Jerusalém. Uma jovem loira, de baixa estatura, de extrema simpatia e muito calor. Vivemos dias tórridos em Jerusalém. Não houve sentimentos profundos nem paixão, mas era divertido. Suly era uma pessoa maravilhosa.

Conhecê-la foi bom, pois ajudou a amenizar as tormentas que me assolavam. A proximidade do meu alistamento no exército israelense aproximava-se. Ao retornar para Ashdod, trilhei o mesmo caminho com outras mulheres argentinas que ali viviam. Foi então que Suly veio procurar-me para tratar de um assunto delicado.

— Adolfo, estou grávida! Mas não posso afirmar se o filho é seu ou de Victor!

Quem diabos era Victor? Tratava-se do outro namorado de Suly, Victor Scolinik, tão argentino quanto nós. Um jovem ruivo de nariz proeminente, extremamente simpático. Suly o apresentou a mim. Brincávamos com a situação, indagando quem seria o pai. Contudo, ela não desejava ter o bebê e nos pediu ajuda para interromper a gestação. Fomos forçados a encontrar uma clínica clandestina para realizar o procedimento, já que o aborto não era permitido em Israel. Victor e eu dividimos as despesas.

Em seguida, seguimos com nosso triângulo amoroso. Não era algo sério. Victor em breve partiria de Israel, e eu deveria me apresentar ao exército israelense perto de Tel Aviv. Era um acampamento amplo, e recebi meu uniforme assim que cheguei ao quartel. Fui designado como tanquista. O treinamento era rigoroso ao extremo; corridas exaustivas, carregando equipamentos. Desde o princípio, fomos instruídos no manuseio de armas de fogo. Era uma rotina severa, capaz de fazer muitas pessoas sucumbirem.

No início do meu treinamento, recordo-me de um acontecimento trágico. Havia um jovem religioso ortodoxo que servia nas forças armadas ao meu lado, algo que o afligia profundamente. Implorava desesperadamente para ser dispensado, mas sem sucesso algum. Não me recordo exatamente como ocorreu, mas, devido a essa situação, esse rapaz tirou a própria vida. Fiquei angustiado, pois tinha total consciência de que aquilo não era uma brincadeira, e não demoraria para que eu fosse enviado para a linha de frente, sempre sob o risco de conflitos eclodirem nas fronteiras israelenses.

Eu aproveitava os momentos de folga durante os shabats para esquecer esse pesadelo. Era permitido sair às sextas-feiras, porém era necessário retornar até o final do domingo. Em uma dessas oportunidades, aproveitei para passar o fim de semana em Ashdod, onde reencontrei Suly. Na ocasião, ela informou-me que Victor partiria de Israel naquela semana.

Aquela era a minha chance. Após ouvir essa notícia, decidi fugir do país. Em vez de retornar ao exército, como esperado, dirigi-me a Tel Aviv para encontrar meu amigo. Dentro de dois dias, Victor partiria de navio rumo a Marselha e, de lá, seguiria viagem até Munique. Na cidade alemã, ele já havia garantido um emprego, algo previamente arranjado. Em uma conversa franca, expressei meu desejo ardente de deixar tudo aquilo para trás. Victor me ouviu e acolheu como um verdadeiro amigo.

Além disso, ele ainda não conhecia a Europa e contava com a minha companhia em sua jornada. Assim, durante os dois dias que antecediam sua partida, tentamos elaborar um plano de fuga. Era uma tarefa árdua, considerando a rigidez das medidas de segurança. Os pontos de entrada e saída do país eram estritamente vigiados, uma questão de segurança nacional.

Victor questionava-me sobre como faríamos, e eu não tinha resposta além de afirmar que, de alguma maneira, embarcaria no navio e retornaria a Paris. Quase meio ano havia se passado desde o meu retorno a Israel. Eu não desejava fazer parte do exército israelense, meu anseio era estar ao lado do meu amor.

Chegado o momento, Victor e eu dirigimo-nos ao porto de Haifa, acompanhados por Suly, que desejava se despedir de seus namorados. Chovia copiosamente naquele dia, o que dificultava nossa situação. Havia menos pessoas no local, o que tornava ainda mais difícil passar despercebido. Eu não carregava nada comigo, deixando todos os meus pertences na residência de Hector. Ao chegarmos ao porto, por volta do meio-dia, avistamos o navio que zarparia para Marselha. Tratava-se de um navio turco chamado *Scalderum*. A partida estava marcada para as 17h. Até lá, eu precisava encontrar uma forma de embarcar.

Uma imponente escada se erguia para o embarque, resguardada por dois guardas que exigiam passaportes e realizavam revistas nos passageiros. No convés, outros dois guardas vigiavam o acesso ao *Scalderum*. A situação era desanimadora, parecia quase impossível entrar como clandestino. Victor decidiu fazer sua jogada e subiu para embarcar, tendo seu passaporte retido pelos funcionários. Suly e eu ficamos ali, sem saber ao certo o que fazer. Ela chorava pela partida de Victor e talvez também pela minha, caso eu tivesse sorte. Decidimos então dar uma volta; ela queria comprar um tambor árabe, eu precisava pensar em como conseguir embarcar.

Ao retornarmos, encontramos Victor no cais. Ele havia conseguido um passe para descer do navio e vir ao nosso encontro. Ele me entregou o bilhete e deu um jeito de retornar, alegando ter perdido o seu próprio passe por distração. Suly e eu aguardamos um pouco lá embaixo, recuperando o fôlego da coragem, antes de eu fazer a minha tentativa. Os dados estavam lançados.

Não encontrei muitas dificuldades para passar pelos guardas de baixo, mas, ao tentar embarcar, fui barrado pelos guardas de cima, que me bombardearam com perguntas. Aleguei ser Victor Scolinik e que havia recebido o passe para descer do navio e retornar.

— Mas Victor Scolinik já está a bordo — disseram, com desconfiança.

Argumentei veementemente, afirmando que eu era o único Victor em questão. Fiz uma atuação digna de um Oscar. Os guardas continuaram desconfiados; mas, enfim, permitiram minha entrada.

Uma vez a bordo, não demorei muito para encontrar o verdadeiro Victor, que aparentava certa preocupação.

— Adolfo, eu vi os guardas conversando entre si, e com outros também. Desconfio que eles tenham percebido que uma pessoa a mais entrou. Precisamos agir com cautela.

Já passava das 18h, e o navio ainda não havia partido. Suly continuava lá embaixo, ao lado do navio, chorando e batucando em seu novo tambor. Que personagem fascinante essa mulher. A chuva persistia implacável. Procurei por uma cabine vazia e me escondi lá dentro, esperando a partida do navio. Sabia que ainda estaríamos em águas israelenses antes de percorrer duzentas milhas marítimas. Por isso, permaneci imóvel até estarmos em alto-mar.

Esperei uma hora de navegação antes de sair da cabine. Logo encontrei Victor, que me alertou novamente:

— Adolfo, tome muito cuidado. A polícia israelense está a bordo, estão procurando por desertores clandestinos.

Estávamos em alto-mar agora, mas eu não queria passar uma viagem agonizante, temendo o pior. Tomei uma decisão drástica. Dirigi-me à cabine do capitão do navio e me apresentei com meu verdadeiro passaporte.

— Boa noite, capitão. Vim até aqui para pagar minha passagem. Embarquei clandestinamente no navio, mas não quero deixar de pagar minha viagem. Meu nome é Adolfo Canan, sou argentino. Não quero causar transtornos, apenas desejo desembarcar tranquilamente em solo francês.

O capitão sorriu e balançou a cabeça.

— Eu sabia que alguém estava tentando escapar de Israel. A polícia secreta está aqui, jovem.

Aquelas palavras deixaram-me extremamente preocupado. Perguntei se havia algo que o capitão pudesse fazer para me ajudar.

— Bem, aqui, dentro do navio, você está em território turco. Eu o respeito como passageiro, como argentino. No entanto, em qualquer porto, esses oficiais podem capturá-lo e extraditá-lo de volta para Israel. Desejo-lhe boa sorte.

Paguei quase quatrocentos dólares pela passagem e me tornei um passageiro regular. No entanto, o aviso do capitão me manteve em alerta constante. Eu olhava desconfiado para todos os lados, tentando identificar os agentes israelenses. Victor estava eufórico e otimista, já me considerava seu companheiro de viagem.

Ele me pediu para mostrar a ele os encantos da Cidade Luz, a Paris que eu conhecia tão bem.

— Se você quiser, depois de explorarmos Paris, podemos seguir juntos até Munique. O que acha?

Eu respondi com um "quem sabe", mas, no fundo, meu coração ansiava por ficar com Katha. No entanto, estava inseguro. Não sabia como ela me receberia.

Enquanto conversávamos sobre nosso futuro no salão de jantar, dois jovens vestidos de civis se aproximaram e sentaram-se à nossa mesa, abordando-me em hebraico.

— *In col acabot* — disseram. (Algo que poderia ser traduzido como "com todas as honras".)

"*In col acabot.*" Eu nunca esqueceria a maneira como esses agentes israelenses se apresentaram. Parabenizaram-me por ter conseguido embarcar e informaram que, dentro do navio, nada poderiam fazer. Mas, assim que o navio atracasse em Nápoles, a primeira parada na Europa, eles me levariam de volta a Israel.

Passamos o tempo de forma extremamente cordial. Sentávamo-nos juntos, conversávamos, jogávamos pôquer e dominó. Eu tentava ganhar sua simpatia, mas os agentes se mostravam irredutíveis.

— Pôquer, pôquer. Dominó, dominó. Mas em Nápoles vamos pegá-lo.

Parecíamos quase amigos, eu entendia o trabalho deles, sabia que estavam apenas cumprindo suas obrigações. Eu fazia a minha parte, buscando alguma abertura; mas era em vão. Eles eram como sabras, doces por dentro, mas espinhosos por fora. Eu martirizava minha mente, pensando se deveria tentar fugir em Nápoles ou se conseguiria chegar a Marselha. Minha situação era desesperadora.

Levamos cinco dias até chegar ao porto de Nápoles. Eu sabia que aqueles homens estavam me esperando. Considerava seriamente a ideia de pular do convés e tentar fugir nadando. Era jovem e sabia nadar muito bem; talvez tivesse uma chance.

No entanto, antes de tomar essa medida desesperada, recorri ao capitão do *Scalderum*.

— Capitão, por favor, preciso de alguma solução! Se eu voltar a Israel como desertor, estou perdido. A vida militar não é para mim!

— Sinto muito. Como já disse, estamos em território turco aqui dentro. Assim que chegarmos ao porto de Nápoles, estaremos em território internacional. Não posso fazer nada. Esta é a única ajuda que posso lhe oferecer: use minha cabine para ligar para o consulado argentino em Nápoles.

Naquele momento, eu era um homem sem nada a perder. Liguei para o consulado e expliquei minha situação, ressaltando a necessidade de proteção, devido à perseguição dos agentes israelenses.

— Certo, falaremos com o cônsul. — Foi a única resposta dada pelos funcionários argentinos.

Ainda era manhã, o navio ficaria atracado por doze horas antes de zarpar para Marselha. Provavelmente eles não me ajudariam. A ideia de pular no mar e tentar a sorte nadando ainda rondava minha mente. O inverno tornava a água fria, representando um risco considerável. Eu poderia até mesmo desenvolver hipotermia. No entanto, retornar a Israel como desertor seria ainda pior. Victor me dissuadiu da ideia:

— Não, não se jogue no mar. Você está louco!

Então, quando já me resignava à falta de sorte, deparei-me com uma cena que encheu meu coração de esperança. Três veículos se aproximavam lentamente do porto, anunciando a chegada de um grupo peculiar. Ao saírem dos carros, seis homens e uma mulher, suas presenças imponentes, revelaram-se como agentes do consulado argentino. Surpreendentemente, eles estavam em busca de mim, pois eu era procurado na Argentina.

Desci do navio algemado, acompanhado pelos funcionários do consulado, enquanto um rastro de curiosos nos seguia com olhares intrigados. Diferentemente dos demais passageiros que deixavam a embarcação pela plataforma comum, nós descemos por uma escadaria ao lado dos veículos estacionados. Os policiais israelenses, impotentes diante daquela situação, observavam-nos com expressões frustradas.

— Ele é procurado pelo governo argentino, temos prioridade aqui, senhores — afirmaram os agentes do consulado, reivindicando seu direito de conduzir a minha pessoa.

Assim que me acomodaram dentro de um dos automóveis, as algemas foram retiradas e, ao longe, os policiais israelenses acenavam, como se resignados diante da derrota. Não há palavras que descrevam adequadamente o alívio que invadiu meu ser naquele momento. Estava livre, havia escapado de Israel. É inegável que a sorte me sorriu. Caso tivesse retornado como desertor à Terra Prometida, meu destino estaria selado. As consequências seriam severas e exemplares.

No entanto, consegui fugir do exército israelense, encerrando meu capítulo em Israel. Não cumpri minhas obrigações militares; não por covardia, mas porque a ideia de matar ou morrer não encontrava eco em meu ser. As guerras não me pertenciam, não havia espaço para mim naquele cenário sangrento. Além disso, quem foge de uma guerra permanece vivo para lutar na próxima. Ainda havia batalhas pessoais a serem travadas.

Fui conduzido ao consulado argentino, onde tive o privilégio de conhecer o cônsul e agradecê-lo pessoalmente pela ajuda inestimável. Assinei uma declaração solene narrando os eventos ocorridos e atestando que não era criminoso nem um fugitivo da justiça israelense. Eu era apenas um desertor que escapara das obrigações militares. Após algumas horas, a embaixada me liberou, e seus funcionários me escoltaram até a estação de trem em Nápoles, onde poderia seguir viagem rumo a Paris.

Após a exaustão das emoções e a queda da adrenalina, meu pensamento se voltou para Katha. Como ela me receberia? Alegrar-se-ia com minha chegada inesperada? Inquieto, eu não tinha a mínima noção de como ela reagiria ao meu retorno antecipado. Ansiava por reencontrá-la, mas também temia o que o futuro nos reservava.

CAPÍTULO 6

Estocolmo

A minha jornada de trem rumo a Paris foi tomada por uma apreensão constante. Eu caminhava rumo ao desconhecido, incerto do que me aguardava. Talvez Katha não estivesse ansiosa para me reencontrar antes que eu cumprisse o serviço militar israelense, como prometi ao pai dela. No entanto, as forças armadas nunca foram o meu lugar. Eddie, um militar de carreira e ex-combatente de guerra, certamente não concordaria comigo. Mas e quanto a Katha? Ela não era do tipo militar, possuía uma mente aberta. Talvez pudesse encontrar compreensão em seu coração.

Enquanto meus pensamentos vagavam, um casal que compartilhava o vagão comigo chamou minha atenção. A mulher, uma italiana de beleza mediterrânea, era muito cativante. Já o homem, seu companheiro, exibia um rosto desfigurado, marcado por hematomas e curativos. Com ternura, ela tentava alimentá-lo. Eu sentia uma fome voraz, incapaz de desviar os olhos do sanduíche que ela levava à sua boca.

— Mangia, il mio amore, mangialo ti farà bene — dizia a bela italiana, enquanto o homem, com os lábios inchados, mal conseguia comer.

Impulsionado pela curiosidade, iniciei uma conversa com eles e descobri a história por trás de sua condição. Ele era um pugilista que retornava a Paris após uma dura derrota em um ringue napolitano.

Ao desembarcar em Paris, ansioso por encontrar Katha, eu sentia uma mistura de excitação e angústia. Ainda a amava intensamente e nutria esperanças de reciprocidade. Quando finalmente nos encontramos, contei-lhe tudo o que havia acontecido comigo, descrevendo cada detalhe. Katha ouviu-me atentamente, sem interromper. No entanto, seus olhos já não exibiam o mesmo brilho de antes. E, ao finalizar minha narrativa, ela partiu meu coração com uma frieza impiedosa. Katha demonstrou um profundo desapontamento.

— Adolfo, eu sinto muito amor por você. Mas não desejo continuar nossa história. Você não aprende, não leva as coisas a sério e, pelo visto, não tem vontade de mudar sua vida. Não quero mais isso para mim.

Aquelas palavras feriram-me profundamente. Katha havia alugado um apartamento e agora estava sozinha em Paris. Jean, por sua vez, já havia retornado aos Estados Unidos para trabalhar na campanha de reeleição de Lyndon Johnson.

Tentei, em vão, mostrar a Katha uma perspectiva diferente, mas minhas palavras chocavam-se contra um muro de frieza. No final, acalmei-a e declarei que não permaneceria em Paris. Seguiria viagem com meu amigo Victor, que logo chegaria de trem. Trabalharíamos juntos em Munique, e eu ainda mostraria a

Katha o quanto ela estava equivocada a meu respeito. Mantinha a esperança de que ainda pudéssemos ficar juntos.

    Katha acompanhou-me até a estação de trem para receber Victor, chegando a conhecê-lo. Meu amigo e eu passamos três dias em uma pensão, onde pude apresentar-lhe um pouco de Paris. No entanto, mal conseguia esconder minha tristeza. Victor, um rapaz de ouro, dominava os idiomas ídiche e alemão. Sua animação ao saber que eu também iria para Munique era contagiante. Ele me tinha em alta estima, considerando-me uma pessoa prática, capaz de fazer as coisas acontecerem. E não era para menos, considerando todas as aventuras que compartilhamos. Victor alegrava-se por ter encontrado um bom amigo para enfrentar essa nova jornada ao seu lado.

    Tentei impressionar Katha ao descrever o trabalho que me esperava na Alemanha, na esperança de amolecer seu coração. Porém, verdade seja dita, eu mesmo não tinha ideia do que nos aguardava em Munique. Após três dias na Cidade Luz, embarcamos em um trem com destino à capital da Baviera. Meu coração estava partido, mas eu não renunciaria ao amor.

    Na Alemanha, fomos recebidos como pensionistas por uma senhora e sua filha. Sabíamos que a estadia não seria gratuita. Victor acabou decepcionado com o trabalho que lhe foi oferecido. Tratava-se de um laboratório farmacêutico, talvez a Bayer, se minha memória não falha. Ele seria um estagiário e a remuneração não seria relevante. A única consolação era que ele já tinha consigo o suficiente para retornar à Argentina quando quisesse. Decidimos, então, buscar outras oportunidades de emprego.

    A filha da dona da pensão era uma jovem morena, de baixa estatura e aparência um tanto masculina. Praticante de hipismo, ela tinha um ar de amazona. Lembro-me de seus esforços para se comunicar conosco em espanhol:

— Cavalo argentino, pampas, cavalo argentino bom.

Em uma ocasião, ela nos levou ao hipódromo de Munique, onde a atração principal era uma corrida de charretes. Foi lá que tivemos a oportunidade de conhecer um tratador de cavalos, um homem que já havia sido jóquei. Por falar um pouco de nosso idioma, pudemos conversar sobre nossa situação e perguntar se ele tinha alguma oportunidade de trabalho para nos indicar.

Aquele homem foi muito solidário conosco, afirmando que estávamos no lugar certo. Na hípica, não apenas poderíamos trabalhar, mas também morar. Teríamos quartos com chuveiros e o local contava com um refeitório. Embora o trabalho fosse árduo, cuidar dos cavalos diariamente, a remuneração era razoável. Aceitamos, com gratidão, aquela oportunidade.

Os cavalos eram magníficos, de raça e incrivelmente fortes! Cuidávamos deles com o mesmo cuidado que se dedica às crianças. Éramos responsáveis por sua alimentação, banho e escovação. Logo pela manhã, às cinco, enfrentávamos o frio e a neve para levar os animais para passear. Lembro-me especialmente de um cavalo que me procurava ansiosamente, pronto para o passeio matinal. Parecia gostar muito de mim, e eu também nutria um carinho especial pelos animais, durante o tempo em que trabalhei como tratador de cavalos.

Com o tempo, ganhei confiança suficiente para montar nos cavalos. Foi então que um acidente ocorreu. Em um determinado dia, o cavalo em que eu estava montado disparou pelo pasto e me prensou contra uma cerca. Meu joelho acabou quebrado. Foi terrível, passei quase um mês em um leito de hospital com a perna engessada, até começar a me recuperar.

A hípica assumiu a responsabilidade pelo meu tratamento, arcando com todas as despesas hospitalares e oferecendo-me os melhores cuidados. Além disso, recebi uma indenização pelo acidente de trabalho. Victor também foi uma grande ajuda, nunca me abandonando em nenhum momento. Enquanto eu me recuperava, tentava planejar nosso próximo passo. Recordava dos dias em Paris, quando fomos ao Trait d'Union, em busca de antigos amigos. Lá, soube que Emílio e outros haviam ido para Estocolmo. Eles eram pessoas perspicazes, sempre encontrando oportunidades de trabalho em cada estação do ano. Se eles estavam na Suécia, era porque lá as perspectivas eram favoráveis para ganhar dinheiro.

Decidimos deixar Munique e voltar a Paris por alguns dias. Eu precisava obter mais informações sobre meus amigos em Estocolmo. Claro, também retornava para ver meu amor. Tive a oportunidade de me encontrar com Katha e conversar um pouco. Falei sobre meus planos de encontrar trabalho nas terras nórdicas, buscando impressioná-la. No entanto, ela permanecia impenetrável, fria e distante.

Ainda assim, Paris valeu a pena. Enquanto conversava com colegas no Aeroporto Charles de Gaulle, descobri que um funcionário da El Al em Estocolmo estava de férias e precisavam de alguém para substituí-lo. Era uma oportunidade perfeita para garantir um emprego temporário na Suécia.

Era o ano de 1966 quando cheguei à capital sueca. Victor e eu fomos morar no apartamento do funcionário israelense, gentilmente cedido pela companhia aérea. Tivemos sorte, o primeiro mês foi extraordinário. Meu horário de trabalho ia das sete até o meio-dia, deixando o restante do dia livre. Costumávamos frequentar o Conty Bar, um local que funcionava entre o fim da tarde e onze da noite, atraindo estrangeiros e belas nórdicas.

Era um lugar encantador para beber, flertar e ouvir músicas de nossa terra. Quantas mulheres deslumbrantes passavam por lá! As escandinavas se interessavam por estrangeiros, por cabelos e peles mais escuras, latino-americanos, negros. Eram mulheres genuinamente livres; muitas vezes buscavam apenas bebida, companhia e uma noite quente naquele clima gélido. Durante o inverno, as temperaturas atingiam −25°C até −30°C. O dia era sempre escuro, com pouca duração. Um frio que congelava a alma, e recorríamos à bebida para nos aquecermos. Não era fácil encontrar álcool, era algo restrito naquela época. Se não fossem as restrições, acredito que todos ficariam embriagados durante o inverno.

Sempre havia alguma festa para ir, alguma farra para aprontar. Fiquei alucinado com aquelas mulheres! Nunca havia conhecido garotas tão livres e independentes. Lembro-me da primeira vez que me envolvi com uma delas. Trocamos apenas algumas palavras em inglês e ela me levou para passar a noite em sua casa. No dia seguinte, acordei e tomei café da manhã com seu irmão e seus pais. Não havia qualquer censura moral pelo que havíamos feito. Para os meus padrões da época, era algo extremamente avançado. Depois, quando elas perdiam o interesse, simplesmente não se importavam mais, mal conversávamos. Parecia que aquele momento íntimo vivido no âmbito familiar não era nada demais. Em seguida, elas já procuravam o próximo! Quantas aventuras eu também aproveitei na terra das Valquírias!

Os suecos eram bem preparados para enfrentar o frio. Todos os lugares eram equipados com sistemas de aquecimento modernos. Naquela época, bastava uma vodca para ser tratado como um rei! Em uma ocasião, troquei duas garrafas por um pequeno carro inglês. Peguei o veículo apenas para me divertir naquela mesma noite. Fomos até um lago congelado para brincar como se estivéssemos em um parque de diversões, dirigindo carrinhos de bate-bate.

Se durante o inverno o dia era curto, no verão acontecia o oposto. À meia-noite escurecia um pouco, mas às duas da manhã o dia já começava a clarear. Lembro-me da aurora boreal. Foi uma experiência fantástica, algo quase irreal. Era como se lasers estivessem projetados sobre a branca neve!

Inicialmente, planejamos ficar apenas um mês em Estocolmo, mas, depois que me apaixonei pelo lugar, decidi prolongar minha estadia. No entanto, meu emprego na companhia aérea era temporário; então, tive que deixar o cargo e o apartamento assim que o funcionário retornou de férias.

Na Suécia, não era um grande problema ficar sem ter onde morar. O governo oferecia ajuda, subsidiando uma boa acomodação e procurando trabalho para as pessoas. Ninguém ficava desamparado. No entanto, altos impostos eram necessários para sustentar o Estado de bem-estar social. Parecia valer a pena. A vida de todos parecia garantida: universidade, seguro social, proteção e apoio às mães solteiras. Era comum ver mulheres tornando-se mães sem contar com os homens, pois recebiam muitos benefícios do governo para cuidar de suas crianças, com acesso ao melhor em termos de saúde e educação.

Mesmo como estrangeiro, recebi ajuda do governo sueco. Eles pagaram minha hospedagem em um albergue, forneceram-me vales para comprar comida e ainda procuraram empregos para mim. Foi nesse período que conheci outro argentino, residente no mesmo albergue onde eu estava alojado. Era um marplatense conhecido como El Flaco.

Certo dia, ele voltou da rua e me procurou, para falar sobre uma forma de conseguirmos cento e cinquenta coroas cada um. E o que precisávamos fazer? Bem, tínhamos que posar nus para estudantes de uma escola de arte. Aceitei imediatamente. Fumamos um cigarro de maconha e fomos posar chapados. Ficamos lá, cercados por cinquenta mulheres que nos desenhavam. Como ríamos!

Eu ainda não tinha trabalho fixo, morava em um albergue, sentia muito frio, mas nada era capaz de tirar minha alegria! As escandinavas pareciam mulheres de outro mundo! A maneira como se aproximavam de você era amorosa e, ao mesmo tempo, completamente descompromissada. Tenho tantas boas lembranças de Estocolmo!

A coisa mais triste que testemunhei lá foi a situação dos soldados estadunidenses que lutaram no Vietnã. A guerra ainda estava em andamento, durante o tempo em que estive na Suécia. Muitos desses soldados eram desertores, outros foram enviados pelo próprio governo dos Estados Unidos para se recuperarem da dependência química adquirida ao longo da batalha. Ópio, morfina, drogas pesadas. Era evidente que o governo americano queria esconder a alarmante situação pela qual esses soldados estavam passando. Era algo muito chocante.

Eu ficava consternado ao ver todos aqueles jovens jogados nas ruas ou dentro dos metrôs. Inúmeros soldados com suas almas dilaceradas pela guerra. Eles contavam com o apoio da população local, mas também havia uma base militar americana onde esses homens eram tratados, uma presença dos Estados Unidos na Suécia. Não sei como conseguiam drogas em Estocolmo, o máximo que encontrávamos era maconha. Talvez fossem traficantes de outros países, como Hungria ou Polônia.

Eu nunca havia visto algo semelhante. No começo tinha medo deles, ficava horrorizado com a cena. Eram jovens que pareciam zumbis; tão jovens e já tão envelhecidos pelos horrores vividos. Com o tempo, percebi que não representavam perigo, eram homens destruídos por dentro. O Vietnã foi terrível para os Estados Unidos, fez muito mais vítimas do que os sessenta mil estadunidenses mortos pelos vietcongues.

Não demorou muito para que eu encontrasse trabalho. Por intermédio de conhecidos, fui indicado para uma vaga em um restaurante na avenida Odengatan. O estabelecimento pertencia a um espanhol casado com uma sueca, e eles me contrataram como *disploca*, ou seja, uma espécie de lava-pratos! Havia um chef de cozinha lá, Klaus. Lembro-me bem dele, um alemão de cabelos loiros e esguio. Ele me convidou para morar em sua casa. Meu amigo Victor também conseguiu emprego lá, como garçom, mas preferiu alugar um apartamento para morar sozinho.

Durante minha trajetória no restaurante, cruzei caminhos com o cônsul brasileiro em Estocolmo, Nelmo, um jovem mineiro de imensa simpatia e hospitalidade. Sob seu teto, festas memoráveis eram urdidas, regadas a vodca e mulheres exuberantes. Gradualmente, nos aproximamos. Numa dessas primeiras celebrações, tive o prazer de conhecer duas enfermeiras finlandesas, cujo espírito irradiava diversão. Victor, apesar de menos festivo que eu, estava ao meu lado nessa ocasião. Entre risos e bons momentos, nos envolvemos com essas jovens mulheres.

Às noites, pulávamos a cerca do hospital e enfrentávamos a neve, num percurso de duzentos metros, até o alojamento delas. Cerca de cinquenta enfermeiras habitavam aquele lugar. Penetrávamos em seus quartos, entregávamo-nos ao deleite carnal e ríamos desenfreadamente. Com o raiar da aurora, despedíamo-nos com beijos calorosos, partindo em direções opostas. O que seria apenas um mês desdobrou-se numa temporada de quase um ano. O inverno ressurgia com toda a sua imponência.

Nessa mesma época, recebi correspondência de Ernesto, um conhecido argentino que tomara conhecimento de minha estada em Estocolmo. Ele laborava num cargueiro e estaria em breve atracando em Hamburgo. Dividi a notícia com Emílio, meu amigo espanhol dos tempos parisienses.

Decidimos empreender uma viagem de carro para encontrar esse argentino no porto de Hamburgo. Obtivemos um veículo destituído de qualquer aquecimento, longe do ideal para encarar o rigoroso inverno. O automóvel mais parecia um congelador, mas era o que tínhamos à mão.

Adentrando a estrada coberta de neve, a visibilidade era mínima. Não obstante, pisávamos firmemente no acelerador. O problema é que, devido à escassez de visão e à nossa inexperiência, nos perdemos. Apenas nos demos conta quando avistei uma placa sob o manto de neve, indicando setenta quilômetros até a Lapônia.

— Inferno, estamos nos aproximando do Polo Norte!

Havíamos percorrido o caminho errado por quase mil quilômetros!

Tivemos que retroceder e enfrentar uma longa jornada até chegar a Copenhague, onde embarcaríamos numa balsa rumo a Hamburgo, através do mar Báltico. À medida que nos aproximávamos do transporte marítimo, avistamos duas jovens belas a fazer sinal de carona à beira da estrada. Uma loira, a outra morena. Naturalmente, atendemos ao chamado e seguimos viagem juntos.

Assim que entraram no carro, as garotas começaram a conversar em castelhano. Emílio olhou para mim e sinalizou que deveríamos permanecer em silêncio. Permitimos que elas conversassem à vontade. As moças reclamavam sobre a falta de aquecimento no veículo, enquanto nós dois nos calávamos, fingindo desconhecimento. Em inglês, indagamos para onde estavam indo, e elas responderam que também pretendiam atravessar o Báltico de balsa. Eu as observava pelo retrovisor enquanto se abraçavam no banco de trás, tentando afastar o frio. Falavam sobre nós:

— Acredito que não sejam dinamarqueses. Talvez o que está dirigindo seja; agora, o moreno, não sei. Com qual você vai ficar?

A outra respondia:

— Com o moreno.

— Ah, não, o moreno é meu.

Enquanto elas discutiam sobre quem conquistaria quem, permanecemos em silêncio, meros ouvintes. Elas não tinham ideia de que compreendíamos tudo o que diziam. Até que, enquanto cruzávamos o mar Báltico, revelamos a verdade. "*Bueno, chicas...*".

— Filhos da puta, vocês falam espanhol e nos deixaram tagarelar por mais de uma hora sem dizer nada.

Como rimos! Tornamo-nos bons amigos das duas argentinas que vagavam pelo mundo em busca de caronas. Acabaram por acompanhar-nos até Hamburgo, onde permanecemos juntos enquanto aguardávamos o colega argentino. Dias de intenso prazer, festa e risos.

Não demorou muito para encontrarmos Ernesto, que se divertiu conosco por mais três dias, antes de embarcar novamente em seu cargueiro e seguir viagem. Tornei-me amigo das moças argentinas e até as reencontrei, anos mais tarde, em Buenos Aires. Eram aventureiras por natureza e compartilharam conosco histórias de suas viagens e apuros enfrentados na Argélia. Um príncipe local apaixonou-se por uma delas e as abrigou em seu palácio por seis meses. Inicialmente foi uma experiência divertida, mas, com o tempo, o medo se instalou. Sentiam-se sequestradas, impotentes para partir. Fugiram dali.

O que nos unia era o espírito de aventura. Não éramos imigrantes em busca de uma nova vida, mas sedentos por conhecer lugares novos, mergulhar em outras culturas, desfrutar da festa e do prazer — permanecer por um curto período, erguer acampamento e seguir viagem. Imagine só, fizemos uma jornada, fomos parar no Polo Norte e em seguida encontramos essas garotas. Tudo isso apenas para encontrar um conhecido que desembarcaria em determinada cidade. Tudo era uma experiência a ser vivida.

Minha temporada em Estocolmo aproximava-se do fim. Eu continuava a frequentar as festas de Nelmo, o cônsul brasileiro. Lembro-me de quando a melodia de "Yesterday" ecoava no toca-discos e, durante essa canção, conheci Ulah Brite, uma deslumbrante sueca loira. Embora nenhum de nós fosse fluente em inglês, encontramos uma maneira de nos entendermos. Creio que tenha sido a primeira sueca por quem me apaixonei um bocado. Não era apenas um envolvimento passageiro; durante meus últimos três meses na Suécia, fomos praticamente namorados. Muitas vezes ela vinha até minha casa e passávamos a noite inteira juntos. Eu também frequentava a residência onde ela morava com sua família. Estávamos sempre presentes nas festas na casa de Nelmo. Bebíamos, dançávamos e nos divertíamos imensamente! Ulah significava muito para mim, mas eu não conseguia esquecer Katha. Era hora de tentar retomar nossa história.

Victor permaneceria em Estocolmo por mais algum tempo, antes de retornar à Argentina, já com sua passagem em mãos. Nossa despedida foi digna de bons amigos, pois tínhamos compartilhado muitas experiências juntos. Eu devia dinheiro a ele, pois Victor havia me ajudado muito. Parti, prometendo que, um dia, pagaria tudo a ele; e ele apenas respondia para eu ficar tranquilo, que não era um problema.

Apenas porque Victor permaneceu em Estocolmo por mais algum tempo, eu soube, anos depois, de um segredo que Ulah jamais me contara: ela estava grávida, provavelmente de três meses, quando parti da Suécia. Lá, Ulah deu à luz nossa filha, uma filha que nunca tive a oportunidade de conhecer.

Como mencionei anteriormente, muitas mulheres suecas tomavam essa decisão, optando por contar apenas com o apoio do governo para criar seus filhos. "A criança é minha, você não tem nada a ver com isso", costumavam dizer aos pais. Na época em que deixei Estocolmo para trás e retornei a Paris, eu não tinha conhecimento dessa gravidez. Minha filha sueca deve ter cerca de sessenta anos hoje. Só fiquei sabendo anos mais tarde, depois de já ter voltado para minha terra natal.

CAPÍTULO 7

Último Tango em Paris

Eu ainda nutria ardentes esperanças de reconquistar o meu relacionamento com Katha. Entretanto, era como lutar por uma causa perdida. Ao chegar a Paris, fui informado de que ela já havia encontrado um novo amor. Um argentino! Embora envolto em suspeitas, eu o via como um insípido e desprezível indivíduo. Recordo-me do dia em que os avistei juntos, acompanhados pelo padrinho de Katha. O cineasta havia abdicado temporariamente das filmagens em Istambul para passar alguns dias com sua afilhada.

Eles desfrutavam de um bistrô parisiense. O argentino se comportava como um playboy, misturando Coca-Cola com café. No entanto, eu não era enganado; percebia claramente sua atuação forçada. Katha estava deslumbrante, envolta em um sobretudo de couro. Eu permaneci imóvel na calçada, observando-os. Ao notar minha presença, Katha mostrou-se constrangida. Minha surpresa não estava nos seus planos.

Após deixarem o estabelecimento, Katha adiantou-se para trocar algumas palavras comigo. Trocamos cumprimentos cordiais e ela confessou não acreditar em meu retorno. Respondi, simplesmente, que ainda a amava e não desistiria dela. Ela retribuiu com um sorriso tímido, declarando que não era algo sério.

Nesse momento, o padrinho aproximou-se e Katha nos deixou a sós. Ele foi extremamente cortês comigo, mas fazia questão de defender o argentino, afirmando ser um rapaz virtuoso, culto e estudante de medicina. Esse padrinho sempre nutriu grande afeição por Katha e tentava persuadir-me de que ele era a melhor escolha para ela. Eu o ouvi em silêncio, sem muita energia para debater. Ele se despediu e observei-os caminhando pelo boulevard du Montparnasse, rumo ao Quartier Latin, local onde compartilhamos tantos momentos felizes.

Ah, justo um argentino! Eu a havia ensinado tanto sobre nossa cultura, idioma e costumes. E ali estava ela, de mãos dadas com aquele indivíduo. Via-os se afastarem cada vez mais, enquanto eu refletia sobre o que poderia fazer para reescrever aquela história e como lidar com meu coração partido em Paris. Foi um momento trágico em minha vida, não apenas por conta dessa desilusão amorosa. A verdade é que eu estava sozinho, sem recursos financeiros e sem perspectivas de trabalho. Não tinha sequer um lugar para ficar em Paris, pois nenhum amigo da minha antiga turma estava lá. Havia muito tempo que me encontrava distante de minha casa e de meus entes queridos. Sentia uma saudade profunda de meus pais, mas como poderia retornar à Argentina sem ter nem sequer um centavo?

Restava-me apenas comprar vinho e afogar minhas mágoas em solidão. Como um bêbado com visão turva, desprovido de ânimo, comecei a flertar com a morte. Talvez fosse a única saída. Naquele momento, cogitar tal insensatez era o máximo que eu conseguia fazer. Um homem de coração partido e mente embotada não toma decisões sensatas. Pensei que a melhor solução seria encerrar aquele drama arrojando-me sobre os trilhos do metrô. Cambaleante, adentrei a estação e segui até a plataforma, onde planejava pôr fim à minha miséria.

Provavelmente passaria horas fitando os trilhos até a hora de partir. Não sou o tipo de homem que se entrega a momentos depressivos, que não vislumbra saídas em situações assim. Afinal, aquilo era coisa de alguém embriagado. No entanto, depois de um longo período encarando os trilhos do trem, chamei a atenção de outro homem na plataforma. Lembro-me daquela mão amiga repousando em meus ombros.

— Meu filho, está pensando em tirar a própria vida? Por amor, talvez?

— Sim, é por amor. Agora, deixe-me em paz!

— Não, meu filho, esqueça isso. Ninguém se mata por amor. Tudo ficará bem. Eu também passei pelo mesmo tormento em sua idade; queria morrer de tanto sofrer. Mas aqui estou, vivo o suficiente para escapar de Franco. Venha, vamos beber mais um pouco. Deixe de bobagens.

Pablo era um refugiado espanhol. Além de pintor, também escrevia poesias. Naquele dia, ele me levou até sua casa e fez o que um verdadeiro amigo faria. Foi reconfortante poder contar com um ombro amigo naquele abismo, sentir um pouco do calor humano e perceber que alguém se importava comigo. Não importa a idade ou a posição social, todos desejamos aquela mão amiga repousando sobre nossos ombros, para dizer que tudo ficará bem.

Pablo acolheu-me com imensa generosidade. Sua moradia era modesta, repleta de plantas. Ali, pudemos conversar e trocar ideias, permitindo-me organizar meus pensamentos e buscar outras soluções. A saída que encontrei foi viajar para a Espanha.

Havia um amigo de minha turma em Barcelona: Hugo San Martín, o parceiro argentino de Emílio. Hugo era um homem de estatura baixa e rosto angelical. Sabia esconder habilmente o patife que era, um dos melhores trapaceiros que já conheci. Ele havia fugido da França algum tempo antes, com um carro roubado, repleto de mercadorias ilícitas. Havíamos mantido contato, ele me enviou seu endereço na Catalunha. Pensei que seria um momento propício para visitá-lo e, quem sabe, obter alguma ajuda.

Assim, parti de Paris mais uma vez. Remoía o término com Katha, incapaz de acreditar. Como pude perdê-la? No entanto, não me arrependia de ter fugido de Israel e de minhas obrigações militares. A guerra não era minha vocação. Então, a que eu estaria destinado?

Assim que cheguei a Barcelona e reencontrei Hugo San Martín, percebi o quanto ele havia mudado. Agora, ele estava casado com uma milionária chamada Maitê, uma mulher amável — e recordo-me que mancava, devido a um defeito físico. Era coxa. Hugo estava completamente diferente desde a última vez em que estivemos juntos. Encontrei-o vestido com terno e gravata, carregando uma pasta de trabalho. Até me entregou seu cartão de visita.

Meu amigo havia se tornado um executivo em uma respeitável empresa e residia em um bairro residencial magnífico. Tornara-se um estelionatário de primeira linha. Hugo levou-me até a casa de sua mãe, que trouxera da Argentina junto com seu irmão, um jovem com síndrome de Down. A residência funcionava como uma pensão e já abrigava um inquilino. Os quartos eram pequenos, mas suficientes para mim.

Em Barcelona, fui agraciado com o privilégio de conhecer inúmeros artistas argentinos que haviam conseguido escapar das garras impiedosas do regime militar que assolava nossa pátria, encontrando refúgio em terras espanholas. Entre esses talentosos indivíduos, destacavam-se nomes como Orlando Marconi e Ethel Rojo. A perseguição implacável dos militares, durante a ditadura argentina, havia obrigado muitos desses artistas a buscarem uma nova vida além das fronteiras.

Não demorou muito para que eu encontrasse trabalho como ajudante de garçom em um restaurante, onde tive o prazer de conhecer Miguel. Ele era o típico filho único, dedicado aos cuidados de seus pais e pouco experiente em relação às nuances da vida. Miguel devia ter seus quarenta anos. Um tanto mais velho do que eu, na época com vinte e cinco. Fui eu quem o ensinou a se vestir adequadamente, até mesmo a dar o nó na gravata. Durante minha estadia em Barcelona, tornamo-nos grandes amigos, compartilhando momentos de camaradagem e companheirismo.

Nesse ínterim, lembrei-me de um antigo empregador, um espanhol para quem havia trabalhado durante minha passagem por Estocolmo. Em uma ocasião, ele havia mencionado seu restaurante em Sitges, uma charmosa cidade litorânea próxima a Barcelona. Era lá que costumava passar os verões. Aquela poderia ser uma excelente oportunidade para conseguir trabalho. Assim, convidei Miguel para me acompanhar, na esperança de que pudéssemos encontrar alguma forma de ganhar algum dinheiro extra.

Sitges era uma cidade cosmopolita, conhecida como um dos primeiros redutos gays da Espanha. Sua vida noturna fervilhante era repleta de bares e restaurantes de qualidade. Senti uma chama de empolgação ao reencontrar o casal para o qual havia trabalhado anteriormente. Expliquei-lhes minha situação e perguntei se havia alguma oportunidade de emprego disponível.

— Lamento muito, mas já iniciamos a temporada e nossa equipe está completa. No entanto, se quiserem passar alguns dias conosco, serão muito bem-vindos — disse o casal, desfazendo minhas esperanças.

Conversando com Miguel, ponderamos sobre nossas opções, percebendo que talvez fosse melhor retornar a Barcelona. Mesmo assim, considerei aceitar o convite, talvez permanecer lá por um ou dois dias antes de seguir em frente. Era uma experiência diferente testemunhar a liberdade e a aceitação do público gay em Sitges. Eu já estava habituado a presenciar cenários surreais, mas aquele era algo novo.

Estávamos em 1967, uma época em que, em países latino-americanos como a Argentina, a homossexualidade era punida com prisão ou violentas perseguições. Provavelmente, o mesmo poderia ser dito de outras partes da Espanha e da Europa. No entanto, em Sitges, lésbicas e homens homossexuais andavam sem medo de represálias, desfrutando de uma mente aberta e acolhedora. A cidade atraía pessoas de diversas nacionalidades que buscavam viver livremente.

Ao retornarmos a Barcelona, uma surpresa nos aguardava. A mãe de Hugo San Martín informou-me sobre a visita de um senhor argentino distinto, que me procurava. Ele mencionou ter uma surpresa para mim e deixou o endereço de sua estadia, pedindo-me que o encontrasse o mais rápido possível.

Que surpresa seria essa? Eu precisava desesperadamente de um milagre que me permitisse retornar à Argentina, mas não tinha recursos para custear minha volta. Curioso, dirigi-me ao endereço fornecido, em busca de respostas. Ao chegar à recepção do luxuoso hotel, procurei por José, o nome do homem que estivera à minha procura. Fui convidado a subir ao quarto onde ele se encontrava. Confuso, mas intrigado, obedeci. No aposento, fui recebido calorosamente por José, um judeu loiro, na casa dos 45 anos, de aparência elegante.

— Adolfo, ouvi falar muito sobre você! Estou aqui para lhe trazer uma surpresa, algo que você nem imagina! — anunciou ele, com entusiasmo.

Dizendo isso, ele abriu a porta do banheiro e de lá emergiu uma mulher deslumbrante, de traços morenos. Ninguém menos que minha querida tia Olga, irmã caçula de minha mãe. Nos abraçamos, emocionados, e lágrimas de alegria inundaram meus olhos. Havia sido tanto tempo desde o último encontro com algum parente. A felicidade transbordava em meu coração.

Tia Olga desempenhara um papel importante em minha criação, tendo morado conosco após o falecimento de minha avó. A diferença de idade entre nós era pequena, o que nos tornou extremamente próximos. Essa conexão especial mantinha-se forte até os dias de hoje. Quantas travessuras ela não havia suportado, tanto minhas como de meu irmão Enrique!

Logo ela me relatou os detalhes de sua viagem. José, um metalúrgico bem-sucedido na Argentina, era um homem casado, mas estava completamente apaixonado por minha tia, disposto a fazer qualquer coisa para agradá-la. Assim, ele presenteou-a com uma viagem pela Europa, e tia Olga não poderia perder a oportunidade de me encontrar.

Minha tia estava ansiosa para saber como eu estava. Durante minha ausência de Buenos Aires, eu trocava muita correspondência com meus familiares. Eu sempre descrevia uma vida de luxo, mesmo enfrentando dias de frio, fome e solidão. No entanto, naquela época, jamais poderia ter imaginado o que estava ocorrendo por trás das cortinas.

Katha e minha mãe também trocavam correspondência! Enquanto eu afirmava viver uma vida de playboy, desfrutando de todos os luxos, apesar das dificuldades que enfrentava diariamente, Katha me desmentia, dizendo que Paris não era uma cidade pavimentada em ouro, como eu acreditava. Jamais desconfiei dessas trocas íntimas de palavras entre as pessoas mais importantes de minha vida naquele momento.

Por essas razões, tia Olga estava particularmente ansiosa para conhecer Katha em Paris. Nesse momento, eu não tinha coragem de mencionar o fim de nosso relacionamento. Não era hora para tristeza. Tanto tia Olga como José estavam animados para passear com o mais novo guia turístico à disposição.

José alugou um belo carro conversível para explorarmos Barcelona e, em seguida, partimos rumo ao principado de Andorra. Foi uma experiência fantástica conduzir um carro conversível pelas estradas que serpenteavam as montanhas dessa nação pequenina. A fortuna de José era notória; ele não se preocupava em poupar gastos durante a viagem. Aonde quer que fôssemos, ele sempre nos presenteava com o melhor que havia disponível: hospedagens luxuosas, champanhe, refeições refinadas. Era compreensível; afinal, ele estava acompanhado de uma mulher de beleza estonteante, tanto por fora quanto por dentro. José fazia de tudo para agradá-la.

Passamos três dias memoráveis em Andorra, inclusive experimentando a prática de esqui. Em seguida, retornamos a Barcelona, onde fui agraciado com a oportunidade de hospedar-me com eles em um hotel luxuoso. Foi então que tia Olga mencionou que seguiriam para Paris e contavam com minha companhia. Tentei recusar o convite, afirmando que permaneceria em Barcelona e, tão logo possível, retornaria à nossa pátria.

Em meio a tudo isso, devo confessar que aproveitei a situação, de alguma forma. José era tão rico que carregava consigo milhares de dólares durante a viagem. Aproveitando um momento de descuido enquanto eles tomavam banho, subtraí dois mil dólares. Embora não me orgulhe nem me arrependa dessa atitude, foi uma questão de sobrevivência. Eu precisava de dinheiro para planejar minha volta para casa. Além disso, a quantia era tão grande que ele sequer percebeu o desfalque.

Tia Olga insistia, com veemência, no convite, ansiando conhecer Katha pessoalmente. Assim, decidi abrir meu coração e revelar que entre nós já não havia mais nada. Contudo, mesmo diante dessa revelação, ela persistia em seu desejo, movida pelas cartas trocadas, tanto por mim quanto pela própria Katha, que descreviam apaixonadamente nossa história de amor. Inevitavelmente, cedi à vontade de minha tia, pois era impossível negar-lhe algo. Quem sabe o que poderia surgir desse encontro? A esperança, como dizem, é a última a se extinguir.

Embarcamos, então, em um trem que nos conduziu de Barcelona a Paris. Naquela época, a Cidade Luz atravessava um período político bastante conturbado, marcado por agitações sociais lideradas pelos movimentos estudantis. Lembro-me de um dos principais expoentes dessas manifestações de maio de 1968[36], "Dany le Rouge"[37].

---

[36] O mês de maio de 1968 ficou internacionalmente conhecido por ter sido um período de efervescência social em Paris. O movimento, que se iniciou com protestos exclusivamente estudantis, alastrou-se para as classes trabalhadoras, que passaram a exigir melhorias nas suas condições de trabalho. Os protestos tornaram-se cada vez mais violentos e culminaram em inúmeras barricadas pelas ruas da cidade.

[37] Daniel Marc Cohn-Bendit (Montauban, 4 de abril de 1945), Danny, o Vermelho, é um político franco-alemão do partido ecologista Die Grünen, ex-deputado europeu, que foi líder estudantil protagonista da massiva movimentação popular em maio de 1968 em Paris.

Nós encontramos as ruas da capital francesa tomadas por distúrbios e confrontos. No meio desse tumulto, eu apresentei Katha a minha tia Olga. O encontro entre elas foi muito caloroso. Pude trocar algumas palavras com minha ex-namorada, e, para minha felicidade, ela já não estava mais envolvida com aquele tolo rechonchudo. Entretanto, Katha não nutria a intenção de reacender nossa história, pois seus planos se voltavam para o retorno aos Estados Unidos.

— Adolfo, eu não te esqueci. Mas neste momento... Veja, vamos fazer o seguinte: eu voltarei para o Havaí e você retornará à Argentina. Depois, nos reencontraremos. Agora não é o momento...

Foram as últimas palavras que ouvi de seus lábios. Aquela foi a derradeira vez que vi a mulher que um dia amei profundamente. Nunca mais a revi, nunca mais trocamos cartas. Assim, nossa bela história de amor chegava ao seu derradeiro desfecho.

Somente nos dias atuais, durante esta pandemia, procurei traços de Katha nas redes sociais. Infelizmente, descobri que ela nos deixou em 2017, vítima de um tumor cerebral. Katha sempre cultivou raízes budistas, uma religião de grande influência no Havaí. Provavelmente essa crença foi um fator determinante para seu estilo de vida solitário, sem filhos, dedicando-se à criação de galinhas em sua propriedade na Flórida. Que ela possa encontrar paz em seu descanso eterno.

Apesar do sofrimento causado pela desilusão amorosa, sou imensamente grato por ter conhecido Katha. Não tenho dúvidas de que vivemos momentos incríveis juntos. Através dessa experiência, pude amadurecer consideravelmente. Como costumo afirmar, amo cada detalhe de minha vida, em todos os seus matizes. Não hesitaria em vivenciar tudo novamente, da mesma forma! Seja no amor ou na dor, esta é a história que forjou minha existência.

CAPÍTULO 8

Volver

Tia Olga e seu amante prosseguiram com sua jornada pela Europa, enquanto eu retornei a Barcelona. Ali, desfrutei dos meus últimos dias na companhia dos meus amigos, os artistas refugiados que encontraram abrigo na Espanha. Era intrigante como haviam fugido de uma ditadura tão severa na Argentina apenas para se estabelecerem em um país subjugado por um tirano ainda mais implacável.

Na Espanha, a política era um assunto proibido. Eu mesmo experimentei a opressão em primeira mão. Certa vez, fui repreendido por mencionar o odioso Franco, chamando-o de grande filho da puta: "Argentino, aqui se fala de futebol. Política não se discute!". Essa era mais uma razão para deixar a Espanha para trás.

Tenho minhas dúvidas se Franco não foi mais maligno do que seu equivalente alemão, Adolf Hitler. O tirano espanhol permitiu que seu próprio povo passasse fome para enviar alimentos e riquezas aos nazistas. Por exemplo, o trigo vendido por Perón à Espanha era vergonhosamente desviado para alimentar a máquina de guerra do Terceiro Reich.

Esses amigos artistas, que haviam deixado sua pátria, encorajaram-me a retornar à Argentina. Essa possibilidade surgiu graças à generosidade involuntária do namorado de minha tia Olga, mas ainda estava longe de ser suficiente. Além de ter gasto boa parte do dinheiro para me sustentar por mais um mês em Barcelona, meu passaporte estava vencido.

Após buscar informações no consulado argentino, fui informado de que seria inevitável receber um carimbo de repatriado em meu passaporte. Isso me impediria de retornar à Europa, caso um dia desejasse fazê-lo. No entanto, eu não aceitaria tal carimbo! Precisava encontrar uma maneira de viajar sem passar pelas autoridades alfandegárias. Mais uma vez na vida, teria que contar com a ajuda de outras pessoas para embarcar como clandestino em um navio.

Nesse período, muitos artistas exilados começaram a retornar à Argentina. Por meio de amigos em comum, eu já sabia antecipadamente que alguns deles embarcariam no navio da marinha argentina, que partiria de Barcelona rumo a Buenos Aires. Até hoje, recordo-me do nome da embarcação: *Alberto Dodero*.

No dia da partida, os artistas que ficariam em Barcelona organizaram uma verdadeira festa de despedida para aqueles que regressariam à Argentina. Durante a celebração, eles subiram a bordo para desejar uma boa viagem aos seus amigos, e eu aproveitei esse momento para embarcar clandestinamente. Encontrei uma cabine vaga e me escondi lá, onde permaneceria até estarmos em alto-mar.

Não demorou muito para a fome se manifestar. Tive que deixar meu esconderijo e sair em busca de comida. Ao chegar ao salão de jantar, fui prontamente recebido pelos garçons do navio, que perguntaram em qual mesa eu me sentaria. Sem hesitar, indiquei a primeira mesa que avistei, onde havia um casal e suas duas filhas. O navio não estava tão cheio como de costume, para uma viagem intercontinental. Talvez apenas trezentas pessoas estivessem a bordo.

Transitei normalmente entre os passageiros e até conversei com um chileno que retornava a Santiago. Ele era um estudante de medicina em Barcelona, que passaria as férias em sua terra natal. Era um rapaz magro, perspicaz e bom de papo. Também troquei muitas palavras com o casal argentino e suas filhas, com quem compartilhava a mesa. Uma delas já era uma mulher jovem, na casa dos vinte anos, enquanto a outra ainda era uma garota, talvez não tivesse nem quinze. A moça era bela, e até mesmo flertamos. No entanto, eu não imaginava que isso poderia complicar minha viagem.

Havia um brasileiro idiota a bordo do navio. Ele tentava conquistar a mesma mulher e parecia cada vez mais enciumado com minha presença. Em determinado momento, ele perdeu a cabeça e começou a me insultar. E foi então que eu também perdi a cabeça:

— *La concha de tu madre, brasileño!*

Engalfinhamo-nos ali mesmo. O jovem chileno tentou nos separar, dizendo:

— Tranquilo, argentino, tranquilo.

Com toda a confusão, um oficial do navio veio e me levou à cabine do capitão. Nesse ponto, eu já estava sendo observado. Os garçons haviam desconfiado de mim e relataram suas suspeitas às autoridades superiores. O capitão foi direto ao ponto e me questionou se eu havia embarcado clandestinamente naquele navio. Eu contei a verdade. Quando o navio atracou na Ilha da Madeira, fui trancafiado em uma cela do *Alberto Dodero*.

A partir daí, não tenho certeza de como o processo transcorreu. Tudo que sei é que o serviço de telegrafia entrou em contato com minha família, e meu pai foi até a agência da companhia marítima para quitar as dívidas da viagem. Graças ao meu bom pai, tornei-me um passageiro legalizado no navio e fui libertado da minha detenção.

Isso me aproximou ainda mais do casal e de suas filhas, assim como do estudante de medicina chileno, que passou a me chamar de "cabrito". Quando perguntei o motivo do apelido, ele respondeu:

— Porque você partiu para cima do brasileiro como se fosse um cabrito!

Era um bom sujeito, gostei dele por ter me defendido. Tanto que o convidei para passar uma noite em minha casa antes de continuar sua viagem até o Chile.

Os telégrafos também informaram ao governo argentino que eu não havia cumprido o serviço militar obrigatório. Ainda no navio, soube que provavelmente a Polícia do Exército estaria me esperando. Eu seria intimado a comparecer o mais rápido possível a uma junta militar para resolver essa pendência. Dessa vez, acredito que não teria muitas chances de escapar. Mas estava tudo bem, não me preocupava mais com isso. Verdade seja dita, não há como comparar o serviço militar obrigatório na Argentina com a experiência militar em Israel. Quando o navio se aproximou do porto para atracar, avistei meu pai e uma jovem mulher. Presumi que fosse minha querida irmã Haydé. Como ela havia crescido! Provavelmente já estava na casa dos vinte anos. Que emoção poder revê-la! Eles estavam me esperando no cais. No entanto, levei um grande susto e a sensação de alegria pelo tão desejado reencontro deu lugar à apreensão e angústia.

Meu pai estava com a barba longa. Esse é um dos sinais de luto entre os judeus, simbolizando a perda de um ente querido. E, como minha mãe não estava lá, fiquei imediatamente preocupado. Lá embaixo, pude ver meu pai, agitando os braços enquanto gritava, como se pudesse ler meus pensamentos.

— Não se preocupe, todos estão bem!

Fiquei aliviado. Depois fiquei sabendo que se tratava do falecimento de alguém da família. Meu pai e Haydé estavam acompanhados pelo meu irmão Hugo. Ele já era um homem adulto! Também tinha um amigo de infância me esperando, Nito Beraja.

Ah, a alegria do retorno! De volta a Buenos Aires, nos braços de meus familiares. Aos poucos, fui contando minhas histórias. Todos já sabiam que eu escrevia muitas lorotas para evitar falar sobre minhas adversidades. Afinal, Katha também escrevia para eles e me desmentia! Mesmo assim, todos me receberam muito bem, ninguém apontou o dedo para me condenar por meus erros. Estavam todos muito contentes com minha volta.

Era o ano de 1968 e minha readaptação à Argentina foi um desafio inicialmente árduo. Minha mentalidade havia evoluído, adquirindo um cosmopolitismo e "europeidade" mais acentuados. A sociedade argentina parecia estar presa no passado, com sua etiqueta rígida; a maioria trajava sempre terno e gravata, raramente se viam pessoas vestidas de forma descontraída.

A cultura era refinada e a educação era valorizada em meu país, mas faltavam vivacidade e experiência. Os argentinos eram eruditos, algo que se podia observar em todas as camadas sociais. Comparados à média brasileira, eram mais politizados, conheciam os nomes dos ministros, dos responsáveis pela economia, pesca e agricultura. Contudo, eu sentia que lhes faltava uma visão mais abrangente da vida.

Outro aspecto que chamava a atenção eram as minhas circunstâncias pessoais. Desembarquei na Argentina completamente desprovido de recursos. Por outro lado, percebi que muitos amigos de infância, provenientes de origens humildes, haviam enriquecido e obtido grande sucesso financeiro. Até mesmo meu irmão Hugo já era um próspero empresário com um futuro promissor. Eu carregava comigo o que de mais nobre possuía: minhas vivências. "¿Quién te quita lo bailado?", dizia um provérbio argentino. Quem poderia tirar de mim tudo o que eu havia vivenciado ao longo do tempo? Essa era a minha verdadeira riqueza, e ela me impulsionaria a buscar o que me faltava.

Uma das primeiras questões a resolver era o cumprimento do serviço militar obrigatório. Assim, apresentei-me à junta militar em Palermo. Fui designado à categoria "Presentado Tarde" (P.T.), o que significava que cumpria o período militar sem muitas exigências, retornando sempre à noite para minha casa e voltando ao quartel no dia seguinte. Durante esse tempo, retomei antigas atividades comerciais, como a venda de cigarros importados contrabandeados, fornecendo desde aos oficiais até aos recrutas.

Já sabia manusear um fuzil. Em Israel, usávamos as metralhadoras UZI, de origem israelense, enquanto na Argentina eu manejava a FAL, um fuzil belga utilizado por muitas forças armadas na América Latina. Os fuzis FAL esquentavam consideravelmente durante o uso, e recordo-me que costumávamos urinar sobre eles para resfriá-los.

Um episódio marcante desse período foi minha detenção. Eu estava na cantina do quartel militar de Palermo quando entrei em discussão com um cabo do exército. A tensão aumentou e ele me insultou, chamando-me de "judeu de merda". Perdi o controle e quebrei uma garrafa em sua cabeça, abrindo-lhe um corte profundo que vertia sangue em todas as direções. Porém, foi apenas isso, ele logo foi costurado e aprendeu a lição. Eu, por outro lado, fiquei detido por alguns dias.

 A prisão militar não era brincadeira. Gente da pesada dividia a cela comigo. Coisas muito mais graves do que uma briga; havia criminosos ruins e assassinos. Um que havia estuprado a irmã "sem querer", outro que matara o pai "em um acidente", coisas do tipo. Eu me lembro de que todos nós dividíamos uma galeria de quinhentos metros quadrados somente com uma porta de grades, onde eu passava o dia a ver os milicos passarem de um lado para o outro.

 Eu tive medo de algum interno tentar se engraçar comigo e me "fazer de mocinha". Por sorte, eu ganhei a simpatia de outro preso, um sujeito grande e obeso. Lembro-me dele me dizendo "Judeuzinho, fica perto de mim que eu te protejo, porque aqui é pesado". Outros prisioneiros tentavam me assustar, diziam que esse sujeito me queria com exclusividade. Não era verdade; ele me ajudou, mantendo eventuais problemas afastados de mim.

 Em um certo dia, quando eu estava pendurado nas grades, tive uma grande surpresa. Avistei Victor Scolinik, trajado de uniforme militar, andando pelo lado de fora.

— Victor! O que faz aqui?

Ele sorriu ao me ver e se aproximou das grades. Ele também era um P.T., prestando contas ao exército e trabalhava como mensageiro para os oficiais, carregando mensagens para todos os lados. Nesse momento, ele me perguntou se eu sabia que já era pai, pois Ulah Brite havia dado à luz pouco tempo depois da minha partida de Estocolmo.

 Como eu relatei, jamais soube disso na época em que saí da Suécia. Então, Ulah Brite tinha dado à luz uma menina. Não a conheci, nunca encontrei qualquer rastro de Ulah. Deve ter sido uma escolha pessoal e consciente da parte dela; já detalhei anteriormente as vantagens de ser mãe naquele país. Foi assim que eu fiquei sabendo desse nascimento.

Uns dois dias depois, eu saí de minha detenção e cumpri o que faltava do serviço militar. Em tese, eu tinha que cumprir um ano de serviço militar, mas não cheguei a completar cinco meses sequer. Eu nem usava uniforme, como Victor. Todavia, nas últimas semanas, eu tive que trabalhar para um capitão difícil de lidar, um tremendo grosseiro. Ainda eram tempos de ditadura militar. Hoje em dia, praticamente não existe mais exército argentino, o quartel de Palermo onde eu servi virou um parque. O governo ainda mantém algum efetivo militar, mas extremamente reduzido. A história da ditadura militar argentina criou muita aversão pelos milicos.

Findado o serviço militar, eu finalmente pude me concentrar na minha vida pessoal. Eu parecia ser um dos poucos judeus pobres do pedaço. Amigos de infância, de origem tão humilde, agora nadavam em dinheiro. Muitos deles haviam se formado, tinham os seus estudos, seus negócios. Até mesmo Haydé já tocava a sua loja de roupas, auxiliada de perto pelo meu pai, pois ela era a menina dos olhos dele. Como ele a amava! Haydé era muito esperta, uma comerciante nata.

Apesar de largar bem atrás, por ter vivido anos, em errância, no estrangeiro, eu confiava muito na bagagem que carregava. Comecei a tentar visualizar o que poderia dar certo para comercializar e como encontrar as parcerias certas para prosperar. Nessa época, eu comecei a frequentar o Clube Oriente. Era um clube social de cultura judaica sefaradim, quase no centro de Buenos Aires. Na época, o lugar era presidido pelo meu primo Kike Canan, filho de Alberto, irmão de meu pai. Eu adorava frequentar aquele lugar, muitas atividades interessantíssimas eram promovidas lá. Nós nos reuníamos, quase todas as noites, para acompanhar palestras, carteado, grupos terapêuticos de ajuda mútua, além de festas e eventos. Muito bom!

Várias pessoas com o desejo de migrar para Israel me procuravam; elas queriam saber mais sobre o que encontrariam. Com plena convicção, eu respondia que lá era o nosso lar, a terra de nosso povo, um lugar ainda a ser construído. Eu também conhecia outras pessoas que também tinham retornado de Israel, fiz muitas amizades no Clube Oriente.

Entre os novos amigos, havia um judeu chamado Azura Falak. Logo reconhecemos as nossas afinidades; ele também estava louco para dar início a algum empreendimento. Azura tinha um primo que fabricava tecidos, e ele me disse para começarmos a fabricar roupas.

Nesse período, a Jovem Guarda[38] brasileira estava em ascensão. Era impressionante como também fizeram sucesso na Argentina. Um estilo de rock que passou a ditar a tendência da moda, aquelas roupas estilosas, usadas por Roberto Carlos, Wanderléa etc. A juventude procurava por aquele tipo de vestimenta: calças bocas de sino e aquelas camisas de golas grandes, que a Jovem Guarda difundiu.

Na Argentina, nós chamávamos essas camisas de *poleras*; foi o tipo de roupa que Azura e eu começamos a fabricar. Poleras coloridas que logo ganharam as ruas de Buenos Aires. Eu só posso agradecer à Jovem Guarda, porque foi um sucesso. Seis meses passados e já havíamos faturado horrores!

---

[38] Comandada por Roberto Carlos, Erasmo Carlos e Wanderléa, a Jovem Guarda foi um movimento que mesclou música, moda e comportamento. Surgido na TV Record, em 1965 (em um programa homônimo), o movimento acabou impulsionando o lançamento de discos, roupas e diversos acessórios.

Concomitantemente, eu seguia frequentando o Clube Oriente, participando dos bailes que a comunidade judaica organizava lá. Foi um período muito bom para mim; pude me reorganizar e me estabelecer na Argentina, desenvolver uma atividade próspera, cultivar a minha vida social. Tudo parecia se encaixar.

Nesse clube, eu conheci Alícia, uma mulher de família tradicional judia, que trabalhava como vendedora na calle Corrientes. Nós começamos a namorar, mas ela levava os costumes a sério — fazermos sexo antes do casamento era fora de cogitação. Nós até namorávamos pelados, perto dos "finalmentes". Então, ela interrompia o calor do momento e me deixava alucinado. Para Alícia, era muito importante casar virgem.

Mal fazia um ano que eu havia retornado para a Argentina e, no ano de 1969, já preparava o meu casamento. Hoje eu me questiono das verdadeiras intenções de cada um. Talvez Alícia visse em nosso matrimônio a melhor oportunidade para sair de casa. Assim lidaria menos com a sua mãe, uma lituana de temperamento muito complicado. Quanto a mim, eu pensava que assim deveria ser a vida: ter trabalho, ter casa, constituir uma família, ser um cidadão exemplar. A conquista de uma vida normal e respeitável, após anos de juventude transviada, marcada por minhas errâncias.

Alícia era uma boa mulher, trabalhadora e correta, além de ser muito bonita. Eu acreditei que fosse tudo de que eu precisava. Havia, nitidamente, uma falta de química entre nós, as peles pareciam não combinar. Talvez eu tenha acreditado que isso se dava por ainda não termos feito amor. Mas hoje eu me pergunto se eu realmente amei aquela mulher um dia.

Muito perspicaz, o meu irmão Enrique conversou seriamente comigo sobre isso. Ele tentou me alertar de todas as formas.

— Como você vai se casar? Você está louco. Você realmente acredita que ama essa mulher? Não faça isso, Adolfo.

Verdade seja dita, meu irmão possuía um conhecimento íntimo de minha essência, talvez mais do que eu mesmo. Em meu âmago, as chamas da loucura e os anseios por aventura persistiam. Minha razão apontava para o caminho convencional, mas meu coração batia em desacordo. Nunca almejei uma existência comum, mediana e conformada. Aquilo simplesmente não era para mim, não daquela forma, não era o que eu ansiava experimentar.

Contudo, naquela época, tentei iludir-me com a narrativa daquele casamento. Assim, eu dizia a Enrique para não me aborrecer, pois tudo já estava devidamente organizado e não havia como voltar atrás. Cheguei até a adquirir um apartamento em Palermo para que pudéssemos morar juntos, pagando-o gradualmente. Era um modesto lar, com sala, cozinha, quarto e banheiro. A data de nosso enlace já estava agendada na sinagoga e no salão de festas. O processo estava irrevogavelmente em marcha.

Nesse meio-tempo, cruzei caminho com um indivíduo que se tornaria um amigo íntimo: Hector Sayd, um judeu de ascendência árabe. Ele pertencia a uma família numerosa, composta por três irmãos e uma irmã, e todos trabalhavam nas províncias do norte, em Salta e Jujuy. Eram proprietários de lojas dentro do renomado Engenho de Ledesma.

Dentro daquele engenho, desdobrava-se um verdadeiro universo. Uma multidão circulava, freneticamente, por aquele espaço, enquanto diversas mercadorias trocavam de mãos. A família Sayd era formada por comerciantes tradicionais; vendiam de tudo, desde vestuário até produtos de higiene e limpeza. Tinham um faturamento significativo e nós realizamos alguns negócios juntos.

Hector Sayd passou a fazer parte do meu círculo social, frequentávamos os mesmos bailes e restaurantes. Tornou-se um grande amigo. Contudo, ele tinha seus problemas com jogos de azar; era um viciado em cassinos. Muitas vezes eu o acompanhava a esses lugares, mas seguir seus passos nas apostas significava prejuízo certo.

E, assim, no dia 26 de julho de 1969, celebrei meu matrimônio com Alícia. Foi uma festa memorável, repleta de luxos e requinte. Nossa lua de mel em Mendoza nos presenteou com uma semana presos na neve. Porém, não foi uma experiência totalmente ruim; aproveitamos aqueles dias para namorar intensamente, finalmente. No entanto, algo crucial parecia faltar, aquela química, a conexão de peles. O ato de transpor a barreira da primeira vez não se mostrou suficiente. Talvez o tempo a trouxesse, eu cogitei.

De volta a Buenos Aires, estabelecemo-nos em Palermo. Prosseguimos com a decoração do nosso lar, adquirindo os objetos que nos faltavam, enquanto eu me dedicava ao trabalho. Tudo parecia seguir o curso esperado. Em certo dia, por volta do meio-dia, meu interfone soou. Era Hector Sayd me convidando para tomar um café. Informei Alícia de que meu amigo estava lá embaixo e que desceria para conversarmos um pouco, prometendo retornar logo.

Assim que desci, fui surpreendido.

— Adolfo, estou aqui para te buscar! Hoje vamos celebrar seu casamento! Já temos um avião nos aguardando; vamos festejar no cassino de Montevidéu, meu amigo! — exclamou ele.

O aeroparque ficava a meros cinco minutos de minha residência. Sem intenção maldosa, nem sequer pensei em avisar Alícia. Simplesmente parti, trajando a mesma vestimenta, imaginando que retornaríamos naquela mesma noite e que não seria um grande problema. Além de nossa amizade, havia também uma relação comercial a ser mantida, extremamente benéfica para os negócios. O monomotor atravessou as águas e, em pouco tempo, pousamos na capital uruguaia. Assim que chegamos, seguimos diretamente ao cassino.

Naquele dia, Hector foi abençoado pela sorte. Ganhou tanto dinheiro que até me presenteou com um Rolex.

— Presente de casamento, Adolfo — disse ele.

Jogamos a noite inteira, adormecemos no local e só retornei no dia seguinte, às cinco da tarde. Não fazia ideia do escândalo que me aguardava. Quando adentrei nosso apartamento, deparei-me com meus sogros, meu cunhado e até mesmo o cachorro da família. Alícia se levantou do sofá e iniciou o interrogatório:

— Adolfo, onde você se meteu? Estávamos preocupadíssimos! Você saiu de casa ontem, no início da tarde, dizendo que iria apenas tomar um café com seu amigo. E, agora, surge do nada, às cinco da tarde do dia seguinte? Onde você estava?

Não previ que a vida matrimonial seria assim! Eu não estava habituado. Falei a verdade, expliquei que Hector havia preparado uma surpresa e me levado ao cassino em Montevidéu, onde jogamos durante toda a noite. Contudo, eles não acreditaram em minhas palavras.

— Por que você não nos avisou? — Minha sogra lituana parecia prestes a me agredir, tal era seu estado de nervosismo. Ela era extremamente temperamental; enquanto meu sogro tremia, diante dela, amedrontado. Certamente ele tentava me reprimir por conta dela, pois sabia que, do contrário, seria alvo de sua fúria.

— Como você pode ser tão irresponsável?! — indagou meu sogro.

Minha sogra lançava-me reprimendas como:

— Você precisa respeitar minha filha.

A partir desse momento, comecei a nutrir um certo arrependimento em relação ao casamento, passando a compreender melhor as palavras de meu irmão, pronunciadas às vésperas da cerimônia. Contudo, os laços se apertavam cada vez mais. Não demorou para descobrirmos que a lua de mel havia deixado uma marca indelével: Alícia estava grávida! Consequentemente, passei a trabalhar ainda mais, pois seria necessário adquirir um apartamento maior para acomodar nossa família.

Ao mesmo tempo, talvez devido à insatisfação conjugal, comecei a cometer uma série de erros desnecessários. Novamente, permiti que más influências adentrassem minha vida, inclusive pessoas de minha infância, como Cacho e seu comparsa, Oscar. Eram malandros de rua, praticavam pequenos furtos em Buenos Aires. Depois, vinham até mim para vender as mercadorias roubadas. Obviamente, eu não questionava a procedência dos objetos, mas, sem dúvida, sabia. Eu os comprava para ajudá-los e isso também me rendia algum dinheiro.

Assim, iniciei uma vida paralela. As escapadas além dos limites matrimoniais tiveram início durante a gestação de minha esposa. Edith foi a primeira mulher com quem me envolvi após o casamento com Alícia. Ela possuía uma confecção e uma pequena loja, e um dia veio comprar algo comigo. Convidei-a para tomar um café e tivemos um breve caso. Em decorrência disso, fui me afastando emocionalmente e esfriando em relação à minha casa. Apesar disso, nunca deixei de zelar pela gravidez de minha esposa, pois estava feliz em ser pai.

Unir duas vidas em uma só é extremamente complexo. Às vezes a vida encontra uma maneira de lançar em seu rosto que você está no caminho errado, da pior forma possível. Lembro-me do dia 14 de maio de 1970, o dia em que minha querida Karina Andrea Canan nasceu. Em vez de estar no hospital, acompanhando seu nascimento, eu estava em minha loja, recebendo mercadoria roubada. Não estive lá quando ela veio ao mundo, algo de que me envergonho profundamente.

Karina era uma criança linda e trouxe grande alegria para minha vida. Ela era a única razão verdadeira para eu retornar ao lar após um dia de trabalho. Eu me derretia ao ver seu rostinho adorável e sorridente. Contudo, não havia mais nada entre mim e sua mãe. Cada vez mais, envolvia-me com outras mulheres. Sempre que possível, fugia das obrigações matrimoniais, inventando desculpas e viagens de trabalho para poder estar com Edith. Ou, então, a velha história de ir "pescar com amigos". Levava-a para Colônia, no Uruguai, onde permanecia anônimo na multidão, evitando olhares familiares.

E assim eu conduzia minha existência até o surgimento de Cecília. Ela trabalhava como vendedora em minha loja; uma profissional habilidosa, dotada de um talento nato para o comércio. Que espetáculo de mulher! Jovem e bela, solitária neste mundo, tendo perdido sua mãe ainda menina.

Recordo-me de uma ocasião, quando possuía um Fiat 600: um dia, uma violenta tempestade assolou Buenos Aires, resultando em um grande apagão na capital portenha. Naquela noite, trabalhamos até tarde e, por isso, ofereci-lhe uma carona para casa. Sua residência ficava próxima ao Mercado do Abasto. O tráfego estava caótico, mas, durante o trajeto, compartilhamos conversas sobre a vida e o tempo escorreu sem que eu percebesse. Ao chegarmos à porta de sua casa, ela desceu do carro e aproximou-se da minha janela para se despedir. Foi nesse instante que Cecília me presenteou com um beijo maravilhoso. Fiquei atônito, incapaz de compreender o que havia ocorrido. Naquela noite, o sono me abandonou completamente.

Ainda perplexo, encontrei Cecília novamente no dia seguinte, no trabalho. Olhei para ela e fiz um gesto, como se questionasse "O que foi aquilo, mulher?". Ela simplesmente respondeu com um sorriso travesso, como se dissesse "Foi exatamente o que você está pensando". A partir de então, passamos a sair juntos, tomados por uma paixão avassaladora.

Até então, Cecília só havia tido um homem em sua vida, um sujeito casado. Eu o conhecia: era um homem sério, discreto e reservado. Sempre ficava vermelho de vergonha quando nos encontrávamos, provavelmente suspeitando que eu soubesse do caso deles. Por ser solitária, Cecília se apegou a mim com intensidade. E eu estava profundamente apaixonado. Havia uma química avassaladora entre nós; bastava um toque de pele para nos incendiarmos.

Cecília era do tipo que topava qualquer coisa! Se eu dissesse "Vamos para a praia", ela já pegava seu biquíni. Parecíamos dois adolescentes enamorados. Nessa época, aluguei um apartamento, um château para ser nosso refúgio, um lugar onde pudéssemos viver nossos encontros intensamente. Ali, tudo o que estava do lado de fora se dissolvia e, entre nós, tudo era perfeito.

Paralelamente, eu prosseguia com minha outra vida, com o trabalho, Alícia e Karina. Minha filhinha já completara um ano e eu ainda mantinha as aparências. Contudo, era impossível esconder meus sentimentos por Cecília e continuar convivendo harmoniosamente com minha esposa. Chegara o momento de me separar e viver minha própria história de forma plena.

Inicialmente, pensei que o divórcio seria um processo tranquilo; afinal, também não sentia muito amor por parte de Alícia. Eu jamais deixaria de prover o sustento de minha filha. No entanto, mal mencionei o assunto e logo ocorreu a intervenção de seus familiares, algo que beirava a violência. Minha ex-sogra quase partiu para cima de mim. Decidi sair de casa e ir morar com Cecília.

Alícia e sua mãe colocaram meu sogro para me seguir pelas ruas. E lá estava ele, coitado, quando eu olhava para trás. Sentia-se envergonhado quando era descoberto. Esse pobre homem, por medo, fazia tudo o que aquela megera ordenava. Meu ex-cunhado também começou a me perseguir e insultar. Houve até uma ocasião em que a situação quase se tornou séria, e somente a intervenção de meu amigo Azura evitou algo pior. Eu não tinha paz para desfrutar minha história com Cecília. O comportamento do irmão de Alícia era preocupante, e eu não sabia até onde isso poderia chegar.

Alícia e sua família não me permitiam chegar perto de minha filha. Isso me entristecia profundamente; mas o que eu poderia fazer? Não podia afundar em um casamento fracassado por causa de Karina. Que alegria eu poderia transmitir à minha filha, vivendo dentro de um sepulcro a dois com Alícia?

Talvez fosse questão de tempo até que as coisas se acalmassem e se acomodassem. No entanto, repentinamente, surgiu um problema complicado. Um dos comparsas de Cacho, o tal de Oscar, foi preso pela polícia de Buenos Aires. Em seguida, chegaram até Cacho e, por fim, até mim. Conversei com meus advogados e compreendi a gravidade daquela situação. Eu poderia ser preso pelo crime de receptação.

O peso do mundo parecia cair sobre meus ombros. Eu precisava encontrar uma saída, não podia ser preso. Além disso, não aguentava mais o cerco dos parentes de minha esposa. Seu irmão estava indo longe demais. Em uma noite, imerso na gravidade do momento, decidi relaxar um pouco. Dirigi-me à calle Santa Fé, onde havia um bar frequentado por garotas de programa, um local no estilo happy hour.

Eu buscava acalmar-me e encontrar alguma solução para aquele pesadelo. Foi então que uma dessas acompanhantes aproximou-se e começou a puxar conversa. Que bela morena ela era! Seu nome era Valéria, uma carioca legítima. Naquele momento, ela começou a exaltar o Brasil.

Valéria destacava o bom momento vivido por aquela nação, falando sobre o milagre econômico brasileiro, que possibilitava a forte expansão industrial, além das obras de infraestrutura, como as rodovias que começavam a cortar o país. Para ela, o Brasil era o país do futuro. Inicialmente, ouvi aquela conversa sem dar muita importância. Afinal, naquela época, a Argentina era considerada um país de primeiro mundo, com uma classe média forte e uma moeda valorizada. Muito diferente da atual situação, é claro. Por outro lado, as notícias que chegavam do Brasil sempre enfatizavam a forte desigualdade social, os problemas como extrema pobreza, violência, entre outros.

Mas quem poderia resistir ao chamado daquela sereia? Deixei-me envolver por suas palavras. Comecei a considerar que talvez o Brasil fosse o lugar para começar uma nova vida, longe de tantos problemas. Não havia dúvida de que Cecília viajaria comigo. Por outro lado, o quanto seria difícil afastar-me novamente de minha família e ficar tão longe de minha filha. Mas eu já não a via; então, o que poderia fazer por ela se fosse preso e carregasse essa marca pelo resto da vida? Talvez, um dia, o tempo colocasse tudo de volta nos eixos.

Ao chegar a casa, como eu já havia imaginado, Cecília não hesitou quando falei sobre irmos para o Brasil. Eu deixaria tudo para Alícia — carro, loja, apartamento — para que nada faltasse à minha filha. Tudo que eu tinha na Argentina ficou para ela.

Mais uma vez, a aventura abriu suas portas para mim. Eu viajaria rumo ao desconhecido, ao lado do meu novo amor. Abandonei tudo o que havia conquistado, mas tinha plena confiança de que me recuperaria e construiria uma vida próspera, ao lado de Cecília. Eu não falava português e não conhecia ninguém no Brasil. Mas a vida já me ensinara a me virar.

Essas foram as razões que me trouxeram ao Brasil, o país onde vivo há cinquenta anos e que me deu tudo o que tenho hoje. Terras virgens, repletas de oportunidades para quem tivesse visão e coragem. Ao olhar para trás e refletir sobre meus caminhos, considerando todas as alegrias e tristezas pelas quais passei, ao ver tudo o que conquistei e a família que construí... Posso afirmar com segurança: eu vim, eu vi e eu venci.

CAPÍTULO 9

Bendito Brasil

D ada a gravidade da situação, vi-me obrigado a deixar a Argentina às pressas, sem qualquer plano previamente traçado. Tive, como único apoio meu irmão Enrique, que prometera fornecer-me algum dinheiro, no porto de Buenos Aires. Nosso destino era Montevidéu, onde pretendíamos dissipar os receios de estar sob a jurisdição portenha, para então seguimos viagem até o Brasil, Cecília e eu.

Enquanto contemplava as águas do rio da Prata, no porto, eu tentava, em meio a um clima de apreensão e melancolia, organizar meus pensamentos. Logo estaria partindo para um país desconhecido, desprovido de qualquer conhecido. A tristeza de deixar minha filha para trás de forma abrupta era avassaladora, mas não havia escolha senão seguir em frente.

Lancei minhas chaves nas águas, as chaves de minha casa e meu negócio, deixando-as afundar, simbolicamente, para que eu pudesse olhar adiante. Ao meu lado encontrava-se uma mulher extraordinária, por quem nutria uma paixão arrebatadora. Confiantes em nossas habilidades, estávamos prontos para encarar a mais recente aventura de nossas vidas, e eu precisava manter meu espírito elevado.

Não demorou para que Enrique trouxesse o dinheiro. Meu irmão desejou-me boa sorte e nos despedimos.

— Cuide-se bem, Adolfo! Mantenha-se longe de problemas no Brasil, hein? — alertou-me Enrique, encarregando-se de tranquilizar nossos familiares.

Prometi que manteria contato. Pouco tempo depois, atravessamos o rio da Prata e chegamos à capital uruguaia.

Em Montevidéu, Cecília e eu arriscamos a sorte nos cassinos, buscando aumentar nossa modesta reserva para chegarmos ao Brasil com um pouco mais de tranquilidade. Contudo, tudo o que conseguimos foi perder dinheiro. Foi uma ideia desafortunada. Restava-nos apenas o suficiente para adquirir nossas passagens. Uma viagem de dois dias nos levou à capital paulista, onde desembarcamos na Estação da Luz, pela manhã, por volta das 8h.

Ali, parecíamos dois ingênuos caipiras, carregando uma mala repleta de roupas sujas, sem ter a menor ideia de como conseguiríamos dinheiro ou onde nos hospedar. Lembro-me de ter comprado um maço de cigarros, guardado nossas bagagens na rodoviária e, então, nos aventuramos pelas ruas da cidade. Parávamos nas bancas de jornal, onde eu compartilhava um pouco de nossa situação e perguntava sobre qualquer trabalho temporário disponível. Nesse momento, comecei a me encantar com uma das mais notáveis virtudes do povo brasileiro: sua cordialidade e prestatividade. As pessoas nos ofereciam sugestões e expressavam votos de sorte e sucesso; um calor humano que nos acolhia.

A avenida Paulista nos foi apontada como o grande centro econômico da cidade, onde certamente encontraríamos alguma oportunidade. À medida que caminhávamos em direção ao destino indicado, interpelávamos as lojas, em busca de trabalho; porém, com poucos resultados.

Ainda guardo vivamente em minha memória a sensação de deslumbramento, ao chegarmos à Paulista. Nos anos 1970, a avenida era muito diferente, repleta de flores, palmeiras e jardins. Os imponentes casarões históricos ainda não haviam dado lugar aos arranha-céus que, agora, dominam um dos principais centros econômicos do mundo. Cecília e eu ficamos profundamente impressionados.

Ao cruzar a alameda Joaquim Eugênio de Lima, meus olhos foram atraídos por um restaurante francês chamado Clarice. Um estabelecimento adornado com poltronas de veludo vermelho, repleto de estilo. Após um dia inteiro de busca por emprego, decidi tentar a sorte ali. Ao adentrar o local, deparei-me com um homem solitário, sentado à mesa, cercado de papéis.

Em francês, apresentei-me e expliquei brevemente minha delicada situação, solicitando algum trabalho para mim e, quem sabe, também para Cecília, que aguardava do lado de fora. O homem me avaliou de cima a baixo e mencionou que precisava de ajuda com a limpeza, pois estava reformando o estabelecimento. Perguntou-me se eu falava um pouco de português, além do francês. Na época, eu ainda não dominava o idioma e me esforçava para compreender algo.

— Você pode começar como faxineiro agora, e, em seguida, talvez possamos contar com você para atender os clientes em francês. *Très élégant!* — disse ele.

Indaguei sobre onde poderia dormir, e ele me informou que havia espaço no porão, onde os demais funcionários, que também trabalhavam na obra, pernoitavam.

Contudo, quando mencionei Cecília, a situação mudou um pouco de figura. Ele afirmou que não seria adequado que ela ficasse no porão, pois só havia homens lá. Seria arriscado e poderia causar problemas. Em contrapartida, Jacques mencionou que tinha uma filha que morava nas proximidades, na alameda Jaú.

O dono do restaurante, que também era o chef, mostrou-se solícito, mas percebi certa malícia em sua postura, uma astúcia sutil. Não falamos sobre salário ou detalhes financeiros; ele prontificou-se a fornecer-nos alimentação e acomodação, tanto para mim quanto para minha companheira.

— Veja bem, eu também tenho uma neta. Minha filha precisa de ajuda com as tarefas diárias, uma companhia. Talvez sua esposa pudesse ficar com ela — sugeriu ele.

Certamente não era o cenário ideal, mas era o que tínhamos naquele momento. Saí do restaurante e conversei com Cecília. Diante de poucas opções, ela aceitou a oferta. Fomos buscar nossas malas na rodoviária e retornamos ao restaurante. Jacques levou minha companheira até a casa de sua filha.

Naquela semana, trabalhei bastante, realizando limpeza pesada durante o dia e recebendo os clientes à noite. Pelo menos tínhamos um lugar para comer e dormir, tanto eu quanto Cecília. Logo poderíamos estar juntos novamente e encontrar nosso caminho. No entanto, durante aqueles dias, mal conseguimos nos ver, pois não tínhamos folgas. Jacques apenas me dizia que a tinha visto e afirmava que ela estava bem. Aparentemente, Cecília estava se dando muito bem com a filha dele.

Somente no sábado, após o almoço, pude reencontrá-la. Solicitei a Jacques que minha esposa viesse ao restaurante para conversarmos um pouco. Ele prometeu avisá-la quando fosse visitar sua filha, e, assim, Cecília veio até o restaurante. Conversamos ali mesmo, na rua.

Minha companheira contou-me que tudo estava indo bem na casa da filha de nosso patrão. Descreveu a patroa como uma bela francesa, com uma filha de aproximadamente oito anos. Cecília ajudava nas tarefas domésticas, cozinhava e levava a filha quando necessário. Elogiou bastante a filha de Jacques, descrevendo-a como uma mulher bonita e muito culta, fluente em várias línguas.

No entanto, Cecília também compartilhou comigo alguns aspectos negativos do relacionamento entre Jacques e sua filha. Havia muitos conflitos, ele a visitava com frequência e sempre havia discussões. Ela começou a falar sobre algumas características marcantes da filha de Jacques: olhos verdes, pele morena, um charmoso modo de fumar cigarros e um ar artístico.

— E como se chama a sua patroa? — indaguei, ansioso por descobrir algo a respeito dela.

— Clarice — respondeu Cecília —, igual ao nome do restaurante onde você trabalha.

Naquele instante, a imagem de Clarice, a mesma que eu conhecera em terras israelenses e à qual havia auxiliado na chegada ao mundo de sua filha, Judith, aflorou em minha mente. Era como se Cecília estivesse descrevendo a mesma Clarice para mim. Com um misto de curiosidade e fascínio, inquiri o nome da criança.

— Judith! — proferiu ela.

Inacreditável tamanha coincidência! Contudo, também parecia impossível que fosse a mesma pessoa. Aproveitando a presença de minha esposa, perguntei-lhe se a patroa estava em casa naquele momento, ao que ela respondeu afirmativamente. Sem delongas, solicitei que me levasse até lá, sem revelar maiores detalhes. Cecília, por sua vez, perplexa diante desse inesperado pedido, não compreendia bem a situação. Todavia, prontamente, atendeu ao meu pedido, guiando-me até o apartamento localizado na alameda Jaú, conforme eu havia requisitado.

Sentia-me tomado por uma ansiedade extrema enquanto nos aproximávamos. Quando finalmente chegamos e bati à porta, ansiava por desvendar o enigma que se apresentava à minha frente. Assim que a porta se abriu, deparei-me com ninguém menos que minha velha amiga, a própria! Era ela, a filha de Jacques! Quão extraordinária é a vida, capaz de tecer tais surpresas inimagináveis! E como a pequena Judith havia se tornado uma criatura encantadora aos meus olhos! Rememorei o momento em que testemunhei seu nascimento, inundando-me de alegria ao reencontrá-las; elas que estavam aqui no Brasil, tal qual Cecília e eu.

Conheci a mãe de Clarice durante minha estadia com ela em Israel. Naquela época, nem mesmo Clarice havia conhecido o próprio pai, pois ele partira rumo à França, em busca de formação como chef de cozinha. Sua jornada o trouxera ao Brasil, passando primeiramente por Ubatuba, onde abrira um renomado restaurante. Pouco tempo antes de nosso encontro, ele conseguira estabelecer contato com Clarice, motivando-a a viajar e conhecê-lo. Além disso, essa oportunidade aproximava Judith de seu progenitor, meu amigo Hector, que havia se separado de Clarice e residia em Buenos Aires.

Abraçávamo-nos e compartilhávamos lágrimas de emoção, relembrando as nossas histórias na Terra Prometida. Eu jamais havia mencionado Clarice a Cecília, por isso ela se encontrava atônita diante desse inesperado reencontro. Ao explicar minha atual situação a Clarice e mencionar que, naquele momento, residia no porão do restaurante de seu pai, ela prontamente convidou-me para morar com elas em seu apartamento.

Clarice alertou-me para ter cautela com Jacques. Ela compreendia a importância de meu trabalho, mas aconselhava-me a agarrar outra oportunidade assim que possível. Segundo ela, trabalhando com seu pai, não teria futuro. Minha amiga fez um desabafo contundente, revelando que Jacques a assediava. Era necessário habilidade para afastar o pai sem abrir mão do apoio financeiro que ele lhe proporcionava. Naquele momento, Clarice dependia dessa ajuda para tudo. Por isso, reforçou seu pedido para que morássemos todos juntos, evitando os indesejáveis avanços.

Evidentemente, a vida se mostrou muito mais acolhedora em seu apartamento. Ao contrário do que eu havia imaginado, Jacques não se importou com minha mudança para lá. Pouco tempo depois, ele expandiu seus negócios e o porão onde eu estava alocado foi transformado em uma cave. O restaurante Clarice funcionava ao longo do dia, e, logo abaixo dele, foi inaugurado o Chez Jacques, de atmosfera mais intimista, projetado para receber clientes durante as noites.

Trabalhei lá durante a inauguração. Um público distinto, música ao vivo e um ambiente acolhedor. Não demorou para que Chez Jacques se tornasse um lugar frequentado por pessoas influentes. Na década de 1970, São Paulo não possuía as vastas referências gastronômicas que temos hoje, uma profusão culinária de todas as partes do mundo. Naquela época, recordo-me de algumas opções, como A Cabana, localizada na avenida Rio Branco, ou então o Chez Moulix, no largo do Arouche.

O sucesso do Chez Jacques atraiu músicos renomados. Artistas famosos apareciam para pequenas exibições, durante as noites. Chico Buarque de Hollanda, por exemplo, tive o privilégio de conhecê-lo pessoalmente. Lembro-me dele acompanhado por sua mãe. Imagine a satisfação que senti, pois já havia apreciado seu trabalho na Argentina. Em uma ocasião, também tive a oportunidade de receber uma das sensações daquela época, Maysa Matarazzo! Outro frequente intérprete no Chez Jacques era Ney Matogrosso, muito antes de alcançar sucesso com o grupo Secos & Molhados!

Foi em uma noite, após dois meses da inauguração, que conheci pessoas que mudariam minha vida. Naquela ocasião, servi com atenção cinco clientes impecavelmente vestidos. Conduzi-os até a mesa, deixando-os à vontade. Mais tarde, aproximei-me para indagar sobre o atendimento e verificar se estavam apreciando a estadia. Eles notaram meu sotaque e perguntaram se eu era argentino, surpreendendo-se, pois era incomum encontrar argentinos exercendo tais funções de serviço.

Naquela época, como já mencionei, a Argentina ostentava um perfil de prosperidade diante do mundo, sobretudo na América do Sul, enquanto os demais países enfrentavam frequentes crises econômicas. Por isso, era estranho ver um argentino atuando como garçom em um restaurante de São Paulo. Ainda mais um argentino de origem judaica, algo que provavelmente perceberam pelos meus traços.

Todos os cinco clientes também eram judeus de origem libanesa, embora tivessem sobrenomes italianos. Estavam presentes Raymond Lisbona, Victor Piccioto, Claude Dana, Victor Nasser e outro, cujo nome escapa-me no momento. Inicialmente não compreendi o motivo dos sobrenomes italianos. Posteriormente, entendi que o Brasil não mais recebia imigrantes do Líbano, naquela época, mas mantinha suas portas abertas para a imigração italiana. Assim, os libaneses que desejassem mudar para o Brasil passavam pelos portos italianos, onde obtinham novos passaportes com identidade italiana. Dessa forma conseguiam estabelecer-se no Brasil.

Todos eles eram extremamente simpáticos. Demonstraram interesse em minha vida, questionaram-me sobre minha trajetória na Argentina e sobre como acabei no Chez Jacques. Com honestidade, expliquei minha situação. Após nossa conversa, Raymond entregou-me seu cartão e pediu-me para entrar em contato com ele, sugerindo que talvez pudesse me ajudar a encontrar um trabalho mais interessante.

Ao chegar ao apartamento de Clarice, compartilhei com ela e minha esposa sobre a oportunidade que se apresentara. Lembro-me de ter mostrado o cartão de Raymond. Ainda hoje somos grandes amigos, sempre recorro a ele ou a seu filho para fazer meus seguros. Naquela ocasião, Clarice reforçou seu conselho e encorajou-me a aproveitar essa chance. Ela havia começado a namorar um israelense, um homem imponente, que mais parecia um guarda-costas. Cecília também me apoiou vigorosamente; ambos acreditávamos em nosso potencial. Não hesitei em procurar Raymond, já no dia seguinte. Ele me convidou para tomar um café.

Seu escritório situava-se em uma rua movimentada no coração de São Paulo. Lá, conversamos e nos conhecemos melhor. Ao saber sobre minha loja e confecção de roupas na Argentina, Raymond disse que me indicaria aos irmãos Victor e Maurício Piccioto. Ambos possuíam uma fábrica têxtil localizada no cruzamento da avenida Rio Branco com a avenida Rudge. Raymond fez uma ligação, conversou com Victor e perguntou-lhe se ele se recordava do argentino do Chez Jacques. Em seguida, Raymond afirmou que me encaminharia até lá.

Já que eu havia mencionado Cecília, uma excelente vendedora, Raymond disse que falaria com Claude Dana para lhe oferecer uma oportunidade. Claude era proprietário da Feeling, uma loja de roupas de marca localizada nos Jardins, na esquina da alameda Franca com a rua Augusta, e trabalhava com produtos importados de alta qualidade. Cecília era uma habilidosa decoradora. Na Argentina, costumava elaborar vitrines para lojas, além de ser uma mulher de grande beleza. Claude gostou dela, e trabalharam juntos por muito tempo.

Eu fui em busca dos irmãos Piccioto, determinado a encontrar uma nova direção para minha carreira. Na fábrica, tive a oportunidade de conhecer Maurício, cuja conversa revelou-se inspiradora. Ele demonstrou entusiasmo ao ouvir sobre meus negócios na Argentina e expressou o desejo de contar comigo como gerente. No entanto, fui honesto em admitir que minha proficiência no português ainda era limitada e meu conhecimento em tecelagem era praticamente nulo. Na verdade, eu não sabia absolutamente nada!

Maurício tranquilizou-me prontamente. Assegurou que eu aprenderia tudo o que fosse necessário através de um curso que ele mesmo indicaria. Garantiu-me que, ao final, eu sairia de lá como um verdadeiro especialista no assunto. Além disso, perguntou-me se já havia encontrado um lugar para morar em São Paulo. Com sinceridade, expliquei-lhe minha situação, mencionando que eu e minha esposa residíamos no apartamento de uma querida amiga. Mal pude acreditar quando Maurício sugeriu que eu procurasse um imóvel e se prontificou a ser meu fiador. Como se isso não bastasse, ele ofereceu-me um generoso adiantamento para que eu pudesse mobiliar e acomodar-me com conforto.

— Muito bem, Adolfo — disse ele, com entusiasmo. — Encontre um lugar para você e sua esposa, instalem-se com tranquilidade. Depois venha procurar-me para iniciar o curso e logo começar a trabalhar comigo. Precisamos de você!

O curso era ministrado na Indort, uma instituição situada na encantadora praça São Luís. Lá, eu mergulhei em um aprendizado abrangente, adquirindo conhecimentos sobre produção, controle de qualidade, previsão de vendas, revisão de estoque e muito mais. Era uma instituição profissionalizante de excelência.

Que alegria indescritível Cecília e eu experimentamos nesse período. Havia menos de um ano que tínhamos chegado ao Brasil e a sorte já sorria para nós de forma tão magnânima! Em busca de um lar, procuramos por um apartamento nas proximidades do Baixo Augusta. Naquela época, éramos atraídos pela atmosfera boêmia dessa região. Além disso, o local ficava próximo ao trabalho de Cecília e não distante do meu. Assim, alugamos um imóvel na encantadora rua Frei Caneca.

Indubitavelmente, aquele foi um dos períodos mais marcantes de minha vida. Lembro-me de um vizinho, Osvaldo, um indivíduo extremamente agradável, que nutria uma paixão pela música popular brasileira. Através dele, tive a oportunidade de conhecer o trabalho de talentosos artistas como Antônio Carlos e Jocáfi. Meu vizinho trabalhava em uma rádio, sendo jornalista esportivo. Em certa ocasião, ele me convidou para acompanhá-lo até o Estádio do Pacaembu, onde assistiríamos a um jogo de futebol, bem próximo ao campo.

O que eu não poderia imaginar era que esse jogo seria um dos últimos do Rei Pelé, pelo Santos. Naquela tarde, eles enfrentaram o Vitória, da Bahia. Tive o privilégio de testemunhar aquela partida de perto, sendo a única vez em que vi esse gênio do futebol em ação. Ao final do jogo, quando os jogadores deixavam o gramado, Osvaldo apresentou-me a Pelé. Com toda a elegância, o Rei cumprimentou-me de forma cortês. Fiquei profundamente emocionado por ter conhecido o ícone do futebol naquele momento. Eu não sabia que, anos mais tarde, viria a estabelecer uma amizade com Edson Arantes do Nascimento.

Após estabelecer-me com Cecília na rua Frei Caneca, dei início ao curso na Indort. Estudava, diligentemente, em todos os dias úteis da semana, das 8 às 18 horas. Naquela instituição, aprimorei consideravelmente minha fluência no idioma português e adquiri um vasto conhecimento sobre a tecelagem. Logo em seguida, ingressei na fábrica, aplicando tudo o que havia aprendido. A indústria brasileira vivia um bom momento, atraindo máquinas de várias partes do mundo. Recordo-me de muitos judeus que lideravam as tecelagens nesse período. Com o tempo, o setor passou a ser dominado por imigrantes coreanos.

A fábrica dos irmãos Piccioto possuía cinquenta máquinas. Assim que iniciei meu trabalho, uma verdadeira revolução interna teve início. Trabalhava incansavelmente, dedicando-me todos os dias da semana. Cada manhã, quando os irmãos Piccioto ocupavam seus escritórios, encontravam minuciosos relatórios elaborados por mim, descrevendo detalhadamente o desempenho de cada máquina, o estoque de fios para os pedidos e todos os aspectos relevantes. Eu fazia jus ao bom salário e à confiança que meus patrões depositaram em mim.

Eu gostava de caminhar até o trabalho, descendo as escadarias em direção à avenida Nove de Julho e seguindo até a Prestes Maia para, finalmente, chegar ao Bom Retiro. Quantas vezes passei em frente ao famoso Edifício Joelma, marcado pela terrível tragédia de um incêndio[39]. Presenciei aquele episódio triste, vendo pessoas lançando-se do prédio para escapar das chamas. Era um momento doloroso para a cidade de São Paulo.

Em 1973, adquiri meu primeiro carro em terras brasileiras. Era um fusca amarelo, que batizei carinhosamente de "ovo".

---

[39] O incêndio no Edifício Joelma foi uma tragédia ocorrida em 1º de fevereiro de 1974 no Edifício Praça da Bandeira (antigo Joelma), na região central de São Paulo, que provocou a morte de 187 pessoas e deixou mais de trezentos feridos. A tragédia do Joelma continua a ser o segundo pior incêndio em arranha-céus, por número de vítimas fatais, atrás somente do colapso das Torres Gêmeas do World Trade Center, em Nova York, em 11 de setembro de 2001.

Nessa época, Cecília e eu vivíamos confortavelmente; eu ganhava cerca de sete mil dólares por mês. Minha esposa também obtinha um lucro considerável. No entanto, conhecíamos pouco de São Paulo e não tínhamos muitos amigos. Nossos encontros sociais limitavam-se a almoços com Clarice e Claude, o patrão de Cecília. Nossa vida era totalmente voltada para o trabalho.

Recordo-me que, na fábrica, a turma gostava de tocar samba. Foi através deles que descobri talentosos músicos como Benito di Paula e Martinho da Vila. Dois indivíduos, em particular, eram exímios sambistas. Um deles era responsável pela manutenção das cinquenta máquinas. Sua presença era imprescindível, demonstrando habilidade e maestria em sua função. O outro era seu principal ajudante, carinhosamente apelidado de Pelé. Esses dois rapazes ajudaram-me a aprofundar meu conhecimento sobre o estilo musical que tanto marca o país e que também me encantaria.

Apesar de ter obtido sucesso financeiro trabalhando para os irmãos Piccioto, eu sentia que já havia dedicado tempo suficiente a eles. Durante toda a minha vida, mesmo quando envolvido no contrabando de cigarros importados, eu estava mais acostumado a trabalhar por conta própria. Não desejava mais ser um empregado, pois nunca apreciei ter um patrão.

Conversei com Victor sobre o assunto e expressei meu desejo de não ser mais um funcionário. A princípio ele entendeu erroneamente que eu estava propondo uma sociedade, algo que ele não pretendia. No entanto, minha intenção era seguir meu próprio caminho. Foi então que ele me ofereceu a oportunidade de continuar com eles como representante de vendas, comercializando os tecidos fabricados pelos irmãos Piccioto.

Aceitei prontamente essa nova empreitada, embora tenha se mostrado um verdadeiro fracasso. Não era uma ocupação que me cativasse, e acredito não ter conseguido vender sequer um mísero metro de tecido. Contudo, apesar desse revés profissional, minha vida social passou por uma transformação notável, tudo graças aos meus dois novos amigos: Jorge e Miguel. Havia algum tempo que esses primos residiam no Brasil.

Miguel, um marchand de renome, envolvia-se com galerias de arte e possuía uma loja de quadros e antiguidades no pitoresco bairro do Morumbi. Era um homem querido por todos, casado com uma uruguaia encantadora. Eles tinham o hábito de promover festas memoráveis em sua residência. Como eu apreciava frequentá-las!

Eu acompanhava dois primos nas aventuras pela vibrante noite paulistana e, juntos, frequentávamos os sambas do bairro do Bixiga, em especial a famosa Catedral do Samba. Naquela época, a vida noturna de São Paulo possuía um encanto singular. Não existiam grandes perigos à espreita, era possível sair todas as noites sem temer brigas ou assaltos. O máximo que ocorria, ocasionalmente, era algum enxerido importunar a esposa de alguém. As noites mais agitadas ficavam restritas ao Baixo Augusta, onde se encontravam meretrizes, travestis, cafetões e o submundo das drogas. Eu já morava na região e não via necessidade de frequentar aqueles lugares, tendo superado essa fase durante minha juventude. Imaginava que não vivenciaria mais tais experiências.

Nessa época, realizamos nossa primeira viagem com nosso estimado fusquinha. Cecília e eu decidimos rumar até o Uruguai, onde encontraríamos minha mãe e meus irmãos. Minha família se deslocaria até Montevidéu para nos reunirmos, uma vez que eu ainda não podia adentrar meu próprio país. Eu era um foragido da justiça argentina.

Desde o início, a jornada já nos presenteou com grandes sustos. A rodovia BR-116, conhecida como a "Estrada da Morte", era repleta de perigos iminentes. Partimos durante a madrugada, e uma densa névoa tomava conta da região de Cotia. Fomos surpreendidos por um caminhão, em nossa pista, obrigando-me a desviar e adentrar o acostamento, que beirava um abismo.

Por sorte, acabamos colidindo contra um poste de sinalização, o que nos impediu de despencar ribanceira abaixo. Foi um susto imensurável, mesmo assim seguimos em frente, até alcançar a capital uruguaia. Ali, pude matar a saudade de minha família e também aproveitamos alguns dias de descanso nas praias de Punta del Este.

Ao retornarmos ao Brasil, optei por atravessar outra fronteira que não Uruguaiana[40]. Naquele dia, a chuva caía copiosamente, o rio transbordara e o caminho encontrava-se completamente alagado. Ao longe, avistei dois Opalas parados e, em cima do teto de um deles, um sujeito fazia gestos para que evitássemos prosseguir. Contudo, meu fusquinha era como um veículo "anfíbio" aos meus olhos, afogador incluso. Eu mal conseguia distinguir a estrada do rio. Assim, segui adiante, embora a tempestade invadisse o interior do carro. Cecília estava apavorada, e o retorno foi marcado por um drama incessante!

Ao longo da viagem, o veículo começou a perder potência, devido ao grande volume de água que invadira o motor. Quando estávamos próximos a Curitiba, fomos obrigados a parar em uma

---

[40] Paso de los Libres é uma cidade argentina da província de Corrientes. Situa-se na fronteira com o Brasil, na margem ocidental do rio Uruguai. A cidade, segundo o censo de 2010, possui 43.251 habitantes. É referida pela população da região apenas como "Libres". Há grande integração com a cidade gaúcha de Uruguaiana, com a qual é ligada pela ponte Internacional Uruguaiana-Paso de los Libres. Está a 362 quilômetros de distância da cidade de Corrientes, capital da província de Corrientes. A cidade tem importância comercial internacional estratégica, considerando que está localizada equidistantemente de Buenos Aires (capital da Argentina), Montevidéu (capital do Uruguai) e Assunção (capital do Paraguai). Paso de los Libres foi fundada em 12 de setembro de 1843 pelo general Joaquín Madariaga. Em 28 de outubro de 1908 nasceu Arturo Frondizi, advogado e político, que ocupou a presidência da Argentina entre 1º de maio de 1958 e 29 de março de 1962.

oficina mecânica. Ainda nos restavam cerca de quatrocentos quilômetros até São Paulo. Assim que retomamos a rodovia, subitamente fui acometido por uma crise renal intensa, uma dor lancinante que me acompanhou durante as oito horas de viagem até chegarmos à capital paulista. Imediatamente dirigi-me ao Hospital das Clínicas. O pronto-socorro era um verdadeiro cenário de horrores, com pessoas machucadas por todos os lados. Os socorristas aplicaram-me Buscopan intravenoso e somente assim consegui acalmar-me. Que árdua aventura vivenciamos nessa viagem!

Cecília retomou seu trabalho, e eu continuava enfrentando o insucesso como representante de vendas dos tecidos dos irmãos Piccioto. Meu caixa já estava consideravelmente reduzido; afinal, ter uma vida social mais agitada demandava recursos financeiros. Foi então que Victor marcou uma conversa comigo. Eles precisavam de um homem de confiança em Montevidéu para visitar uma fábrica de veludos que havia falido. Meus patrões desejavam aprender o funcionamento dessas máquinas para poderem estabelecer o mesmo negócio em São Paulo. Considerando o apreço dos irmãos Piccioto pelo meu trabalho como gerente, eles me consideravam o candidato ideal para essa missão.

Aceitei o desafio e viajei sozinho até Montevidéu, onde permaneci por dois meses. Era difícil compreender como aquela fábrica havia sucumbido. Possuíam maquinário de extrema modernidade, capaz de realizar flocagens[41]. Até os dias de hoje,

---

[41] O processo de flocagem é utilizado para a confecção de produtos que encontram utilidade em diversos mercados, da indústria da moda até o mercado de artesanato. Esse trabalho é realizado com fibras têxteis e está presente em indústrias de papel, plástico, tecido, espuma, estamparia e muitos outros. O procedimento de sobreposição de fibras têxteis, que podem ser de nylon, poliéster, rayon e outras matérias-primas, dá origem a peças com efeito de veludo e camurça, conhecidas como flocado, além de também resultar em produtos como materiais aveludados de diversos perfis para aplicação em calçados, artesanato, decoração, revestimentos, fibra para a construção civil, estamparia de vestuário, entre outros. Os flocos com toque aveludado e confortável destacam e valo-

tenho em minha memória a imagem daquela máquina, com um metro e quarenta centímetros de largura, operada por dois indivíduos, um em cada extremidade. Através de uma espécie de túnel embutido naquele equipamento, os tecidos saíam com cerca de dez metros, praticamente finalizados. Era impressionante.

Durante minha estadia na capital uruguaia, aprendi os conhecimentos necessários para transmiti-los aos irmãos Piccioto. Trouxe também um técnico para auxiliar no processo de montagem. Em breve, a fábrica seria instalada próxima ao Centro Estadual de Abastecimento (Ceasa), na Vila Leopoldina. Foram necessários alguns meses de experimentação para ajustar os detalhes, eliminar falhas e tornar as máquinas perfeitamente adequadas. No início, o tecido apresentava diversas imperfeições. Não foi uma tarefa fácil. No entanto, não demorou muito para que a deusa Fortuna sorrisse para Victor e Maurício.

Naqueles tempos remotos, o veludo era um verdadeiro símbolo de elegância e luxo. Eram tempos em que o brilho e o toque macio desse tecido envolviam o mundo da moda, desde calças até os sofás mais requintados. Foi nessa era dourada que os irmãos Piccioto se tornaram verdadeiros magnatas e, generosamente, compartilharam parte de sua fortuna comigo. O ano de 1974 começou com promessas auspiciosas, e, além da prazerosa comissão recebida, Cecília trazia em seu ventre a maravilhosa expectativa de uma nova vida.

Chegara o momento de buscar um novo lar, pois o clima na rua Frei Caneca já se tornara pesado. Um estabelecimento

---

rizam os produtos que os recebem, criando um apelo visual interessante, de alto padrão e muito atraente. Eles possuem acabamento macio e são ideais para todos os tipos de aplicação. Cada floco é uma partícula extremamente reduzida da fibra têxtil e, quando agrupado, forma o material perfeito para texturizações e criações de superfícies flocadas.

peculiar, uma espécie de mistura entre motel e bordel, surgiu em frente à nossa morada, atraindo uma multidão barulhenta que nos impedia de descansar. Diante disso, decidimos utilizar minha comissão para adquirir um apartamento de três quartos, um verdadeiro refúgio, na encruzilhada entre a alameda Jaú e a alameda Campinas.

A mudança para o novo lar nos encheu de alegria. Cuidávamos com carinho da decoração e tudo corria de forma harmoniosa com a gravidez de Cecília. No entanto, em um sábado, o interfone do nosso apartamento ecoou. Era Alberto Elorsa, argentino de ascendência basca, um grande amigo de meu irmão Enrique.

— Adolfo, possuo uma variedade incrível de mercadorias na Argentina e gostaria de vendê-las no Brasil. Estou em busca de um parceiro confiável para alcançar o sucesso — disse ele, com uma oportunidade extraordinária.

Naquela altura, eu já havia gastado boa parte do dinheiro investido em nosso novo lar. Com o restante, tentei estabelecer uma fábrica de cintos no bairro do Bom Retiro, mas os resultados não atingiram minhas expectativas. Para manter as finanças equilibradas, Cecília continuava trabalhando com Claude Dana, mesmo estando grávida.

Naquela época, o Brasil estava restrito à importação, e obter licenças especiais era uma tarefa árdua. No entanto, como dizem, "a ocasião faz o ladrão". Então, lá estava eu, novamente, envolvendo-me com transações não tão legais!

Estabelecemos uma parceria sólida, Alberto e eu. Ele viajava a Buenos Aires para adquirir as mercadorias e as enviava de ônibus rumo ao Brasil. Caixas repletas de bijuterias, acessórios e uma infinidade de itens. Muitos desses objetos estavam fora de moda na Argentina, mas se tornavam uma verdadeira febre em terras brasileiras. Comprávamos esses tesouros a preços irrisórios e os revendíamos com lucros significativos. Eu costumava retirar as mercadorias enviadas por Alberto próximo à rodoviária, onde ele me informava quais ônibus e motoristas trariam nossa carga. Assim, entre o desembarque dos passageiros e a chegada à garagem, encontrávamos os veículos. Dos seus bagageiros, eu retirava até trinta caixas de papelão repletas de preciosidades.

Outras vezes eu seguia até Uruguaiana e me encarregava de encher os ônibus brasileiros com nossas mercadorias. Agraciava os motoristas com generosas gorjetas e eles, com alegria, nos auxiliavam. É claro que, às vezes, enfrentávamos problemas com a polícia, mas, mediante o pagamento de propina, nossa carga era liberada. Posteriormente, Alberto enviava as mercadorias através de caminhões de frutas e outros produtos agrícolas. Nessas ocasiões, os caminhões faziam uma parada na marginal, para descarregar as mercadorias. Recordo-me de alugar peruas para buscá-las, nas primeiras horas da madrugada.

Inicialmente, armazenávamos todas as mercadorias em nosso novo apartamento. Mais tarde, passei a vendê-las para diversos comerciantes na famosa rua Vinte e Cinco de Março. Assim começou minha trajetória comercial no mais movimentado centro de compras da cidade de São Paulo, quiçá de toda a América Latina. Devido ao enorme sucesso, foi necessário estabelecer um pequeno escritório no centro de São Paulo, na rua Barão de Duprat. Isso facilitava o armazenamento e a distribuição dos produtos aos nossos ávidos clientes, sempre ansiosos por novidades.

Trouxemos uma ampla variedade de artigos da Argentina: lantejoulas, plumas, brilhos, pedras preciosas, pérolas e uma infinidade de outros adornos. A maior parte desses itens era adquirida de um armênio chamado Papasian. Sua loja parecia um museu, repleta de mercadorias com trinta ou quarenta anos de história. Ao trazê-las para o Brasil, transformavam-se em verdadeiras fortunas.

Não atendíamos apenas aos lojistas desse renomado polo comercial da capital paulista, mas também começamos a fornecer para um grande comerciante do Rio de Janeiro. Era um grego conhecido como Costa, um homem abastado que importava diversos itens para abastecer as escolas de samba cariocas. Recordo-me de chegarmos ao Rio de Janeiro com peruas abarrotadas de mercadorias e irmos diretamente encontrá-lo. As negociações começavam às 8h e só terminavam 12h do dia seguinte. Um cliente extraordinário; ele comprava todos os nossos produtos! Durante essas transações, ele nos levava a restaurantes renomados de Copacabana para saborear delícias culinárias.

Em uma dessas ocasiões, após acaloradas discussões sobre o valor a ser pago pelas mercadorias, fomos a um restaurante. Fechamos o acordo em torno de 89 mil e alguns centavos. Ao término do almoço, dirigimo-nos ao seu escritório, onde ele chamou seu funcionário e solicitou um cheque no valor do que seriam hoje 89 mil reais, acrescidos dos centavos. Eu disse que não havia necessidade, que poderíamos arredondar para 89 mil.

— Não, meu senhor. Levamos dois dias para chegar a essa quantia. Agora, pagarei o valor integral, incluindo os centavos — respondeu ele.

Apesar de gastar uma quantia significativa com nossos produtos, Costa lucrava bastante ao vendê-los. Todas as escolas de samba do Rio de Janeiro compravam adereços e fantasias diretamente dele. Nessa época, ganhei tanto dinheiro que consegui quitar o apartamento que havíamos adquirido.

A vida é surpreendente. Há apenas quatro anos, tinha chegado ao Brasil sem nada, trabalhando como garçom e, naquele momento, já havia comprado meu próprio apartamento e aguardava o nascimento do meu segundo filho. Como não amar esse país que me proporcionou tudo o que tenho hoje?

Quanto a Alberto, coitado do homem. Ele era uma máquina comercial, dedicando 24 horas por dia aos negócios. Era ágil e astuto. Dividíamos os lucros igualmente, mas ele gastava cada centavo ganho em apostas, no Jockey Club. Era um vício. Após perder tudo nas corridas, sentia-se tão culpado que voltava a pé do Jóquei até a Pamplona, onde ficava quando estava em São Paulo.

Lembro-me de quando meu filho, Michel David Canan, nasceu, em 17 de dezembro de 1974. Nosso amigo Alberto nos visitou no Hospital São Luiz. Foi um momento muito especial, de imensa alegria para Cecília e para mim. Tudo corria tão bem naquela época! No entanto, logo perderia meu parceiro de negócios.

Alberto era casado com uma mulher armênia extremamente culta e séria. Porém, raramente a via no Brasil. Durante uma de suas idas e vindas, ele conheceu uma catarinense de origem alemã chamada Lu. Ela morava em São Paulo, na rua Pamplona. Quando estava na cidade, ele sempre se hospedava em seu apartamento. Alberto havia se apaixonado por aquela mulher, e esse relacionamento durou quase dois anos.

No entanto, em um momento singular, após quinze dias envolvido nessa paixão e sem enviar notícias para casa, sua esposa veio em busca dele. Ela chegou a bater à minha porta, determinada. Tentei dizer-lhe que seu marido já havia retornado, mas ela parecia desconfiada. Eu sabia a verdade; Alberto estava escondido na morada de sua amante. Por ironia do destino, sua esposa escolheu se hospedar em um hotel exatamente na rua Pamplona, quase em frente ao edifício onde Lu residia.

Dessa vez ela não conseguiu capturá-lo, mas certamente não engoliu as desculpas frágeis que ele apresentou. Pouco tempo depois, ela descobriu esse romance extraconjugal e nunca mais permitiu que Alberto Elorsa retornasse ao Brasil. No ano de 1977, eu segui meu próprio caminho, aqui em São Paulo.

Por outro lado, nossa rota comercial começou a se expandir na direção oposta. Alberto passou a levar bijuterias produzidas em Petrópolis para a Argentina. Ele abriu uma loja em Buenos Aires, onde vendia esses artigos. Ao mesmo tempo, muitos argentinos começaram a me procurar. Eu os levava até o coração histórico de São Paulo, onde faziam compras de todo tipo. Nessas ocasiões, eu aproveitava para enviar produtos brasileiros para meus irmãos e para Alberto.

A indústria brasileira havia crescido e passou a produzir bijuterias de qualidade. Nós as enviávamos para a Argentina, onde eram vendidas a preços atrativos. Para mim, tanto fazia trazer daqui para lá ou levar de lá para cá. Ambos os sentidos dessa rota se tornaram excelentes oportunidades de ganhar dinheiro. Eu me adaptava às flutuações cambiais.

Para essas empreitadas, contei com a ajuda de um italiano chamado Michel Cipriano. Esse indivíduo tinha toda a aparência de um mafioso, dono de uma frota de caminhões que transportava frutas entre os dois países. No entanto, dentro das carrocerias de seus veículos, ele escondia todo tipo de contrabando. Muitas vezes Cipriano levava minhas mercadorias para Buenos Aires ou, então, trazia coisas de lá para São Paulo. Mas ele também se envolvia em outras atividades ilícitas, como o tráfico de drogas. Era um apreciador de cocaína. Mas ele era um homem de palavra, um mafioso com princípios. Nunca me decepcionou, e nos tornamos amigos.

Em 1978, a Argentina conquistou a Copa do Mundo de Futebol, disputada em seu próprio solo. A seleção liderada por Mário Kempes encheu meus compatriotas de orgulho! Eu comemorei em dobro, pois, pouco tempo depois, pude pisar novamente em minha terra natal! O advogado portenho que cuidava de minha situação em Buenos Aires informou-me que o caso havia sido arquivado pela justiça e o problema estava resolvido.

Ao aterrissar em Buenos Aires, ainda era possível sentir a euforia que dominava o país. Fiquei profundamente emocionado ao reencontrar meus pais, meus irmãos e meus amigos. Quase seis anos haviam se passado desde a minha fuga com Cecília. Um dos primeiros camaradas que revi, com alegria, foi meu amigo Hector Dayan. Ele me levou a um cabaré de dançarinas orientais, dirigido por seu irmão Babi.

Havia algo peculiar entre nossos irmãos. Quando partimos para Israel, levamos nossas famílias ao porto, para a despedida. Ao meu lado estava meu irmão Hugo. Hector também tinha uma irmã, Paulina, um pouco mais nova que Hugo. Eram apenas crianças na época, mas desenvolveram uma amizade duradoura. Anos mais tarde, já na adolescência, os dois tiveram um romance. A família de Hector veio até nossa casa questionar quando seria o casamento. Minha mãe ficou furiosa, dizendo que seu filho não iria se casar de forma alguma! Só descobri essa história, envolvendo Hugo e Paulina, anos depois, justamente nesse reencontro.

Infelizmente, acabamos nos distanciando, Hector e eu. Ele se envolveu em problemas, sempre me procurando para pedir dinheiro para coisas duvidosas. Certo dia ele me ligou, pedindo uma quantia considerável, mas não pude atender ao seu pedido. Além de ser um valor muito alto, eu não queria me envolver em novos problemas na Argentina. Hector levou isso para o lado pessoal, proferiu uma série de insultos pesados e nunca mais nos falamos.

Águas passadas. Após recuperar minha liberdade para voltar à Argentina, passei a viajar para Buenos Aires com frequência. Comprei um Maverick de oito válvulas e desfrutava das velocidades que ele proporcionava. A parte mais delicada desse retorno, sem dúvida, era Karina. Eu tentava me reaproximar, ansiava vê-la novamente. Mas não havia diálogo. Com Alícia, era só ódio e discussão. Eu ansiava por poder estar perto de minha filha, conversar com ela, expressar que ela sempre esteve em meus pensamentos. Meu filho Michel estava prestes a completar dois anos e já sabia que tinha uma irmã. No entanto, ainda não seria nessa década que eu teria a oportunidade de estar próximo da minha querida Karina.

CAPÍTULO 10

"O Mundo é um Moinho"[42]

A passagem da década de 1970 para os anos 1980 marcou a consolidação da minha posição como um dos principais atacadistas na região central paulistana. Ganhei respeito entre os comerciantes locais e a reputação de ser um dos poucos argentinos que não davam calote. Por essa razão, continuava sendo bastante procurado pelos meus compatriotas que desejavam comprar no maior centro popular de compras do Brasil.

Meus irmãos e amigos portenhos sempre me recomendavam como alguém confiável aqui no Brasil. Muitos aventureiros argentinos vinham em busca de produtos para revender em nosso país. Inicialmente, eu os recebia como bom anfitrião, apresentava a cidade, os bons comerciantes e, em muitas ocasiões, até me tornava fiador. Não foram poucas as vezes em que

---

[42] Letra e música de Cartola.

meus conterrâneos me causaram prejuízos. Eles não honravam os compromissos assumidos, e eu me responsabilizava por suas dívidas, para manter minha credibilidade.

Minha conduta exemplar me permitiu desenvolver boas amizades nas relações comerciais, e uma delas era com Nelson Dibs, um comerciante renomado. Fizemos muitos negócios juntos. Eu fornecia bijuterias para a loja dele e também levava meus compatriotas para comprar com ele. Era uma boa pessoa. No entanto, a sorte não estava ao seu lado. Anos depois, Dibs passou por um divórcio complicado e foi à falência. Mas nossa amizade rendeu frutos muito além do comércio.

Sempre fui um homem do mar, como se pode notar. Naveguei por tantas águas ao longo da minha vida! Sempre tive paixão por barcos. Certa vez, Dibs me convidou para passar um fim de semana no litoral. Ele tinha uma casa no Condomínio Náutico Jangada, na praia de São Vicente.

Desfrutamos momentos agradáveis juntos, aproveitando com nossas famílias, desfrutando de churrascos e diversão. Minha vida com Cecília e o pequeno Michel estava muito boa. Eu havia adquirido um barco com a pintura da bandeira inglesa, batizado de *Spit Fire*, em homenagem aos aviões ingleses da Segunda Guerra Mundial. Que barco maravilhoso, guardo excelentes lembranças! Fiquei encantado com o Condomínio Jangada, era o local ideal para quem tinha um brinquedo como aquele.

Animado, decidi comprar um box no local. Eram casas conjugadas com garagens para os barcos, logo abaixo dos apartamentos. A área comum do condomínio era muito agradável, com espaços de lazer, quadra de tênis e campo de futebol. Em pouco tempo, fiz ótimas amizades com outros moradores.

Lembro-me, por exemplo, do ex-prefeito de São Caetano do Sul, Antônio José Dall'Anese, que veio a falecer em 2020; era uma pessoa excelente. Havia também Miguel Colagiovanni, um camarada muito esperto. Imagine só, ele era chefe do Departamento Estadual de Trânsito de São Paulo e, ao mesmo tempo, dono da única fábrica de placas de carro naquela época. Fazia uma fortuna. Outro membro desse grupo era um empresário proprietário de uma frota com mais de 1.500 ônibus. Ter um barco era um hobby para aqueles que realmente tinham dinheiro. O Jangada contava com Joaquim como gerente, alguém que cuidava dos barcos dos moradores com muito zelo e dedicação.

Era um grupo muito unido, todos muito chegados. Sempre que possível, eu levava Michel e Cecília para lá. Como nos divertíamos! Nessa época, eu praticava muitos esportes. Esquiava no mar, sobre uma prancha, indo de Santos até o Guarujá. Também jogava tênis na quadra do condomínio. Nossas noites eram reservadas para jogos de cartas e churrascos, sempre na companhia desses bons amigos. Lembro-me de jogarmos até o amanhecer, quando, então, saíamos para pescar. Voltávamos com nossas redes cheias de peixes.

Michel adorava aquele condomínio. Assim como eu, o garoto tinha amor pelo mar. Quando ele já era adolescente, trouxe-lhe um presente especial: um jet ski! Todos paravam para admirar aquela máquina; naquela época era uma novidade. Michel adorava. Lembro-me de ele viajar até o Rio de Janeiro para participar de competições.

Outra coisa que meu filho gostava de fazer era entrar no mangue para pegar caranguejos. O mangue estava localizado logo abaixo da ponte por onde passa a rodovia dos Imigrantes. Lembro-me de como a água era cristalina. Michel costumava explorar o mangue em um caiaque equipado com um motor de 25 HP. Ele voltava dessas aventuras coberto de lama! Tenho lindas lembranças do Condomínio Jangada, desde o início até o dia em que vendi nosso box. Graças à minha amizade com Nelson Dibs, tive a oportunidade de conhecer esse lugar fantástico que trouxe tanta alegria para minha família.

Pouco tempo depois de adquirir essa propriedade, nos primeiros anos da década de 1980, surgiu uma grande oportunidade de trocar de residência, aqui na capital. Um belo apartamento de duzentos metros quadrados na rua Manoel da Nóbrega, com vista para o Quartel Militar. Era um negócio atraente, porque o proprietário, um turco, aceitava nosso apartamento e mais uma quantia relativamente pequena para concretizar a venda. O sujeito parecia desesperado para sair daquele lugar.

Mais tarde, entendi a razão de sua pressa. Ele era casado com uma mulher extremamente feia e não suportava mais o casamento. Ele se mudou para o meu antigo apartamento com sua amante, com quem se casou mais tarde. Cecília e Michel adoraram nossa nova casa. Desfrutávamos de uma boa fase, os negócios estavam indo bem tanto para mim quanto para minha esposa.

Além da nova casa, tínhamos também o apartamento no Condomínio Jangada, onde passávamos nossos fins de semana e temporadas de férias. Os ventos sopravam a nosso favor. Mas a vida é uma coisa surpreendente e eu nunca poderia imaginar que, no meio de tantas alegrias, o início dos anos 1980 traria consigo uma grande tormenta. Tudo o que é sólido se desfaz no ar.

Não é sempre que as coisas seguem o mesmo caminho quando se trata de amor e negócios. Naquela década, uma grande oportunidade de expandir meus lucros surgiu no meu horizonte: os Estados Unidos. Nesse período, havia uma relação estreita entre os americanos e a China. Os americanos enviavam máquinas com tecnologia de ponta para a mão de obra chinesa. Os chineses ainda não tinham capacidade tecnológica para fabricar nada; cada região chinesa tinha seu próprio dialeto e o país era extremamente fechado. No entanto, a China tinha a mão de obra mais numerosa e barata do planeta.

Para aproveitar essa situação, os americanos começaram a compartilhar conhecimentos com os chineses, enviando profissionais altamente qualificados para ensiná-los a produzir mercadorias. Mais tarde, esses produtos seriam importados e vendidos pelos americanos para o Ocidente. Nos Estados Unidos, era possível encontrar uma ampla variedade de produtos chineses prontos para entrega, produzidos com o menor custo possível. O mundo sabia quão deploráveis eram as condições dos trabalhadores chineses naquela época.

Era a maré da novidade, o fluir dos tempos a ser seguido. Assim, embarquei em uma viagem de negócios para Nova York. Na primeira jornada, derramei cerca de dez mil dólares e retornei com quatro malas transbordando de produtos. Logo após, o dobro de dinheiro foi gasto, e dez malas voltaram comigo. Os caminhos para burlar a alfândega de Congonhas se abriam (uma taxa de cem dólares por mala para os fiscais fecharem os olhos).

Conheci aproximadamente seis importadores na metrópole nova-iorquina, com os quais negociava bijuterias prontas como braceletes, pulseiras, colares, anéis e outros adornos. Também adquiria itens para a montagem de bijuterias, como marfim e pérolas, pedras semipreciosas como safira, esmeralda e o brilho cintilante proveniente da antiga Tchecoslováquia.

Ao retornar dos Estados Unidos, adentrava a Vinte e Cinco de Março carregado de mercadorias, que, rapidamente, escoavam de minhas mãos para os comerciantes locais, formando filas ávidas de compra. Ironicamente, meus mais assíduos compradores de bijuterias prontas eram meus próprios clientes chineses, pois, naquela época, eles não dispunham das facilidades que hoje lhes garantem supremacia comercial. Muitos sequer possuíam passaporte ou permissão para estar no Brasil, ingressando no país ilegalmente, através do Paraguai.

Havia um casal chinês em particular que me procurava já pela manhã. Adquiriam as mercadorias a crédito e, rapidamente, revendiam-nas a seus compatriotas. Ao anoitecer, já tinham em mãos o dinheiro para me pagar.

— Muito obrigado, patrão.

Com meus produtos, eles construíram fortuna e persistem até os dias de hoje naquela região.

Dos itens que trazia para a confecção de bijuterias, uma considerável parcela se destinava a Limeira, onde despontava a indústria de folheados. Outra parte era destinada a um grande cliente, uma empresa chamada Correntes Regina, localizada no início da rodovia Anchieta. Coincidentemente, o proprietário do negócio também se chamava Adolfo!

Dado o notável sucesso e o faturamento exuberante, restava-me pouco tempo para descanso. Assim que meus produtos se esgotavam, eu partia imediatamente para os Estados Unidos, em busca de mais. Era necessário aproveitar a maré propícia. Os gastos com propina também aumentavam consideravelmente. Cheguei a desembolsar dois mil dólares para trazer vinte malas comigo. Mas valia a pena, o lucro era avultado.

Eu até mesmo contava com um político renomado, que também integrava a Polícia Federal, aguardando-me no saguão do Aeroporto de Congonhas sempre que retornava dos Estados Unidos. No entanto, comecei a enfrentar problemas no Aeroporto Internacional John F. Kennedy. Toda vez que eu pretendia entrar nos Estados Unidos, os agentes locais me importunavam. Para eles, era estranha a frequência das minhas idas e vindas.

Eu era barrado e encaminhado para um local mais reservado, onde passava por uma revista minuciosa. Questionavam o motivo de tanto dinheiro. Depois de expor minhas justificativas, eles verificavam a veracidade das informações junto aos meus fornecedores. Somente após confirmarem a autenticidade dos meus relatos eu era liberado. Mas era um verdadeiro transtorno; às vezes permanecia horas detido no aeroporto, antes de prosseguir.

Dado que as viagens se tornavam cada vez mais frequentes e eu carregava cada vez mais dinheiro, não demorei em abrir uma conta bancária nos Estados Unidos. Lembro-me até hoje do banco, situado no World Trade Center, as torres gêmeas que desabaram após o atentado de 2001. Eu utilizava um nome fictício para os dados bancários, *tuppin*, que significa "tambores", em hebraico. Realizava minhas transações financeiras discretamente, por meio de doleiros. Dessa forma, não tinha problemas com a alfândega, pois, naquela época, não se podia viajar com mais de cinco mil dólares sem ser alvo dos órgãos alfandegários.

Mas, como costuma ocorrer, o amor nem sempre caminha de mãos dadas com os negócios. Devido ao estrondoso sucesso nas vendas, eu cada vez mais me ausentava de casa. Cecília ficava extremamente solitária e acabou fazendo amizades equivocadas, incluindo alguns argentinos que também buscavam uma vida em São Paulo. Entre eles, havia um homem chamado Juan.

Ele não era má pessoa, recordo-me da loja que possuía na rua Pamplona. Quando Juan estava bem, era do tipo que se despiria de seu casaco para evitar que alguém sentisse frio. No entanto, o rapaz tinha sérios problemas com drogas, não conhecia limites. Sob o efeito da cocaína, tornava-se violento e agressivo, cometendo uma série de tolices.

Cecília acabou estabelecendo uma amizade com esse homem e se envolveu com a cocaína. Era uma mulher solitária, sentia-se abandonada pelo marido, que viajava tanto para lhe proporcionar o melhor da vida, tanto a ela quanto ao nosso filho. Cecília era vulnerável a essas substâncias, que a deixavam totalmente desprotegida. Em contrapartida, sem a droga, tornava-se uma mulher extremamente agressiva. Entramos em um ciclo de brigas que parecia não ter fim, como se gregos e troianos compartilhassem o mesmo teto.

Inicialmente não percebi a natureza do problema. Estava perdidamente apaixonado por ela e acreditava que poderíamos retomar a vida boa juntos. Tentei ser mais presente quando estava no Brasil; saíamos juntos pela noite paulistana, especialmente acompanhados do meu amigo Miguel. A essa altura, ele já se tornara um marchand de renome. Era um malandro do bem, sempre presente nas melhores rodas de samba, cercado de muitos amigos artistas. Miguel era uma pessoa muito querida, meu bom amigo.

Durante o ano, ocorriam festas incríveis em sua casa, localizada no Morumbi. Lembro-me de uma ocasião especial em que ele organizou uma celebração para comemorar os quinze anos de sua filha. Uma grande festa, repleta de pessoas famosas. Era comum a presença de artistas em sua residência, que cumpriam seus compromissos públicos e depois se divertiam por lá. Na casa de Miguel, vi passarem Elza Soares, Ivan Lins, Jair Rodrigues, Pery Ribeiro e Ney Matogrosso — que já conhecia dos tempos do Chez Jacques, onde trabalhei quando cheguei a este país.

Cecília e eu estávamos na festa de quinze anos da filha dele. Tentávamos, de alguma forma, nos reconectar. Lembro-me da filha de Miguel, um tanto caprichosa, naquela ocasião. Cheia de trejeitos e manias, comportando-se como uma criança mimada. Ninguém menos que Consuelo Leandro deu-lhe uma dura para colocá-la em seu devido lugar.

— Menina, você não tem juízo? Veja só a festa grandiosa que seu pai preparou para você, e você aí, com esse comportamento!

Imagine só, ser repreendida por uma comediante famosa!

Já altas horas da madrugada, deparamo-nos com Sidney Magal. Ele fazia muito sucesso no início dos anos 1980, a música "Sandra Rosa Madalena" tocava em quase todas as rádios e programas de televisão. Nosso filho Michel ainda era um garotinho de quatro anos, mas adorava aquela canção, conseguia cantá-la quase inteira.

Em determinado momento, já próximo do amanhecer, abordamos Sidney Magal e falamos sobre nosso filho, o quanto ele era fã do cantor.

— E onde está o garoto?

Bem, ele estava em casa, com a babá, provavelmente dormindo.

— Então vamos lá, quero conhecê-lo!

Acredite se quiser, Sidney Magal nos acompanhou até nosso apartamento para acordar Michel. Meu filho reconheceu-o imediatamente e o abraçou. Tenho certeza de que aquele dia jamais saiu de sua memória.

Contudo, tudo o que eu empreendia parecia insuficiente para aplacar a tempestade na qual Cecília e eu nos lançamos. Não demorou muito para eu descobrir sobre sua dependência química. No entanto, minha reação foi equivocada, no mínimo. Resolvi me entregar à mesma maldição e, sem pensar, pedi um pouco da droga a Michel Cipriano, o mafioso italiano. Infelizmente, foi amor à primeira vista. Ainda um neófito, entregava-me à cocaína sem qualquer prudência. Chegava a consumir de cinco a dez gramas em um único dia, acompanhadas de uma garrafa de uísque. Em pouco tempo, também eu perdi o controle.

Enquanto isso, Cecília permanecia firme na Feeling, o braço direito de nosso amigo Claude Dana. Viajava sozinha para a Europa, de onde trazia inúmeras mercadorias importadas para vender em nossa loja. Na moda, as sobras de estoque europeias tornavam-se as novidades aqui no Brasil. Cecília tinha uma clientela fiel.

À noite, ela se aventurava com seu grupo. Não sei precisar quando, mas logo surgiu algo mais entre ela e o tal Juan. Demorei a perceber. Até porque, do meu lado, também cultivava casos e relações extramatrimoniais. Já não tinha pudor em passar a noite fora de casa durante minhas farras. Estávamos distantes e frios, muito distantes do casal apaixonado que um dia tínhamos sido. Dois estranhos, coexistindo sob o mesmo teto, compartilhando apenas o endereço e a responsabilidade de criar um filho. Éramos uma guerra constante; brigas feias que só resultavam em tristeza e vergonha. Feríamo-nos das formas mais variadas e impensáveis. Mentíamos um para o outro, sem saber ao certo das traições mútuas. Carregávamos tantos pecados que a vida tornava-se cada vez mais difícil e insuportável.

Eu continuava minhas viagens a Nova York, mesmo com meus excessos. No entanto, a linha tênue do limite tornava-se cada vez mais frágil. Certa vez, durante um voo para os Estados Unidos, sentei-me ao lado de um brasileiro, um verdadeiro playboy. Conversávamos, e ele se vangloriava, cheio de si. De repente, despejou um pouco de cocaína sobre a bandeja e começou a triturar a pedrinha. Perguntou-me se eu me importava, e não fiz objeção alguma.

Foi com esse homem que aprendi a preparar a droga adequadamente. Antes, meu nariz ficava todo machucado devido aos pedaços maiores. Cheiramos juntos no avião. Ao chegarmos à metrópole nova-iorquina, ele organizou uma celebração extravagante, com champanhe, acompanhantes de luxo, limusines e todo o requinte. No dia seguinte, o sujeito simplesmente desapareceu, deixando-me com uma conta gigantesca para pagar. Gastei quase todo o dinheiro que levara para importar mercadorias.

Eu havia conhecido um chileno chamado Francisco, proprietário de uma loja na rua 46, entre a Quinta e a Sexta avenidas, um reduto conhecido de brasileiros e argentinos. Tornou-se meu principal fornecedor em Nova York. Fazíamos negócios em grande escala. Ele vendia de tudo um pouco: bijuterias, presentes, relógios, perfumes, tudo sem impostos. Com ele era possível adquirir mercadorias a preços bastante acessíveis, um excelente negócio. Esse chileno também me ajudou a encontrar traficantes de cocaína em Nova York. Assim, tanto no Brasil quanto nos Estados Unidos, eu sempre tinha cocaína à minha disposição.

Sem dúvida, Frans tornou-se um dos meus principais fornecedores. Eu levava amigos e meus irmãos para fazer compras com ele. Lembro-me de uma ocasião em que encontrei meu irmão Enrique nos Estados Unidos, em uma viagem de negócios que fizemos juntos. Fomos à loja do meu amigo chileno para fazer nossas compras e, naquela ocasião, uma argentina exuberante passeava pela loja. Conversamos um pouco, e ela parecia flertar comigo.

Fiquei empolgado! Ela perguntou onde eu estava hospedado e ofereceu-se para ir ao meu hotel, onde poderíamos tomar uma bebida. Disse que naquela mesma noite haveria uma festa imperdível em uma boate famosa. Após o drinque, poderíamos considerar a opção. A noite nova-iorquina era conhecida por ser animada e bastante liberal naquela época.

É claro que não hesitei. Informei-lhe minha localização e disse que a esperaria. Convidei meu irmão para nos acompanhar, mas Enrique sempre foi sério demais.

— Adolfo, estou aqui pelos negócios — dizia ele.

Eu o provocava, dizendo que ele era um conservador. Ele me olhava com aquele ar de irmão mais velho, questionando quando eu cresceria. Antes de deixarmos a loja, Frans me alertou:

— Tenha cuidado, Adolfo, há muita malandragem por aqui.

Bem, o que uma mulher bonita como aquela, argentina ainda por cima, poderia me oferecer de perigo? Deveria ser apenas inveja por ela ter se interessado por mim!

Ao cair da noite, a encantadora jovem apareceu no hotel onde Enrique e eu compartilhávamos um quarto. Desci ao saguão, onde desfrutamos de uma bebida antes de nos aventurarmos rumo à balada prometida. Era um local moderno para a época, onde homens e mulheres se entregavam, em êxtase, envoltos em drogas, com o aroma de maconha permeando o ar. Naquele dia, fui arrebatado por uma vertigem, deixando para trás o local onde eu estava hospedado. Adentramos o primeiro hotel que encontramos pelo caminho e nos entregamos a uma paixão desenfreada, como dois insanos, até o nascer do sol, quando, exausto, me entreguei à cama.

Ao despertar, para minha surpresa, não havia nenhum vestígio da argentina que compartilhara momentos comigo. Estranhei a situação, talvez fosse melhor assim. Entretanto, ao retornar ao hotel onde me hospedava com Enrique, deparei-me com a porta de nosso quarto escancarada, enquanto meu irmão repousava ainda em sua cama. Percebi então o desaparecimento do dinheiro que trazia comigo. Alguém adentrara nosso aposento para me roubar. E o pior de tudo, Enrique permanecera ali durante todo o tempo, sem ouvir coisa alguma. Quem quer que tenha executado a tarefa era, indubitavelmente, um profissional.

Posteriormente, meu irmão e eu ficamos sabendo que a tal argentina estava envolvida com gângsteres negros do Harlem. Ela havia arquitetado meticulosamente seu plano, percebendo que eu, um homem de negócios, estava em Nova York para realizar compras. Descobriu minha localização, meu quarto, afastou-me do local e permitiu que seus comparsas pilhassem tudo. Por sorte, Enrique não despertou durante a noite, pois poderia ter ocorrido uma tragédia.

Durante essa viagem, meu irmão começou a demonstrar preocupação em relação a mim, fazendo uma série de perguntas acerca do meu casamento. Após hesitar por algum tempo, ele finalmente reuniu coragem para me contar, da forma mais delicada possível, que tinha obtido informações de amigos argentinos sobre Cecília. Segundo eles, minha esposa possuía um amante.

Minha primeira reação foi negar veementemente. Aleguei que Enrique estava delirando. Cecília e eu tínhamos uma vida em comum, enfrentamos tantos obstáculos juntos. Além disso, havia Michel, nosso filho. É verdade que nosso relacionamento não estava em seu melhor momento, mas eu não queria acreditar que aquilo fosse possível. Contudo, meu radar de desconfiança começou a se aguçar. Comecei a ligar para casa e, para minha surpresa, nunca conseguia falar com Cecília. Por vezes ninguém atendia e, em outras ocasiões, a babá afirmava que ela estava dormindo. Somente mais tarde compreendi que a babá era cúmplice e encobria as escapadas de sua patroa.

Isso apenas aprofundou minha imersão nas drogas e nos negócios, afastando-me cada vez mais de meu lar. Incrivelmente, obtive sucesso crescente como atacadista. O volume de mercadorias que adquiria e revendia no centro de São Paulo era imenso. Já não conseguia transportá-las em aviões. Foi então que Frans me indicou um despachante brasileiro, um ex-policial de Cascadura, que possuía experiência nesse ramo. Ele atendia muitos brasileiros que traziam produtos dos Estados Unidos em contêineres.

Esse processo funcionou maravilhosamente bem. Ao utilizar contêineres para transportar meus produtos, pude fornecer uma quantidade ainda maior aos meus clientes. Vendia tudo rapidamente e retornava aos Estados Unidos para carregar novos contêineres. No entanto, minha vida pessoal encontrava-se em completo caos. O medo de perder Cecília me assombrava constantemente. É possível imaginar como eu secava minhas lágrimas — muita cocaína.

Eu conduzia negócios, mas também me permitia afogar as mágoas na farra. Dirigia-me aos cassinos de Atlantic City e Nova Jersey. Não perdia uma única festa, nem mesmo as mais extravagantes. Fui a um dos primeiros clubes de swing em Nova York. Imaginem, naquela época! Fui convidado por um playboy argentino, que contratou duas acompanhantes de luxo para nos acompanhar. No entanto, não chegamos sequer a tocar nas garotas, contratamo-las apenas para cumprir as exigências de entrada naquele local. Lá dentro, cada um seguiu seu caminho naquela orgia de prazeres, enquanto elas se entregavam a todo tipo de prazer com casais completamente liberais.

Não posso negar a satisfação e os prazeres imediatos que essa vida me proporcionou; mas a que custo? Há uma grande lacuna em minhas memórias daqueles tempos. Lembro-me de pouco. Inquestionavelmente, a cocaína foi areia para soterrar meu relacionamento. Em São Paulo, sentindo-me cada vez mais solitário e sem forças para reverter essa situação, entregava-me a noites de solidão. Houve momentos em que, sob efeito de drogas, eu frequentava um cassino clandestino conduzido por meu amigo Miguel. Assim que ele me avistava, vinha até mim:

— Adolfo, como vai? Não desperdice seu dinheiro nos jogos. Amigo, você sabe, essas máquinas aqui são manipuladas. Venha comigo, vamos tomar uma bebida, bater um papo.

Seus avisos eram em vão. Eu continuava jogando, afinal era assim que eu conduzia minha vida enquanto me entregava ao abuso de cocaína; apostando alto, ciente de que, no final, só encontraria a derrota.

Miguel era um amigo excepcional. No dia seguinte, ele enviava um funcionário até meu escritório na Barão de Duprat para reembolsar o que eu havia gastado na noite anterior. Eu também não deixava de arrumar minhas distrações pela região onde trabalhava. Envolvi-me com uma mulher casada, Cida, que trabalhava para meu amigo Nelson Dibs. Ela apreciava uma boa farra. Era tudo o que nós buscávamos, momentos de diversão.

Como era amigo de Nelson, eu visitava sua loja com frequência e aproveitava para flertar com Cida. Nelson comprava muitas mercadorias minhas. Além dessa mulher, havia uma jovem bonita trabalhando para meu amigo. Apesar de sua pouca idade, era uma garota sempre muito séria. Seu nome era Arleti. Observava-a de relance, enquanto ela comia sua marmita. Muito trabalhadora. Havia algo de especial nela, algo que eu não conseguia explicar naquela época. Eu a enxergava de maneira diferente. Sua beleza chamava minha atenção, é claro, mas havia algo mais que eu não conseguia compreender. Arleti morava na Zona Leste. Era o retrato dessa brava gente brasileira, um povo sofrido que pegava duas, três conduções para chegar ao trabalho, carregando marmita com pouca comida debaixo do braço.

Trabalhar como comerciante na Vinte e Cinco de Março era uma loucura, não era fácil. Lidar com o público e suas ansiedades, com a falta de empatia e, muitas vezes, a completa ausência de educação, infelizmente. Um mundo selvagem. E lá estava ela, tão jovem, tão bonita, tão valente, tudo ao mesmo tempo. Fascinava-me. No entanto, eu não me aproximava, pois não percebia qualquer abertura para cortejá-la. Até que um dia vi-a chorar ao telefone. Fiquei consternado, desejei poder ajudá-la. Perguntei o que estava acontecendo, e ela me contou que precisava dar um jeito em seu pai. Ele tinha sérios problemas com a bebida, causando muitos transtornos para toda a família, especialmente para a mãe de Arleti.

Naquele momento, consegui ser solidário, atravessar um pouco daquela muralha. Uma sensação verdadeiramente boa, algo cada vez mais raro de sentir, especialmente em minha casa. No entanto, eu nem conseguia cogitar a possibilidade de perder Cecília, fazendo o possível para me aproximar dela. Às vezes agia impulsivamente nessas tentativas. Cheguei a compartilhar cocaína com ela, em algumas ocasiões. Tentei me aproximar do tal Juan. Na verdade, ele não parecia ser uma pessoa má ou mal-intencionada. Eu não acreditava que houvesse qualquer intenção séria entre ele e Cecília. Acho até que ele se arrependeu de se envolver com ela.

Mais tarde, eu o ajudaria, pouco tempo após toda essa confusão. Ele encontrava-se em estado de alucinação em uma boate no Rio de Janeiro, acabando por ser preso após agredir uma mulher. Eu recorri a um advogado para ajudá-lo a sair da prisão. Não tenho conhecimento exato do que ele fez para provocar os policiais, mas sua reputação ficou manchada. Assim que foi libertado, levou uma surra brutal, como se fosse um adulto enfrentando a ira de outro. Após o espancamento, Juan apareceu na rua Barão de Duprat, gritando, sob a janela do meu escritório:

— Olhem o que fizeram comigo.

Ele estava completamente destroçado.

Eu o aconselhei a retornar o mais rápido possível para a Argentina, pois já havia ultrapassado todos os limites no Brasil. Sua mãe veio procurá-lo, recordo-me de tê-la conhecido. Até mesmo ajudei-o a comprar a passagem para que pudesse retornar à sua casa o mais breve possível. No entanto, ele faleceu pouco tempo depois, em Buenos Aires. Sofreu um AVC enquanto dormia. Não tinha sequer completado quarenta anos quando morreu.

Como eu disse, isso ocorreu depois da turbulência em que eu estava envolvido, enquanto ainda tentava me reaproximar de Cecília. Eu fazia o possível. Recorri aos meus irmãos em busca de ajuda, pedi a Enrique para interceder por mim e salvar meu relacionamento. Cheguei a me aproximar novamente de Claude Dana, o proprietário da Feeling, a loja de roupas onde Cecília trabalhava. Tivemos, então, uma ideia de negócio.

Eu continuava com minhas viagens bem-sucedidas a Nova York, adquirindo bijuterias de alta qualidade, verdadeiras obras de arte. Por isso, decidimos abrir uma loja de bijuterias na rua Augusta, próximo à Oscar Freire. Um local ideal para trabalhar com produtos mais requintados. Era uma sociedade entre Claude e eu. Para ser sincero, Claude apenas providenciou a loja, o espaço e emprestou seu nome para inaugurarmos o estabelecimento. Depois disso, ele aparecia apenas para receber sua parte. Cecília me ajudou a montar e decorar a loja. Recordo-me de termos utilizado uma tinta cujo tom era semelhante à cor da embalagem do perfume Opium, um vermelho bordô brilhante. Por isso, decidimos batizar nossa loja com o mesmo nome do perfume.

Nessa mesma época, Cecília apresentou-me a um amigo seu e de Juan, um argentino chamado Alberto Calabrese. Seus pais o retiraram da Argentina devido ao desaparecimento de seu irmão, causado pela ditadura militar que governava nosso país com mão de ferro. O regime militar argentino não era brincadeira. Havia muita repressão, muitos jovens assassinados, corpos lançados ao mar na calada da noite. Nunca foram encontrados.

Foram anos sombrios. Por temerem perderem outro filho, os pais de Alberto o enviaram ao Brasil. Cecília pensou em oferecer a ele uma oportunidade de trabalho, e nós precisávamos de alguém extremamente confiável para administrar a Opium.

Assim, Alberto tornou-se nosso gerente, responsável pela loja e por nossos quatro funcionários.

A loja tinha boas vendas até, mas, naquela época, tudo era desafiador. Quando o patrão não está presente, as coisas não funcionam tão bem. Claude só aparecia para retirar sua parte e saber o quanto tínhamos faturado. Por outro lado, eu e Cecília só passávamos lá de vez em quando. Eu não estava interessado em prestar contas para ninguém, meu principal negócio eram as drogas.

Claude sempre foi o típico playboy: não se envolvia muito nos negócios, apenas queria desfrutar da vida. Quem realmente segurava as pontas da família era seu irmão, Rogê. Ele era um ótimo comerciante. Compramos, juntos, um estúdio em Nova York, nos Truth Towers. Agora eu tinha uma residência nos Estados Unidos. No fim das contas, Rogê não conseguiu mais arcar com os custos, e eu me tornei o único dono desse imóvel.

Em casa, apesar de todas as tentativas que eu fazia, nada parecia capaz de salvar nosso relacionamento. Michel já estava crescido e testemunhava muitas de nossas brigas. Era uma situação terrível; ambos tínhamos um temperamento forte e a cocaína só piorava tudo. Mas eu não conseguia abrir mão de Cecília. Até que um dia, no elevador, meu filho olhou para mim e perguntou:

— Papai, por que você e a mamãe não se separam? Assim vocês param de brigar tanto.

Essa pergunta mexeu profundamente comigo. Fiquei muito emocionado ao ouvi-la, principalmente porque ele a fez movido pelo medo que sentia, diante de nossas discussões. Naquele dia, eu disse a ele que me separaria de sua mãe se isso fosse o melhor para ele. A partir desse momento, comecei a considerar com mais seriedade o fim de nossa história.

CAPÍTULO 11

Uma Primavera para Recomeçar

A pesar de não conseguir aceitar o desfecho da minha história com Cecília, cada vez mais eu me sentia atraído por Arleti. Passei a cortejá-la; recordo-me de convidá-la para um almoço refinado em um restaurante distinto. Naquela época, Arleti tinha pouca experiência de vida, pois tudo girava em torno do trabalho árduo para sustentar sua família. Eu desejava apresentar-lhe outras perspectivas, como a gastronomia requintada, os prazeres de um bom vinho e uma conversa agradável. O mundo é muito maior do que podemos conceber.

Logo começamos um relacionamento. Ao final do expediente dela, eu a levava de carro até a Zona Leste. Antes de ela entrar na aula, aproveitávamos algum motel ou recorríamos a um drive-in. Tenho lembranças preciosas dessa época. Após desfrutarmos da intimidade, Arleti, ofegante, dizia:

— Meu Deus, olhe só como estou toda vermelha e descabelada! Como faço agora para entrar na escola?

Bons tempos. Arleti era uma jovem extraordinária, talvez com seus dezessete anos quando começamos nosso romance. Por ser tão jovem, eu não acreditava muito no futuro da nossa história. Ainda estava cegado pela ideia de salvar meu relacionamento com Cecília, algo que já estava morto, mas eu não conseguia aceitar. Como poderia renegar tudo o que construímos, tudo o que vivemos juntos? Cecília ainda ocupava um lugar em meu coração, e, por isso, eu não enxergava com a devida seriedade o que se desenvolvia entre mim e Arleti.

Além do nosso envolvimento afetivo, eu também notava outras virtudes em Arleti. Apesar de sua pouca idade, ela era uma funcionária exemplar, trabalhando incansavelmente para Nelson Dibs. Eu precisava de alguém como ela para me auxiliar no gerenciamento do meu escritório na Barão de Duprat. Não podia mais me dar ao luxo de viajar a Nova York duas vezes por mês e cuidar dos negócios como deveria. Além disso, havia a questão das drogas, que me atrapalhava bastante. Então, por que não unir o útil ao agradável? Convidei Arleti para trabalhar comigo e ser meu braço direito. Com ela ao meu lado, poderia seguir com minhas importações, apoiado por alguém de confiança para gerir o escritório.

Nossa loja Opium não teve muito sucesso. Acredito que essa empreitada tenha durado não mais que um semestre. Fechamos as portas e convidei Alberto Calabrese para trabalhar comigo e Arleti na Barão de Duprat. Quanto à minha vida pessoal, a atmosfera ainda era de guerra. As brigas com Cecília alcançaram um nível insuportável. Não demorou muito para que ela descobrisse o que ocorria entre mim e Arleti. Ela foi confrontá-la em meu escritório e as duas chegaram às vias de fato, sendo necessário a intervenção de Alberto para separá-las.

Eu me via impotente diante da busca por uma solução em minha vida pessoal. Tentar reviver o que havia sido perdido com Cecília revelava-se uma tarefa fadada ao fracasso. Equivocadamente, eu encontrava refúgio nas drogas. Quantas vezes eu chegava ao trabalho derrotado, após noites em claro, tentando disfarçar os sinais de uma noite mal dormida, tomado por paranoia e taquicardia? Meu coração parecia querer escapar do peito, e eu me sentava no chão, suado e cheio de angústias.

Arleti se aproximava de mim, questionando o que estava acontecendo. A princípio eu tentava esconder, mas ela não era ingênua. Nessa sequência de viagens internacionais, um casamento em ruínas e autodestruição, quem segurava as rédeas para que meu negócio não desmoronasse era a jovem Arleti. Apesar de sua pouca idade, que garra, que determinação essa garota possuía.

Até que um dia, sem aviso prévio, Cecília simplesmente não voltou para casa. Dias se passaram, até mesmo semanas. Michel me perguntava sobre a mãe, e eu simplesmente não sabia mais o que responder. O tal Juan havia fechado sua loja e ninguém sabia seu paradeiro. Eu imaginava que os dois estavam juntos, enclausurados em algum lugar, consumindo uma quantidade excessiva de drogas. Para mim, era o sinal de que nossa história havia chegado ao fim. Compreendi que não havia mais nada a ser feito. Eu não conseguia deixar de pensar no pedido de meu filho. Quantas brigas terríveis travamos na presença dele. É algo de que me arrependo profundamente; um casal jamais deveria brigar na frente de suas crianças.

Naquela época de apreensão, recebi a visita de meu irmão caçula. Sua presença foi de extrema importância. Até hoje lembro-me da conversa que Hugo e eu tivemos no Morumbi Shopping. Pude abrir-me com meu irmão, contar-lhe tudo o que estava acontecendo. O fracasso de meu casamento com Cecília, o envolvimento com as drogas e meu novo romance com Arleti. Hugo conseguia enxergar a simplicidade das coisas, dizia para eu parar de me preocupar. Para ele, o caminho era a separação e o recomeço com uma nova vida. Segundo meu irmão, a separação só é um problema quando falta dinheiro.

— Adolfo, você tem recursos. Com dinheiro, tudo fica mais fácil. Abra mão da metade do que possui, dê para Cecília. Compre um lugar para ela morar, permita que ela siga seu próprio caminho e cuide da sua vida, hermano. Vá ser feliz.

A conversa com Hugo trouxe clareza para minha mente. Era o momento de me separar de Cecília e abrir as portas para o amor que pedia passagem em minha vida. No entanto, ainda havia muitas dúvidas em relação a tantas diferenças entre mim e Arleti, especialmente em relação à nossa idade. Cecília continuava desaparecida. A situação era terrível, pois Michel estava cada vez mais angustiado. Eu também queria saber se ela estava bem, pelo menos. Não tinha bons pressentimentos. Ela e Juan seguiam desaparecidos e eu sabia que, certamente, havia muita cocaína envolvida.

Até que, de forma inusitada, as notícias chegaram. Eu estava acompanhado de um delegado da quarta delegacia, próximo ao Baixo Augusta. Era um sujeito agradável, que me ajudava quando eu tinha problemas com minhas mercadorias. Estávamos tomando café na própria rua Augusta quando ele interrompeu nossa conversa para falar sobre uma ocorrência.

— Adolfo, me desculpe, mas preciso sair. Surgiu uma ocorrência, envolvendo uma estrangeira, em um apart-hotel. Parece que ela foi agredida, está sob efeito de drogas, não consegue nem mesmo falar. Parece que ela é argentina como você. Chamaram uma ambulância, eu preciso ir até lá.

Minha intuição fez com que eu perguntasse se poderia acompanhá-lo, e ele permitiu. Partimos juntos com a ambulância; lembro-me de outro policial nos seguindo. Ao chegarmos ao local, sem surpresa alguma, constatei que a mulher em questão era Cecília. Ela e Juan haviam passado dias envolvidos com cocaína e ele, em estado alterado, agrediu-a. Após a briga, Juan fugiu, deixando-a sozinha. Pobre mulher, estava muito machucada. A situação estava completamente descontrolada. Eu não podia deixá-la desamparada como estava. Além do respeito que tinha por nossa história, ela era mãe de meu filho. Mais tarde, eu também ajudaria o próprio Juan, como já relatei; algo que Cecília jamais soube.

O próprio delegado me indicou uma clínica de reabilitação para dependentes químicos, um lugar em Taboão da Serra, onde Cecília poderia recuperar sua consciência. Lá, ela passou três meses para se reerguer e encontrar o equilíbrio novamente. Eu a ajudei e cobri todas as despesas, mas o fiz sem nenhuma pretensão de reconciliação. No entanto, não deixava de torcer por sua recuperação. Desejava muito que seu tratamento desse resultado positivo.

Os negócios continuavam prosperando. Arleti, auxiliada por Alberto, cuidava de tudo enquanto eu estava nos Estados Unidos comprando mercadorias para revender no centro de São Paulo. Quando eu retornava, organizávamos uma operação especial para driblar a fiscalização e vender meus produtos. Eu era extremamente cauteloso, informava aos clientes que não possuía pronta entrega e, posteriormente, providenciava os produtos selecionados. Então, buscávamos as mercadorias em uma residência que eu havia adquirido na Bela Vista para servir como depósito. À noite, saíamos de lá com os produtos, realizando a distribuição. Quando necessário, eu até encontrava uma maneira de "esquentar" notas frias.

Um dos conselhos mais sábios que já ouvi de homens notáveis em meu ramo era sobre a importância do anonimato. Evitar os holofotes, passar despercebido, ser um ilustre desconhecido. Infelizmente, eu já era famoso na Vinte e Cinco de Março: "Adolfo, o argentino". Não demorou para chamar a atenção. Às vezes uma viatura da polícia civil aparecia em minha loja. Os policiais entravam, olhavam para alguma mercadoria e perguntavam onde estava a nota fiscal do produto. O problema era resolvido após um acerto na delegacia. Trinta mil, quarenta mil. A cada vez, a quantia aumentava.

Policiais, fiscais, advogados, promotores, juízes... A pirâmide da corrupção nos negócios erguia-se, imponente. Ocupar tais cargos de autoridade pública tornava-se um atalho para o enriquecimento fácil. Enquanto isso, pessoas como eu precisavam empreender, mergulhar de cabeça, arriscar tudo o que tinham e encontrar os melhores caminhos para alcançar uma fortuna. Para esses indivíduos, bastava uma "carteirada" para levarem uma fatia consigo.

Por que não agir de forma correta? Pagar impostos e tributações, seguir todas as regras? Porque, ao fazê-lo, ninguém conseguia obter sucesso com importações. Não valia a pena. Era até mesmo indelicado perguntar a um homem como eu como conquistei meu primeiro milhão. Somente podíamos explicar como acumulamos os demais.

Além disso, havia inveja, ganância e uma competição desleal entre os comerciantes. Muitos desejavam derrubar-me, tirar-me do caminho, por razões até mesmo triviais. Certa vez, um atacadista indagou-me sobre um comprador que desejava obter produtos a crédito. Eu conhecia bem o sujeito em questão, um verdadeiro picareta que, certamente, não honraria seu compromisso. Informei meu colega atacadista sobre isso, e ele, por sua vez, avisou o indivíduo desonesto que não venderia a prazo, citando minhas palavras. Em vingança, o sujeito me denunciou.

A Polícia Federal invadiu meu escritório na rua Barão de Duprat. Naquele momento eu não estava presente, era Arleti quem cuidava dos negócios e ela acabou detida. Eu tinha um cômodo secreto nesse escritório, mas não sei como a polícia o descobriu. Naquela época, eu comercializava óculos semelhantes aos Ray-Ban, réplicas. Estavam todos guardados lá, juntamente com uma pasta contendo cerca de nove mil dólares e notas que não deveriam ser expostas, além de vários cheques pré-datados a serem descontados. Havia também uma pistola calibre 22. Levaram tudo — e, o pior, levaram também Arleti.

Ela ainda era uma jovem, mas não disse nada relevante aos policiais. Manteve-se firme e não me entregou, sequer mencionou a natureza de nosso relacionamento. Quando soube disso, fiquei desesperado. Precisava tirá-la dessa situação o mais rápido possível. Um tradicional comerciante nordestino do nosso bairro me indicou um advogado especializado nesse tipo de caso. Era filho de uma famosa contrabandista árabe, bastante conhecida na região.

Meu amigo comerciante tinha razão, aquele advogado era excepcional. Lembro-me de sua ousadia ao caminhar pelo prédio da Polícia Federal, que ainda ficava no centro de São Paulo naquela época. Ele conseguiu libertar Arleti em menos de dois dias e recuperar todos os cheques pré-datados que estavam na pasta. Quanto ao dinheiro vivo e à pistola sem registro que eu havia adquirido, não havia rastro algum.

O advogado até tentou recuperar tudo. Lembro-me de vê-lo lá dentro, gritando para quem quisesse ouvir:

— Nove mil dólares e uma pistola sumiram de uma pasta! O que será que aconteceu?

Era uma figura e tanto. Apesar de sua ousadia, o dinheiro e a arma nunca mais apareceram. Ele não deixou de provocá-los, expondo o verdadeiro funcionamento da instituição. No entanto, seu trabalho se limitava à questão emergencial. Para reaver as mercadorias apreendidas e concluir o processo, seria necessário outro profissional.

Foi ele mesmo quem me indicou uma advogada muito talentosa e bem relacionada: descendente de imigrantes do Leste Europeu, sua beleza era cativante. Essa mulher assumiu meu caso e tratou da situação com extrema dedicação. Na conclusão, pouco tempo após a detenção de Arleti, ela me tranquilizou, afirmando que resolveria o processo naquela mesma noite, na cama do juiz encarregado.

E assim aconteceu. No dia seguinte, o juiz, com um sorriso no rosto, disse-me que eu poderia recuperar minhas mercadorias e que o caso estava encerrado. Ainda pude tomar um drinque com ele, em seu escritório, na avenida Paulista. Pouco tempo depois, vi o mesmo juiz estampando as manchetes dos jornais. Ele havia sido destituído e preso por envolvimento em corrupção. Tornou-se famoso por conta disso.

Quando Arleti foi libertada e deixou a detenção, muitos pensamentos inundaram minha mente. Sentia-me envergonhado pela situação que ela havia enfrentado. Ao mesmo tempo, estava encantado com sua lealdade e força. Uma joia rara. Hoje, reconheço e reafirmo: devo muito a Arleti, por ter enfrentado esses tempos sombrios ao meu lado.

Temendo novos problemas, refugiamo-nos em São Vicente, Arleti e eu. Levei-a comigo para passar alguns dias no Condomínio Jangada. As notícias se espalham rapidamente na área onde eu trabalhava, todos já sabiam do que havia ocorrido. Naquela região havia um argentino mais velho que eu, um agiota com quem às vezes eu fazia algum negócio. Não tanto por necessidade, pois pegava empréstimos dele tanto para ajudá-lo quanto para fazer o dinheiro render, compensando os juros a serem pagos posteriormente.

No entanto, o homem se assustou quando soube do ocorrido. Achava que eu estaria arruinado, que desapareceria sem deixar rastros. Temeroso, teve a audácia de cobrar-me em São Vicente:

— Adolfo, pelo amor de Deus, preciso receber. É com esse dinheiro que sobrevivo.

Claro que o pagaria, pois nunca deixei de honrar meus acordos de cavalheiros. Mas cobrar-me naquele momento, em minha casa de veraneio? Falei-lhe todo tipo de impropérios naquele dia, nunca mais houve conversa entre nós.

Arleti também estava tensa, por ter passado por aquela situação. Para nos tranquilizarmos, sugeri que saíssemos um pouco do Brasil e deixássemos a poeira baixar. Uma viagem rápida, apenas para colocar a cabeça no lugar e dar um tempo. Assim, fomos para Barbados, uma ilha que, na época, ainda pertencia à comunidade britânica. Foi uma viagem muito agradável.

Lembro-me de ter alugado um carro para dirigir nesse país. Na estrada, fui surpreendido por um veículo que parecia trafegar na contramão. Quase colidimos. "Que absurdo", pensei naquele momento. Somente depois percebi que eles seguiam a mão inglesa. Ao voltarmos para o Brasil, enfrentamos um pequeno problema com a companhia aérea. Nosso voo direto para São Paulo havia sido cancelado. Como forma de compensação, a

Varig ofereceu-nos estadia no Hotel Tropical, em Manaus, administrado pelo próprio grupo.

Dessa forma, Arleti e eu desembarcamos no coração da floresta amazônica. Foi uma das poucas viagens "de férias" que pude fazer dentro do território brasileiro. O hotel era cinco estrelas, magnífico. Lembro-me vividamente do passeio de chalana que fizemos pela região. Após subirmos o rio Negro, nossa embarcação atracou em uma ilha, onde desembarcamos. De repente, lanchas transportando garçons uniformizados apareceram. Com destreza e esmero, eles pisaram em terra firme e começaram a montar nossas mesas e um buffet, bem no meio da floresta. Foi uma experiência incrível.

Na praia dessa ilha fluvial, havia uma rede que a dividia em duas partes, separando-as. Perguntei aos funcionários o motivo daquela rede. Eles me informaram que do lado esquerdo era possível entrar e desfrutar de um bom banho de rio. No entanto, do outro lado havia enormes piranhas amazônicas, desaconselhando qualquer tentativa de nadar naquelas águas. Mesmo com a rede de proteção, ninguém ousou se banhar.

Concluímos o passeio de chalana no famoso encontro do rio Negro, com suas águas negras, e o rio Solimões, de águas barrentas. Como água e óleo, ambos não se misturam. Duas águas coexistindo lado a lado, com tonalidades e cores distintas. Um espetáculo natural que enchia os olhos.

Após o nosso regresso a São Paulo, as peças do destino voltaram a se encaixar harmoniosamente. Cecília deixou a clínica de reabilitação e eu a auxiliei na busca por um apartamento na Joaquim Eugênio de Lima. Julguei sensato conceder-lhe mais tempo para se recuperar antes de Michel se juntar a ela. Além disso, Cecília estava flertando com Alberto Calabrese, o amigo que ela me apresentara e que se tornara meu funcionário.

Eu não tinha a menor intenção de resgatar meu passado com Cecília, pois estava irrevogavelmente apaixonado por Arleti. Passamos momentos maravilhosos juntos, tanto em Barbados como em Manaus. Chegou a hora de assumir a mulher da minha vida. Para isso, dirigi-me ao Aricanduva para conversar com a família dela. Disse à minha sogra que desejava morar com Arleti, revelando-lhe minhas intenções com muita sinceridade. Ansiava por construir uma vida ao lado dela.

Minha sogra fitou-me e disse:

— Olhe, eu entregarei minha filha a você; é o que ela quer, ela o ama. Mas não confio plenamente, há uma diferença de vinte anos entre vocês. Ela é muito jovem, não creio que dará certo. O que acontecerá quando você tiver sessenta anos? Ela terá apenas quarenta!

Respondi prontamente que não deveríamos cogitar tais questões naquele momento, mas sim confiar no amor e ver aonde isso nos levaria. Talvez minha sogra pudesse ter alguma razão. Era uma chance ínfima de que essa história se concretizasse. Minha sogra era uma mulher simples, humilde. Eu compreendia sua desconfiança, mas eu passara a depositar uma confiança inabalável no amor.

Logo em seguida, Arleti mudou-se para morar comigo e Michel. Para celebrar, decidi levá-los à Disney. Realizaríamos uma viagem dos sonhos, permitindo que Arleti desbravasse o mundo. Eu também desejava passar momentos felizes com meu filho, que havia sofrido bastante com todas as disputas entre seus pais.

Após aterrissarmos em Miami, permiti que meu vício pelas drogas falasse mais alto. Levei Arleti e Michel ao nosso hotel e fui encontrar um amigo que morava na região, pedindo-lhe que me providenciasse cinco gramas de cocaína. Na minha mente, aquilo seria o suficiente para que Arleti e eu nos desconectássemos e desfrutássemos de um momento agradável. No entanto, não era essa a intenção de Arleti.

Após levar Michel para o quarto e ficar a sós com ela, ofereci-lhe a droga e sugeri que consumíssemos juntos. Ela recusou veementemente e ficou profundamente ofendida.

— Você não tem vergonha? Você trouxe seu filho aqui para animá-lo após a tua separação; me trouxe junto, para quê? Para nos drogarmos?

Com uma atitude determinada, ela pegou a droga e a lançou pela sacada do hotel. Mal pude acreditar no que estava presenciando, sentindo a ira me dominar. Arleti fez um longo sermão, deixando claro que aquilo não tinha lugar em nossas vidas. Nesse momento, arrependi-me profundamente e, de joelhos, pedi perdão, assegurando que jamais repetiria tal atitude.

Era o momento de começar uma nova vida. Eu havia ensinado a Arleti muitas coisas que a riqueza me proporcionara, mas agora ela me ensinaria a viver. Deixei de lado esses pensamentos fúteis para proporcionar uma viagem maravilhosa para todos nós. Antes de partirmos para a Disney, preparei uma surpresa. Reservei um cruzeiro de sete dias pelo Caribe. Dirigimo-nos ao porto para embarcar no navio e o ambiente era de festa. Havia muitas crianças provenientes da Disney ou que, assim como nós, iriam para lá em seguida. O próprio navio era uma embarcação temática da Disney. Meu filho estava radiante com a viagem que estava por vir.

Quem poderia imaginar que encontraríamos um obstáculo inesperado? Ao chegarmos à alfândega, fomos informados de que haveria um problema caso prosseguíssemos com a viagem. Tanto Michel como eu poderíamos fazer o cruzeiro e retornar a Miami, mas Arleti não estava autorizada. Sua permissão de entrada nos Estados Unidos valia para uma única vez. Assim, se ela embarcasse no navio e saísse do país, não seria permitido que retornasse.

Foi uma tremenda frustração. Michel ficou furioso, praguejando contra todos por não poder realizar aquela viagem. Senti-me profundamente entristecido pela situação, mas não poderia abandonar Arleti à própria sorte. A birra do meu filho não durou muito tempo e desapareceu assim que visitamos a Disney e desfrutamos de dias incríveis lá.

Nosso retorno ao Brasil marcou o início de uma nova fase em minha vida. Cecília havia se recuperado e já mantinha um relacionamento sério com Alberto. Ele era um homem trabalhador, dedicado e honrado. Enricou bastante trabalhando comigo. Cecília ficou mais tranquila em sua companhia. Até hoje estão casados.

Ao testemunhar a determinação de Cecília em seu caminho, cedi a guarda de nosso filho. Eles viviam próximos, então a distância não era um problema. No entanto, eu ainda não conseguia sentir plenitude quando se tratava de família. Havia um vazio em minha vida, e talvez eu fosse um grande vazio na vida de uma jovem.

Já estávamos no ano de 1985. Minha filha Karina havia completado quinze anos, e senti a necessidade de me aproximar dela. Com esse propósito em mente, decidi viajar para a Argentina. Seria também uma excelente oportunidade para apresentar meu país a Arleti, assim como minha própria família. Ela prontamente aceitou me acompanhar nessa jornada. Além disso, eu não podia deixar de aproveitar a ocasião para tratar de negócios; planejava trazer algumas lembranças de minha terra e encontraria Michel Cipriano em Buenos Aires.

Após nossa chegada à capital portenha, Arleti e eu nos hospedamos no Hotel Bauer. Sentia-me profundamente feliz por apresentar minha nova companheira à minha família, apesar dos olhares de apreensão vindos de minha mãe. Minha cunhada Bárbara, esposa de meu irmão Hugo, lançou um comentário impertinente:

— O que você está fazendo, Adolfo? Pretende arruinar a vida de mais uma mulher? Ela ainda é uma menina!

Talvez fosse o que a maioria pensava.

Arleti adorou a minha família e se apaixonou pelo meu país. Parecia uma criança, fascinada com um mundo novo diante de seus olhos. Hoje em dia, ela é mais argentina do que eu mesmo, uma genuína admiradora dos vinhos, da culinária e da cultura portenha. À noite, nós fomos convidados pelo meu primo Kike para uma festa de ricaços. Lembro-me dele me apresentar um sujeito com comentários irônicos:

— Veja Adolfo, este é o futuro presidente da Argentina!

Era um tipo playboy, circulando com duas belas mulheres pelo salão, totalmente embriagado. E não é que o meu primo tinha razão? O homem em questão era Carlos Menem.

Não sei como, mas, ao longo dessa festa, peguei um punhado de cocaína. Eu usei a droga e logo fiquei alterado. Arleti ficou muito nervosa e fomos embora, retornando ao nosso hotel. Eu estava lá, emburrado, em nosso quarto, onde ela me censurava pelo mau comportamento.

Ela me deu uma bronca.

— Adolfo, eu não acredito! Você me trouxe aqui para conhecer a tua família, amanhã você vai encontrar a tua filha e agora faz um papelão como esse? Essa era a Argentina que você tanto queria me mostrar, Adolfo?

Nervoso e alterado, eu disse a ela para se calar, ou então eu a jogaria pela sacada. Logo depois, o interfone tocou. Era Michel Cipriano, o italiano, que me aguardava no hall. Arleti quis descer comigo. No entanto, quando nos encontramos com o italiano, ela correu até ele e o abraçou, chorava e implorava para ser levada embora para o Brasil porque eu queria matá-la!

Claro, ela tinha bebido um pouco, também estava um pouco alterada. Eu disse aquilo para que ela parasse de me aborrecer, jamais faria algo contra ela. No entanto, ela levou ao pé da letra. Cipriano ajudou a apaziguar a situação. No dia seguinte, muito envergonhado pelo que eu tinha feito, prometi a Arleti que isso nunca mais se repetiria. Dessa vez eu cumpriria a minha palavra. A cocaína foi excluída de minha vida e eu nunca mais viria a colocar meu relacionamento em risco.

Evidentemente, minhas emoções estavam à flor da pele. O encontro que me aguardava me deixava extremamente nervoso. Karina ainda residia no apartamento que eu havia deixado no Barrio Norte, próximo à Recoleta. Ao longo desses anos sem contato, sempre que eu tentava me aproximar, Alícia a escondia de mim. Ela ainda nutria uma profunda raiva pelo desfecho de nossa história. Finalmente, o momento de reencontrá-la havia chegado.

Lá estava ela, uma jovem de quinze anos. Minha filha era belíssima, sempre lembrando aquela artista estadunidense, Barbra Streisand, tão judia como nós. Trocamos cumprimentos e saímos juntos para passear. Caminhávamos em silêncio, acompanhados por Arleti, que nos seguia de perto, mas nos dando privacidade para conversarmos. Angústia percorria cada passo nosso; nenhum de nós estava verdadeiramente feliz. Éramos dois estranhos caminhando lado a lado, sem saber o que dizer. E, então, ela me confrontou:

— Onde você esteve quando eu mais precisei de você?

Eu não sabia o que responder. Naquele momento, não poderia apresentar a história conforme a minha perspectiva. Não desejava falar sobre sua mãe e como ela obstaculizou todas as minhas tentativas de aproximação. Apenas almejava mudar a situação dali em diante. Era uma tarefa árdua para mim.

— Karina, minha filha, um dia você compreenderá os porquês da vida.

Ela permanecia em silêncio, com um ar pensativo. Então, seus olhos se voltaram para mim, para Arleti, e ela murmurou:

— Então, a brasileira é a tua nova amante, não é?

Respondi que não, expliquei que Arleti era a minha mulher oficial.

— Até parece... ela deve ter quase a minha idade!

Trocamos sorrisos tímidos após seu comentário.

Assim, gradualmente, pude me aproximar de minha filha Karina e me tornar seu pai, de corpo e alma. Minha vida ao lado de Arleti trouxe muitas transformações. Afastei-me das drogas e da vida boêmia. Além disso, tomei uma decisão radical, que melhorou substancialmente minha situação nos negócios. Reduzi drasticamente minhas relações com argentinos que se aventuravam em terras brasileiras. Meus compatriotas frequentemente traziam problemas consigo, farejando oportunidades e vantagens, sem nunca retribuir. Através de minhas experiências de vida, aprendi muito sobre as peculiaridades de cada povo, seus vícios e virtudes.

Os argentinos são combativos, valorizam a boa educação, a cultura e o amor pela pátria. No entanto, perdem-se na mescla de ambição e astúcia. Estão sempre esquadrinhando alguém, da cabeça aos pés, em busca de alguma vantagem a ser explorada. Mal começam em um trabalho e já estão exigindo mais dinheiro, querendo sociedade. Almejam chegar ao topo da escada sem passar por todos os degraus necessários.

Os brasileiros são um tanto mais acomodados. Se você avisa que haverá horas extras no fim de semana, poucos demonstram interesse. Um diz que aproveitará o tempo com a esposa, outro menciona que assistirá ao jogo de seu time de futebol. Porém, é um povo extremamente criativo, solidário e caloroso. Nunca me senti tão bem acolhido como me sinto em terras brasileiras.

É claro que, ocasionalmente, encontrei indivíduos equivocados, que transportam nossa rivalidade futebolística para o âmbito pessoal. Já me deparei com brasileiros que se comportaram de maneira deselegante comigo. No entanto, foram ocorrências raras; assim como também vi, em algumas ocasiões, meus compatriotas agindo com extrema arrogância aqui no Brasil. Lembro-me de uma vez, quando estava em um hotel em Copacabana, em que testemunhei um argentino tratando os funcionários como se fosse o rei do mundo. Foi tão grosseiro que acabei por repreendê-lo.

— ¿Qué pasa, bobo? ¿Crees que estás en tu casa?

Enfim, afastar-me dos argentinos aventureiros que buscavam enriquecer a qualquer custo me poupou muitas dores de cabeça. Porém, a verdadeira amizade era algo distinto. Mantive a amizade com Miguel, assim como ele acolheu calorosamente minha amada Arleti. Juntos, frequentávamos as festas magníficas organizadas por esse anfitrião extraordinário.

Nessa época, conhecemos seu sobrinho argentino, Marquinhos, um jovem muito agradável que trabalhava com cavalos de corrida. Ele me convenceu a adquirir um belo animal de competição para ser colocado no Jockey Club. O nome dele era Pepper Boy. Nossa alegria foi indescritível ao vê-lo vencer o seu primeiro páreo. Recordo-me de mim e de Arleti, posando ao lado do animal, como verdadeiros campeões, para a foto de consagração!

Ah, como a vida é surpreendente! Anos antes, eu estava em Hamburgo, nos estábulos, cuidando dos cavalos de corrida. Mais tarde, tornei-me proprietário de um garanhão vencedor! Contudo, foi apenas uma sorte de principiante. Pepper Boy nunca mais venceu nenhuma corrida e a experiência acabou por se revelar bastante dispendiosa. Ter um cavalo e mantê-lo no Jockey Club era um hobby extremamente oneroso. Foi gratificante vê-lo triunfar em uma corrida, mas também foi um alívio quando consegui passá-lo para outra pessoa.

Além de Miguel, outras amizades que cultivei com cuidado foram com os moradores do Condomínio Jangada. Receberam Arleti de braços abertos. Sempre que possível, íamos para lá aproveitar nosso tempo livre. Churrascos, jogos de cartas, pescarias... Michel frequentemente nos acompanhava. Como mencionei antes, ele adorava o mar. Minha vida foi se transformando, tornei-me alguém muito mais voltado para a família.

No entanto, nunca deixei de ser um dedicado homem de negócios. É inegável que esse estilo de vida exige muito do nosso tempo pessoal. As viagens a Nova York continuavam sendo lucrativas, e por isso meus deslocamentos para os Estados Unidos eram frequentes. Nas ocasiões em que estava ausente, Arleti, quando não cuidava de nosso escritório, descia para descansar em São Vicente. Assim que retornava ao Brasil, eu também descia para encontrá-la no litoral paulista.

Em uma ocasião, enquanto aguardava o check-in no Aeroporto Internacional John F. Kennedy, notei a presença de um ilustre cidadão do mundo. Aquele mesmo homem que vi desfilar à beira do campo, em um de seus últimos jogos pelo Santos, no Estádio do Pacaembu.

Lá estava ele, Pelé. Agindo como se não fosse um rei, vestindo um paletó discreto e segurando uma antiquada mala marrom. Ficava na fila como qualquer outro, sempre solícito quando alguém o reconhecia e solicitava um autógrafo. Comportava-se como um verdadeiro cavalheiro.

Contemplei-o de longe, com olhos repletos de admiração. Era o mesmo homem que meu amigo Osvaldo me apresentara em um breve cumprimento, nos idos da década de 1970, antes de sua retirada para o vestiário. Apesar de sua simplicidade e discrição, era uma figura impossível de passar despercebida. Após o embarque, uma surpresa grandiosa me aguardava. Ninguém menos que Edson Arantes do Nascimento sentou-se ao meu lado enquanto regressávamos ao solo brasileiro. Que sorte a minha!

Pelé revelou-se um homem afável, dotado de uma eloquência cativante. Passamos toda a viagem imersos em conversas despretensiosas. Ao aterrissarmos em São Paulo, informei-lhe que seguiria diretamente para São Vicente. O Rei, com extrema gentileza, ofereceu-me uma carona! Um motorista o aguardava no aeroporto para conduzi-lo até Santos, e eu tive o privilégio de descer a serra ao seu lado, tornando-nos amigos a partir desse momento.

Essa amizade pôde se solidificar graças a um indivíduo cuja companhia compartilhávamos; alguém que conheci em 1985 e cuja casa frequento até os dias atuais. Esse homem tornou-se meu despachante, um dos melhores que já conheci: Hugo Rinaldi. Assim como Pelé, ele também residia na Baixada Santista, em uma magnífica morada onde costumava receber seus amigos nos fins de semana. Quantos momentos memoráveis vivenciei em suas festas! Pelé comparecia sempre que possível, e, nessas ocasiões, nosso ilustre amigo desfrutava de cantar. Rinaldi nutria uma paixão pelo golfe e chegou até a tentar introduzir o Rei nesse esporte.

Foram os negócios que me aproximaram de Hugo Rinaldi. Era exímio em todos os atalhos para encurtar caminhos, facilitando a entrada de meus produtos no país. Em uma ocasião mais recente, encontrava-me com minha esposa desfrutando de sua hospitalidade quando ele chamou uma mulher para se juntar a nós na mesa.

— Adolfo, você se lembra dela?

Inicialmente, confesso que não consegui recordar. Hugo insistiu:

— Adolfo, quantas vezes essa mulher o auxiliou no aeroporto?

Berenice! Uma mulher de beleza marcante, ainda mantendo seu estilo coquete, apesar do passar do tempo. Até hoje consigo ouvir o som dos saltos altos dela ecoando no piso do Aeroporto de Congonhas enquanto caminhava. Ela trabalhava como fiscal da alfândega e frequentemente fechava os olhos para minhas mercadorias. Já havia um acordo firmado depois que ela tomava um café com Hugo Rinaldi.

Por meio dele, tornou-se muito mais fácil trazer contêineres para o Brasil. Eu passei a adquirir ainda mais mercadorias, trazendo-as ao país através do porto de Santos. Vale ressaltar que este é o porto mais corrupto do planeta. Naquele lugar, ou você participava do esquema ou estava fora. Era algo desafiador.

Quanto mais eu comprava, mais eu vendia. Por necessidade, tinha de destinar uma quantia considerável ao sistema alfandegário paralelo. Todos lucravam com um indivíduo como eu, que ousava aventurar-se por terras desconhecidas em busca de oportunidades. Eu sabia agir como um príncipe e como um pirata. Contudo, o ciclo de Nova York e das bijuterias começava a se aproximar do fim. Eu sentia o aroma de um novo ciclo pairando no ar, um ciclo que me conduziria ao Panamá. Mas, antes disso, um incrível acontecimento veio irromper em nossas vidas.

CAPÍTULO 12

A Zona Livre do Panamá

Nos primórdios de 1986, um evento significativo abalou a vida de Arleti: ela descobriu que estava grávida. Essa não era a primeira vez que tal notícia chegava até nós; Arleti já havia iniciado duas gestações. Contudo, ambas foram interrompidas prematuramente. Tais eventos se deram no início de nosso relacionamento, quando eu ainda duvidava de nossa história, pois pensava em Cecília como a mulher de minha vida. Arleti, jovem e imersa em um momento de sua vida em que a maternidade parecia algo distante e desafiador, também não via com bons olhos a perspectiva de trazer uma criança ao mundo.

No entanto, desta vez a circunstância era diferente. Nossas vidas estavam em harmonia, tanto no âmbito pessoal quanto nos negócios, que prosperavam em sincronia conosco. Era o momento ideal para tal acontecimento. Assim, no dia 24 de novembro do mesmo ano, nasceu Daniel Ben Canan, meu filho. Tive a dádiva de acompanhar pessoalmente Arleti em sua jornada até o hospital São Luiz e testemunhar o nascimento de nosso filho. O parto, conduzido com sucesso, coroou nossos corações de alegria.

Em seguimento às tradições judaicas, cumprimos o rito sagrado da circuncisão, chamado *brit milá*[43], oito dias após o nascimento de Dani. Meu irmão Enrique foi honrado com o papel de padrinho, e a celebração transcorreu em meio a emoções contrastantes. Arleti temia pelo bem-estar de nosso pequeno, e seus gritos ecoavam o temor de que o garoto estivesse sendo agredido.

Oh, pobre mulher! Com o tempo, ela aprendeu muito sobre as nossas tradições judaicas, tendo respeito talvez até maior do que o meu próprio. Com o nascimento de Dani, minha amada Arleti dedicou-se menos ao trabalho, priorizando a tarefa de criar nosso filho. Para preencher a lacuna, sua irmã Adriana assumiu as responsabilidades profissionais. A minha cunhada, uma funcionária exemplar, possuía um talento inato para a organização, um verdadeiro porto seguro em tempos desafiadores. Segue trabalhando em nossos negócios até os dias de hoje.

Pouco tempo após a chegada de meu terceiro filho, dei início a minhas viagens à Zona Livre de Colón[44], no Panamá. À medida

---

[43] *Brit milá*, ou apenas *bris*, é a cerimônia religiosa dentro do judaísmo na qual o prepúcio dos recém-nascidos é cortado, no oitavo dia, como símbolo da aliança entre Deus e o povo de Israel. Também é nessa cerimônia que o menino recebe seu nome. Costuma-se realizar o *brit* em um café da manhã festivo. A origem desse ritual é encontrada em Gênesis 17:1-14, onde Deus ordena a Abraão que ele e todos os seus descendentes se circuncidem como sinal do pacto entre Deus e Abraão. O judaísmo defende que esse é um sinal de pacto perpétuo que não pode ser nunca abolido. Desse modo, quando diversas situações e povos buscaram obrigar o povo judeu a não seguir a prática do *brit* (por exemplo, debaixo do domínio grego), sempre se desencadeou uma resistência a abolir a prática, o que elevou o *brit milá* a um evento de grande importância e significado no sentido de "ser judeu".

[44] A 80 quilômetros da Cidade do Panamá, a pequena cidade de Colón tornou-se famosa por acolher a Zona Livre de Comércio das Américas, a segunda maior zona franca do mundo, perdendo apenas para Hong Kong. Situada na boca do Canal do Panamá, por onde circulam, diariamente, dezenas de navios mercantes, Colón ganhou destaque a partir da década

que me familiarizava com esse lugar, minhas viagens aos Estados Unidos começaram a diminuir gradualmente. Assim como em Nova York, eu encontrava um vasto leque de mercadorias, prontas para serem adquiridas nesse grande polo comercial da América Central.

A presença militar estadunidense, em virtude do Canal do Panamá, conferia um toque de grandiosidade ao país centro-americano. Entretanto, o acesso a essas instalações luxuosas era extremamente restrito. Durante meus momentos de folga, quando perambulava por Colón, costumava deter-me diante desse quartel imponente, apreciando-o a distância. Era o máximo que eu poderia alcançar. Outra visão deslumbrante era a do famoso canal, em pleno funcionamento, uma testemunha majestosa da engenhosidade humana. E a natureza, ah, a natureza! Revelava-se em toda a sua exuberância nas praias panamenhas.

No entanto, a pobreza que assolava os arredores da Zona Livre de Colón não passava despercebida. Essa condição foi exacerbada após a partida dos estadunidenses do país, quando o controle do canal foi transferido para as mãos dos panamenhos. A retirada dos ianques deixou a cidade imersa em um abismo de miséria, um contraste desolador em relação à capital.

A Zona Livre de Colón, um mundo à parte, representava um verdadeiro País das Maravilhas para empresários como eu, ávidos por adquirir grandes volumes de mercadorias para revendê-las como atacadistas. No meu caso, meu destino eram os lojistas da rua Vinte e Cinco de Março e outros mercados espalhados pelo

---

de 1950, com a instalação do entreposto mundial de comércio livre de impostos. Dentro dos limites da zona franca, com seus 450 hectares e 2.500 empresas instaladas, 250 mil compradores, empresários e turistas fazem negócios e movimentam 30 bilhões de dólares todos os anos. Os principais mercados são os países da América do Sul, Central e do Norte.

Brasil, do Rio de Janeiro a Minas Gerais, de Feira de Santana a Recife, entre tantos outros lugares. Aqueles eram tempos de prosperidade inigualável.

Zelando pela minha reputação, sempre gozei de crédito no Panamá, onde passava dias a fio realizando compras. Comerciantes judeus, árabes, hindus, chineses, uma verdadeira miscelânea cultural encontrava-se em Colón, transformando-a em uma festa de cores e negócios. Destaco o clima acolhedor e a confiança mútua que permeavam nossas interações. Os fornecedores sabiam a quem conceder crédito e aqueles que compravam sabiam honrar seus compromissos. Era uma dança perfeitamente sincronizada.

Da mesma forma, eu aceitava cheques pré-datados ao chegar ao centro de São Paulo. Os comerciantes me procuravam desde as primeiras horas da manhã, e eu liberava mercadorias sem exigir pagamento imediato. A maioria deles cumpria sua palavra e me recompensava no mesmo dia, após revenderem meus produtos aos seus próprios clientes. Relações comerciais fundadas na confiança, seladas com um aperto de mão. O mundo era diferente naquela época, as coisas mudaram consideravelmente.

Entre os muitos comerciantes com os quais estabeleci vínculos, Jaki Cohen, tão judeu quanto eu, ocupava um lugar especial. Esse amigo, cuja loja de importados era dedicada a presentes, tornou-se meu principal fornecedor. Através dele, gradativamente, comecei a diversificar meus produtos, deixando para trás as bijuterias, em troca de uma variedade de presentes. Até hoje, nossa amizade perdura; e Jaki, que agora se dedica à preservação das praias panamenhas, é um entusiasta do meio ambiente. Trocamos mensagens com frequência. Certa vez ele enviou-me fotos de sua primeira neta. Tenho plena convicção de que, se eu retornasse ao Panamá hoje, Jaki Cohen me receberia como sempre fez, como nos bons tempos.

Ah, como eu era bem recebido na Zona Livre de Colón! Era como se meus bolsos se tornassem inúteis diante das inúmeras gentilezas que recebia, em termos de alimentação e hospedagem. Nós, bons comerciantes, éramos acolhidos com generosidade e acomodados nos melhores hotéis. Os fornecedores nos levavam aos melhores restaurantes, embora houvesse poucos realmente notáveis. Portanto, muitas vezes eu preferia saborear faláfel ou empanadas nas ruas, apreciando a autenticidade das iguarias locais.

Recordo-me dos vastos galpões, alguns deles alcançando a impressionante marca de trinta mil metros quadrados. Era um espetáculo para os olhos, onde a oferta de mercadorias importadas, prontas para entrega imediata, jamais escasseava. Que diversidade de produtos eu trazia do Panamá! Brinquedos, bolsas, mochilas e tantos outros artigos, cada um deles com uma história a contar.

Os fornecedores ficavam extasiados com minha chegada, pois sabiam que significava negócios prósperos. Em troca, eu era sempre recebido com um sorriso caloroso e genuíno. A alegria contagiante do povo caribenho ecoava, em meio à salsa e ao mambo. Divertir-se e fazer compras para, em seguida, colher os frutos financeiros e repetir o ciclo, aproveitando-o ao máximo.

Nem tudo se resumia a festividades. Basta abandonar a Zona Livre de Colón para deparar-se com a pobreza. Além do Canal do Panamá e da própria Zona Livre, poucas fontes de riqueza irrigavam o país. Talvez o turismo desempenhasse um papel secundário nessa função. Nós, comerciantes, sequer levávamos as mercadorias conosco; apenas negociávamos e aguardávamos a chegada delas em contêineres repletos. Tudo adentrava o Brasil pelo Porto de Santos, de acordo com os arranjos costumeiros.

Embora as propinas fossem elevadas, valia a pena, meus lucros eram altos.

Hoje em dia, reflito longamente sobre o que me causou prejuízos, sobre as escolhas que poderia ter feito de forma distinta. Talvez eu pudesse ter sido mais parcimonioso em certos momentos, ou evitado as aves de rapina das autoridades alfandegárias, assim como das polícias Civil e Federal. Sobretudo, teria sido prudente evitar alguns calotes infames que amarguei ao longo da vida. No entanto, em última análise, sempre chego à mesma conclusão: "¿*Quién me saca lo bailado?*" Quem poderá me tirar tudo o que dancei ao longo da minha vida?

Em uma ocasião, tive a oportunidade de levar Arleti comigo em uma viagem de negócios ao Panamá. Juntos, vivenciamos um grande susto! Havia um generoso fornecedor que nutria grande apreço por seus clientes mais valiosos. Ele sempre disponibilizava uma aeronave bimotor para transportá-los do aeroporto até a Zona Livre de Colón, assim como para trazê-los de volta. Sem dúvida, eu estava presente em sua lista de principais compradores.

Assim, Arleti e eu pudemos desfrutar dessa cortesia especial. Após aterrissarmos no aeroporto do Panamá, embarcamos nesse bimotor pilotado por Rosen, um judeu da Força Aérea israelense. Naquele dia, o tempo estava terrível, com as famosas tempestades caribenhas. Para prosseguirmos, era necessário enfrentar um vento tempestuoso. O avião parecia uma frágil folha de papel. No auge da turbulência, lágrimas escorriam de nossos olhos, e chegamos até mesmo a nos despedirmos, acreditando ser o nosso fim. Lamentávamos nosso infortúnio, enquanto Rosen parecia se divertir com a situação. Como ele ria!

— Vocês não estão acostumados a voar em condições adversas — dizia ele.

Rosen era um veterano da aviação; mas, para nós, era como renascer após o pouso. Que dia assombroso.

Apesar de ter reduzido minhas viagens aos Estados Unidos, ocasionalmente eu ainda realizava compras em Nova York. Em uma dessas viagens, encontrei um venezuelano de origem árabe, acompanhado de sua irmã. Ambos estavam completamente perdidos nas ruas nova-iorquinas, comerciantes em busca de bons fornecedores para levar produtos à Venezuela. A irmã era profundamente religiosa, chegando até mesmo a usar um véu, seguindo os costumes islâmicos. Inteligente e perspicaz nos negócios, ela era natural de Isla Margarita. Quanto a André Romait, de quem me tornei bom amigo, ele possuía negócios em Caracas.

Posteriormente, fiz amizade com o pai deles, e André, por sua vez, tornou-se próximo de meu irmão Enrique. Esse venezuelano nutria grande apreço pela Argentina. Realizamos negócios em diversas ocasiões. Sua família enfrentou problemas na Venezuela após a ascensão de Chávez ao poder. Perderam muitas coisas e acabaram deixando o país. Sempre tive a sorte de cruzar o caminho de pessoas excepcionais ao longo de minhas jornadas.

Essa era minha vida no final dos anos 1980: muitas viagens de negócios, passeios ao litoral paulista para descansar, visitas mais frequentes a Buenos Aires para rever meus familiares. No entanto, logo no início dos anos 1990, sofri uma grande perda: o falecimento de meu pai, Salomón Canan. Ele já padecia de cirrose quando começou a dar muito trabalho para minha mãe, coitada. Ela não conseguia mais cuidar dele adequadamente. A situação era difícil. Por esse motivo, decidimos levá-lo para uma casa de repouso, onde profissionais capacitados poderiam lidar melhor com a situação.

Foi nesse local que o vi pela última vez. Tive a oportunidade de levar meu filho Dani comigo para a Argentina, para que ele pudesse conhecer seu avô. Foi extremamente doloroso vê-lo naquela instituição. Não consigo esquecer seu olhar consternado, como se dissesse:

— Você vê onde estou? Olhe para essas pessoas mórbidas com as quais convivo.

Tive a sorte de poder visitá-lo, mas sua permanência nessa residência clínica não durou muito. Pouco tempo depois ele veio a falecer, em decorrência dos problemas no fígado. Um momento de profunda tristeza para minha família, especialmente para minha mãe. Minhas tias desempenharam um papel fundamental para que ela seguisse adiante com sua vida. Destaco minha tia Margarita e seu marido, tio Sion. Podemos dizer que adotaram minha mãe, levando-a em todas as suas viagens. Sou imensamente grato pelo carinho com que a acolheram em um momento tão difícil.

Naquela época, minha filha estava bem. Karina havia se aproximado muito de nossa família. No ano de 1992 ela veio ao Brasil pela primeira vez, acompanhada por um namorado. Se não me falha a memória, o rapaz era filho de um militar e ostentava uma postura de playboy arrogante, com uma expressão sempre sisuda.

Nesse período, Arleti encontrava-se no fim de sua última gestação. Nosso filho caçula, Alain, estava prestes a chegar ao mundo para completar nossa família. Estávamos atentos; faltavam no máximo duas semanas para o nascimento do bebê. Como a gravidez estava transcorrendo tranquilamente, sem qualquer contraindicação, aproveitei a visita de minha filha para levar todos ao Condomínio Jangada e desfrutar de um momento em família.

Aproveitamos a praia, o barco e a companhia dos velhos amigos de São Vicente. Foram dias incríveis, que se estenderam até a partida de Karina. Recordo-me que era um sábado e perguntei a Arleti como ela estava se sentindo, assim como o nosso bebê. Tudo parecia normal, e, diante dessa tranquilidade, subi a serra para levar Karina e seu namorado até o aeroporto. Após deixá-los em Cumbica, recebi uma mensagem aterrorizante. A bolsa de Arleti havia rompido! Nosso querido amigo, Antônio José Dall'Anese trouxe minha esposa de São Vicente até São Paulo, diretamente para a maternidade Pro Matre. Assim que soube, corri para lá, tomado pela aflição.

Já era tarde da noite de sábado, e o parto estava se tornando bastante complicado. Alain estava em posição inadequada no útero de Arleti, tornando necessária uma cesariana para seu nascimento. O obstetra que a acompanhara durante a gestação apareceu embriagado, para realizar o procedimento. Eu senti vontade de socá-lo por sua conduta. Fiquei extremamente nervoso, temia perdê-los.

Após superar o grande susto, pude contemplar minha amada Arleti, radiante de saúde, com nosso precioso caçula em seus braços. Era um privilégio testemunhar a plenitude de minha família, e eu me sentia imensamente afortunado por ter ao meu lado uma mulher tão excepcional. O nascimento de Alain nos encheu de felicidade, assim como Karina, Michel e Dani ficaram encantados com a chegada do irmãozinho.

Pouco tempo depois do nascimento de meu caçula, tive o prazer de conhecer Zé Maria, um espanhol que se tornaria meu funcionário e, com o tempo, um grande amigo. Zé Maria era notável por sua lealdade canina. Recordo-me vividamente do nosso primeiro encontro. Ele acompanhava um argentino chamado Sérgio, um amigo judeu com quem eu realizava negócios. Sérgio era uma figura sombria, sempre envolvido em atividades questionáveis. Ele costumava trazer mercadorias roubadas da Argentina para o Brasil, principalmente tecidos.

Na ocasião, Sérgio pediu-me para encontrá-los no aeroporto. Quando avistei os dois e vislumbrei Zé Maria pela primeira vez, um leve temor se apoderou de mim. Ambos estavam envoltos em longos sobretudos, como gângsteres de Hollywood. Seus semblantes sombrios despertavam uma sensação de inquietação. Aproximei-me deles, e Sérgio me apresentou Zé Maria. Num ato cauteloso, abri o casaco do espanhol para verificar se portava alguma arma. Lembro-me de sua objeção:

— Ei, o que está fazendo? Estou desarmado.

Essa introdução precavida marcou o início de nossa relação. Anos depois, Zé Maria sempre ria ao recordar a situação:

— Adolfo, você achou que eu estava carregando pistolas no coldre!

Algum tempo depois de nosso primeiro encontro, Sérgio procurou-me novamente. Ele desejava saber se eu poderia empregar Zé Maria. O espanhol enfrentava uma fase difícil. Morava em Ubatuba, casado com uma professora, e tinha três filhos para sustentar. Zé Maria encontrava-se em apuros, e Sérgio já não podia mais ajudá-lo. Ele me pediu para tentar auxiliá-lo.

Ao ouvir a situação e recordar as características de Zé Maria, inicialmente recusei o pedido. Como poderia integrá-lo aos meus negócios ou, ainda pior, à minha família? Parecia arriscado demais. No entanto, Sérgio não se deu por vencido.

— Adolfo, você será grandemente beneficiado por essa amizade. Zé Maria é como um fiel escudeiro. Ajude-o, e em breve ele o defenderá como um cão de guarda.

Decidi ponderar a possibilidade. Durante um momento de descanso no Condomínio Jangada, aproveitei para levar Arleti a Ubatuba, onde Zé Maria vivia com Cristina, sua esposa, uma professora de notável inteligência e bondade. Eles também tinham um filho e duas filhas, jovens que testemunhei florescer e se tornarem mulheres esplêndidas.

Zé Maria nos convidou para almoçar em sua humilde moradia. Recordo-me de pararmos em um armazém, onde ele solicitou crédito para adquirir os alimentos que serviríamos em nosso almoço. Foi um indício de que não havia nada para comer em sua casa e de que Zé Maria não possuía nem mesmo dinheiro para adquirir provisões básicas.

Aquela família vivia em um casebre modesto. No entanto, com as poucas possibilidades que tinham, receberam-nos como realeza. Tocado pela situação, comprometi-me a ajudá-lo. Além disso, necessitava de alguém firme e extremamente confiável para cuidar de minhas mercadorias. Assim, disse a Zé Maria que havia um emprego disponível e que ele poderia buscar uma residência em São Paulo, tendo a minha garantia como fiador.

Zé Maria trabalhou comigo por uma década. Ele era, de fato, um homem leal, e não demorou para que nos tornássemos grandes amigos. Eu sempre dormia tranquilo, sabendo que Zé Maria zelava pelo meu depósito. Ele possuía um temperamento explosivo e não tolerava me ver enganado por ninguém.

Recordo-me de uma ocasião, o primeiro aniversário de meu filho Alain. Realizamos uma grande festa em uma boate chamada Lamelei, próxima à Marginal Pinheiros, com cerca de cem convidados. Zé Maria estava sempre ao meu lado, agindo como um verdadeiro guarda-costas. Contudo, naquela noite, ele estava eufórico. Subitamente, no meio da festa, pegou uma poltrona e a lançou para o alto. Os seguranças ficaram perplexos. Indaguei-lhe:

— Zé Maria, o que houve? O que se passa?

Ele simplesmente respondeu:

— Desculpe, foi uma explosão de felicidade.

Era compreensível. Pouco tempo antes, ele era um homem desempregado, sem amigos e sem perspectiva, responsável por sustentar três filhos. Apenas a renda de sua esposa, como professora, conseguia trazer algum sustento para casa, já que, em Ubatuba, não havia muitas oportunidades de trabalho para Zé Maria. Ele sempre demonstrou profunda gratidão por ter saído daquele abismo quando conseguiu trabalhar comigo.

O espanhol chegou a gerenciar cinquenta funcionários durante seu tempo comigo. Apesar de mancar, devido a um acidente de moto, isso nunca o impediu. Ele era uma presença imponente. Lembro-me de uma ocasião em que flagrou um funcionário roubando mercadorias e partiu em perseguição ao rapaz. Da janela de meu escritório, observei a cena na rua. O funcionário fugia desesperado, com Zé Maria em seu encalço, até que o espanhol pegou um tambor de lixo e o lançou com precisão, acertando-o em cheio.

— Ladrão filho da puta — gritou.

No entanto, houve uma ocasião em que ocorreu um erro pelo qual Zé Maria nunca se perdoou. Devido às minhas viagens ao Panamá e aos Estados Unidos, precisei providenciar um depósito para armazenar melhor minhas mercadorias. Encontrei um bom espaço na rua das Carmelitas, logo atrás da Praça da Sé. Anteriormente era um escritório de saúde com três andares, cada um medindo quinhentos metros quadrados. Realizei uma bela reforma no local e, posteriormente, ampliei-o, ao incorporar mais quinhentos metros de um estacionamento vizinho. Mais tarde, adquiri outros quinhentos metros de uma área adjacente.

Eu armazenava todos os meus produtos nesse local. A partir dali, abastecia os clientes da região central paulistana. Era uma área um tanto perigosa, sempre cercada por vigaristas à espreita, ávidos por encontrar algo valioso para roubar. Por isso, Zé Maria permanecia postado na porta, com uma expressão severa, encarando com fúria qualquer pessoa que fixasse os olhos em nosso depósito por mais do que alguns segundos. Afinal, como eu poderia buscar justiça caso minhas mercadorias fossem furtadas?

Certo dia, pela manhã, recebi telefonemas dos meus funcionários. Eu esperava quatro contêineres repletos de mercadorias importadas para serem armazenados em meu depósito. Eram artigos para o lar e utensílios de cozinha que valiam uma pequena fortuna. Os contêineres estavam na rua e não havia ninguém para recebê-los, somente Zé Maria possuía a chave do depósito. Todos os funcionários encontravam-se do lado de fora, incapazes de entrar. O que teria acontecido com meu braço direito?

Não tardou para que surgissem policiais indagando sobre o dono daqueles contêineres e sobre o que eles abrigavam. Por pouco eu não perdi aquela carga de valor inestimável. Por fim, a verdade emergiu. Zé Maria, envolto em uma noite de excessos com cocaína, estava mergulhado em um estado de loucura, incapaz de articular palavras coerentes. Engendramos uma solução para contornar a situação, e eu me vi obrigado a repreender meu leal escudeiro. No entanto, sua própria angústia se sobrepunha a qualquer reprovação e ele se demitiu em um ato de constrangimento avassalador. Seus olhos, após o ocorrido, não conseguiam encarar os meus, e o pobre homem derramou lágrimas como uma criança desamparada, pedindo-me inúmeras desculpas.

Eu não desejava perdê-lo; afinal, jamais havia falhado de tal maneira antes. Contudo, ele se mostrou irredutível. Tentei compensá-lo com uma generosa soma, a quantia de cinquenta mil dólares, como reconhecimento por todos os serviços prestados. Com o dinheiro, ele partiu para a Espanha, levando consigo sua família, e passamos muitos anos sem nenhum contato, perdidos na vastidão do tempo.

Recentemente, Lula, sua filha, procurou-me, enchendo-me de alegria. Sua beleza e a da sua irmã eram cativantes, magnetizando olhares por onde passavam. Quantas vezes Zé Maria e sua família compartilharam momentos agradáveis comigo em São Vicente. Agora, Lula suplicou-me para encontrar uma maneira de visitá-los em Barcelona, pois tanto o pai como a mãe encontram-se debilitados pela fragilidade da saúde. Em nome de tantos anos de amizade e dos serviços prestados com dedicação, anseio pelo dia em que poderei reencontrar meu caro e valoroso amigo Zé Maria.

CAPÍTULO 13

Made in China

Na aurora dos anos 1980, tive o prazer de conhecer um amigo de Enrique, um homem de origem judaica chamado Ernesto Kosuck. Esse indivíduo era dotado de sagacidade e possuía uma ampla rede de relacionamentos. Era tão perspicaz que, as vésperas do Plano Collor[45], ele me alertou:

— Adolfo, uma surpresa está por vir. É hora de suspender as vendas e reservar dinheiro. Há rumores de que o governo vai bloquear todos os recursos, não conceda mais crédito a ninguém.

Como previsto, pouco tempo depois, a então ministra Zélia Cardoso de Mello anunciou a confiscação das economias depositadas nos bancos brasileiros. Infelizmente não tive tempo hábil

---

[45] O Plano Collor (Plano Brasil Novo) foi um planejamento econômico realizado durante a presidência de Fernando Collor de Mello para controlar a hiperinflação que assolava o país em 1990. Vários outros planos destinados a controlar a inflação foram criados nas décadas de 1980 e 1990. No entanto, o Plano Collor marcou a história ao bloquear as contas de poupança e aplicações financeiras atreladas à taxa *overnight*, além de outras medidas polêmicas, como o congelamento de preços e salários.

para seguir os conselhos de Kosuck. Foram tempos turbulentos, todos ficaram sem dinheiro e ninguém conseguia honrar seus compromissos.

Por sorte, consegui evitar a falência. Embora tenha sofrido grandes perdas nessa situação, tive a vantagem de possuir um estoque considerável, todo adquirido à vista. Foi um período de estagnação que se prolongou por quase seis meses. Lembro-me das pessoas nas ruas, incrédulas e perplexas diante do desconhecido. Ah, Kosuck possuía uma visão aguçada, pois era um homem com acesso a informações privilegiadas.

Eu o conheci alguns anos antes desses eventos. Juntos, embarcamos em minha primeira viagem de negócios para o Oriente. Aterrissamos na Coreia do Sul, em Seul, onde havia a maior fábrica de correntes para bijuterias do mundo. Como mencionei anteriormente, eu tinha uma clientela fiel nesse setor.

Era comum encontrar produtos coreanos em Nova York, porém os preços eram exorbitantes em território americano. Negociar diretamente com os fabricantes coreanos significava reduzir custos e aumentar minha margem de lucro. Graças às suas conexões, Ernesto Kosuck conhecia as pessoas certas nesse país conhecido como um dos Tigres Asiáticos.

Juntos, fizemos duas viagens à Coreia do Sul, trazendo contêineres repletos de mercadorias. Recordo-me de ter investido 150 mil dólares em produtos. Como sempre, contando com Hugo Rinaldi em minha retaguarda. Ele sempre encontrava um jeito de fazer com que meus produtos atravessassem a fronteira.

Considero a Coreia do Sul o país mais ocidentalizado do Oriente, uma influência evidenciada pelas bases militares estadunidenses estabelecidas em seu território. No entanto, ainda era possível observar a antiga cultura enraizada na sociedade sul-coreana, inclusive vestígios da polêmica influência japonesa na região. A culinária, o hábito de utilizar luvas e máscaras por parte da população, especialmente os motoristas de táxi. Tal qual os japoneses, os coreanos já adotavam tais costumes antes mesmo da recente pandemia que assombrou o mundo.

Hospedei-me em um luxuoso hotel cinco estrelas. Durante minha estadia em Seul, enfrentei um rigoroso frio. Foi nesse momento que Kosuck me convidou para acompanhá-lo a uma sauna, onde poderíamos desfrutar de uma massagem única.

A princípio imaginei que se tratasse de algo sensual, mas estava enganado. O local exibia uma atmosfera de ritual zen-budista. Havia silêncio profundo, vapores perfumados e o aroma do incenso, pairando no ar. A massagem era extremamente profissional, capaz de fazer com que você se sentisse leve como um pássaro, flutuando pelos ares. A terapeuta deslizava suavemente sobre minhas costas, como se estivesse colocando cada osso e nervo em seu devido lugar. O relaxamento era tão profundo que acabei adormecendo durante a sessão.

Ao finalizar, retirei cinco dólares do meu bolso e os ofereci à moça, mas ela recusou. Tentei insistir com gestos, mas de nada adiantou. Não compreendi suas razões, mas guardei a nota e segui meu caminho. Ao comentar a situação com meu companheiro de viagem, ele sorriu e explicou o motivo por trás disso.

Todos os massagistas que trabalhavam naquela sauna eram deficientes visuais, incapazes de enxergar. Por essa razão, esses profissionais possuíam uma sensibilidade excepcional em relação ao corpo humano; algo que eu nunca havia concebido antes. Sempre pude extrair grandes aprendizados das experiências vividas ao longo de minhas viagens.

Até a década de 1990, o mundo ocidental tinha pouca familiaridade com a China. A Coreia era um dos países que compravam produtos chineses para revendê-los ao Ocidente. Outro local onde essas mercadorias eram encontradas era Hong Kong, que ainda fazia parte da comunidade britânica na época.

Eu já tinha conhecimento de que todos os panamenhos possuíam escritórios na Zona Livre de Colón, uma colônia circunscrita em território chinês. Era possível encontrar uma infinidade de mercadorias oriundas da China em Hong Kong, onde a entrada era permitida, ao contrário do país governado pelo Partido Comunista Chinês.

Incrivelmente, entre os países ocidentais, apenas os estadunidenses tinham facilidade para adentrar o país das grandes muralhas. Isso ocorria porque os americanos levavam tecnologia e know-how para os chineses. Com o acesso altamente restrito, era necessário contar com a mediação dos intermediários americanos.

Hong Kong era uma metrópole grandiosa, conhecida por sua alta densidade populacional. A maioria dos residentes prósperos dedicados ao comércio era de origem indiana. Fixar residência nesse território era uma conquista alcançada por poucos. Naquela época, um apartamento de cem metros quadrados custava cerca de três milhões de dólares. Por isso, os indianos que habitavam a cidade costumavam ser ricos e possuíam uma cultura refinada, quase todos poliglotas. Eram membros das castas mais elevadas da complexa sociedade indiana.

Lembro-me da primeira vez que visitei Hong Kong, acompanhado de meu amigo Jaki Cohen. Lembro-me do antigo aeroporto, situado no coração da cidade, com os aviões sobrevoando entre os edifícios... eu sempre ficava um tanto apreensivo! A cidade estava repleta de escritórios e showrooms. Era possível encontrar algumas indústrias verticais, construídas nesse formato devido à falta de espaço, mas a maior parte das mercadorias comercializadas nesse território vinha da China. No entanto, vale ressaltar que era extremamente raro encontrar produtos prontos para entrega imediata. Os indianos costumavam intermediar a produção junto aos fabricantes chineses.

Por meio desses interlocutores, eu efetuava encomendas que variavam desde graciosas fivelas de cabelo até relógios finos. Meu catálogo, àquela altura, possuía uma impressionante seleção de mais de cinco mil itens, à medida que me envolvia com a importação de presentes e produtos chineses. Todavia, para atingir esse patamar, era necessário ir além dos limites de Hong Kong e adentrar o território chinês. Essa incursão começou a mostrar seus frutos durante o governo Collor, quando o presidente proclamou, em cadeia nacional, que era o momento adequado para pôr fim à fabricação de "carrocinhas nacionais" e importar carros. Foi nesse instante que o governo brasileiro abriu as portas para a importação.

Após essa abertura oficial, Hugo Rinaldi veio até meu escritório na rua Barão de Duprat e conversou comigo:

— Argentino, chega de comércio ilegal! Vamos trabalhar corretamente a partir de agora. Deixe tudo comigo.

Meu estimado amigo encarregou-se de ir ao Banco do Brasil e adquiriu, em meu nome, uma licença de importador.

Em 1993, entrei na China pela primeira vez, acompanhado por Jaki Cohen. Ele tinha um homem de confiança em Hong Kong, um israelense chamado Johnny, um indivíduo alto e habilidoso em seu ofício. Johnny desempenhava o papel de braço direito de Cohen na Ásia, auxiliando-nos nas compras, supervisionando a qualidade da produção e, posteriormente, cuidando do despacho dos contêineres para o Brasil.

Jaki Cohen era imprescindível para obter crédito e ingressar na China, mas era necessário pagar uma comissão considerável pelos serviços prestados por Johnny, correspondente a cerca de vinte por cento do valor total das mercadorias. Era um ônus considerável (porém necessário) para iniciar minha empreitada no Oriente.

Em seguida, Hugo Rinaldi encarregava-se de garantir a entrada dos contêineres que chegavam ao Porto de Santos. As importações tornaram-se legais, mas, na prática, apenas o sistema de corrupção se modificou. Por exemplo, eu declarava que um contêiner continha apenas dez mil dólares em chaveiros, quando, na verdade, gastava cem mil em relógios. Naquela época não havia radares, e os fiscais aceitavam propinas sem o menor pudor.

Era tudo uma questão de acertos, um esquema bem engendrado dentro de uma das instituições mais corruptas que já tive o desprazer de conhecer em toda a minha vida: o Porto de Santos. Embora hoje existam mais mecanismos de fiscalização, como modernos scanners e radares de alta precisão, arrisco dizer que a situação permanece inalterada. É uma verdadeira festa para os fiscais encherem os bolsos, extorquindo aqueles que se aventuram na zona portuária. Quem não se arrisca não consegue avançar por muito tempo. Cedo ou tarde, os empreendedores ingênuos encontram sua própria ruína diante da avalanche de taxas e impostos.

Gastos com intermediários que abrem portas e orientam, exigindo uma porcentagem, gastos com despachantes que conseguem realizar verdadeiros milagres, gastos para saciar o apetite insaciável dos fiscais da alfândega... Tudo isso fez parte, sempre, do sucesso que consegui alcançar. Vi muitos comerciantes teimosos, acreditando que não precisavam de ninguém para lhes mostrar o caminho ou cuidar da burocracia. Quantos aventureiros não acreditavam que prosperariam ao viajar para a China! A maioria colidiu com a realidade e sofreu prejuízos dos quais jamais se recuperaram. O mundo dos negócios não é feito para os arrogantes.

Por meio de meu amigo Jaki Cohen e Johnny, seu associado, adentrei a China e fui levado a diversas fábricas. Lembro-me de passarmos o dia inteiro em um carro, percorrendo a imensidão das terras chinesas. Costumávamos levar até cinco intérpretes conosco, cada um especializado em um dialeto chinês distinto. Naquela época, nem todos os chineses falavam mandarim. Ao chegarmos a cidades remotas, na fronteira chinesa com Hong Kong, os habitantes saíam às ruas para nos observar com grande curiosidade. Eles ainda não estavam acostumados com a presença de estrangeiros naquelas paragens.

No entanto, a China exigia paciência. Não era como Nova York ou o Panamá, onde era possível encontrar mercadorias prontas para entrega imediata. Além disso, as negociações se estendiam por horas a fio. Os chineses precisavam realizar inúmeros cálculos, desde os custos de produção até a entrega do produto. Quanto maior a quantidade solicitada, maiores eram as possibilidades de obter descontos no preço final.

Com o passar do tempo e adquirindo mais experiência, pude dizer "muito obrigado e até logo" para Johnny e Jaki Cohen. Naturalmente, é parte dos negócios honrar, inicialmente, aqueles que nos abriram as portas. No entanto, eu já havia pago meu tributo — a porcentagem que eles levavam por suas intermediações era exorbitante. Eu estava pronto para caminhar com minhas próprias pernas.

Consegui ter meu próprio homem de confiança em solo chinês, um hindu chamado Savalani. Era um indivíduo muito competente, acompanhando todo o processo, desde o controle de qualidade até a obtenção de cartas de crédito. Obviamente, ele também recebia sua comissão, porém em um valor muito menor do que Johnny e Jaki Cohen custavam.

Também houve uma situação complicada em uma de minhas últimas viagens de negócios com Jaki Cohen. Recordo-me de termos ido à cidade de Shantou, localizada na província de Cantão. Não são lembranças agradáveis. Além de Jaki, meu irmão Enrique e mais seis negociantes nos acompanhavam. Entre eles, havia um costa-riquenho acompanhado de seu filho. Era um homem obeso, apoiado em uma bengala e com uma expressão carrancuda. Esse homem nos causaria muitos problemas. Jaki tinha uma grande dívida com ele e, para quitá-la, ofereceu crédito junto aos chineses.

Em Shantou, o boato sobre a presença de excelentes compradores logo se espalhou. Logo nos encontrávamos reunidos com um fabricante, em sua empresa, quando dezenas de chineses começaram a se aglomerar na porta. Eles também queriam mostrar seus produtos. Não havia restrições ou monopólios impostos pelos fornecedores, todos tinham a oportunidade de apresentar seus itens. Estávamos em busca de compras, havia muitas coisas interessantes e boas para negócios. No entanto, cerca de cinquenta chineses se juntaram a nós e a situação rapidamente tornou-se caótica. Os fabricantes estavam determinados a nos vender seus produtos a qualquer custo.

Ficamos preocupados e, por meio do intérprete, pedimos ao dono do estabelecimento que chamasse a polícia. No entanto, ele preferiu não envolver as autoridades oficiais e, em vez disso, pediu ajuda a um representante da máfia cantonesa que tinha influência na região. Os cantoneses eram conhecidos por sua feroz determinação.

Então, o comerciante costa-riquenho emergiu para fora, erguendo sua bengala de forma hostil, soltando palavrões em espanhol contra os chineses do lado de fora. A sua postura ameaçadora provocou uma onda de fúria entre os chineses, que tentaram arrombar a porta do local para nos alcançar. Naquele momento, temi pelo pior.

No entanto, como num ato de providência, surgiu o líder local da máfia cantonesa. Apesar de sua estatura não ultrapassar um metro e quarenta, ele empunhava um porrete e impôs ordem na confusão, alinhando todos os fornecedores chineses em uma fila disciplinada. Era impressionante testemunhar o respeito que todos tinham por ele, mesmo sendo apenas um homem solitário. No entanto, tivemos que examinar cada mercadoria, uma a uma, para podermos sair dali intactos. Embora houvesse muitos itens interessantes, a preservação de nossa integridade física era o maior incentivo para realizar algumas compras. Tudo por causa desse patife costa-riquenho.

Digo isso porque, mais tarde, meu irmão Hugo também teria problemas pessoais com ele. Novamente, foi por causa de Jaki Cohen, que, para se livrar de sua dívida com o costa-riquenho, pediu ao meu irmão para conceder crédito. Por amizade a Jaki, meu irmão atendeu o pedido, mas o caloteiro nunca pagou a dívida. Isso tornou-se um grande problema na época, e meu irmão até teve que viajar para a Costa Rica para cobrá-lo. Lá, Hugo foi recebido com fúria e uma espingarda, e o sujeito considerou um ultraje o fato de meu irmão ter ido até seu país para exigir o pagamento.

Curiosamente, meu irmão acabou desenvolvendo um grande apreço pela Costa Rica. Ele se mudou para lá com sua terceira esposa, Sandra, que ele conheceu aqui no Brasil. Atualmente eles vivem no país caribenho e são membros proeminentes da comunidade evangélica Renascer em Cristo. Hugo tornou-se um comerciante local muito bem-sucedido.

Mas voltemos à China e a quão fascinante era viajar por aquelas terras. No início, foi um choque cruzar as fronteiras com Hong Kong pela primeira vez. Deparamo-nos com extrema pobreza e exploração; uma visão triste de se presenciar. Havia muita miséria, ninguém possuía nada. Em comparação, Hong Kong (que, naquela época, ainda era uma colônia inglesa) parecia um paraíso.

Levo em consideração os quarenta anos do regime de Mao Tsé-Tung. Acredito que, antes de convidar as pessoas para uma festa, é necessário organizar a própria casa. Não se pode celebrar em uma casa desarrumada. E essa é a impressão que eu tinha dos chineses na época. Desde então, a China passou por inúmeras transformações.

Em uma de minhas viagens, observei um canteiro de obras com vários prédios em construção. Após um ano, quando retornei, tudo estava concluído. Lá, eles fazem as coisas corretamente, começando com asfalto, saneamento básico e eletricidade, para, então, construir. São muito organizados, ao contrário do que se vê no Brasil, onde há construções em lugares em que o esgoto ainda não chegou.

Os chineses passaram por um longo processo de aprendizado; aprenderam a trabalhar, a não roubar e a respeitar a justiça. Raramente se vê polícia nas ruas chinesas, exceto por alguns poucos, cuidando do caótico trânsito. Você pode andar com dinheiro no bolso, usar relógios caros, ninguém te roubará. Eles têm um temor profundo do próprio governo, são implacáveis. Um chinês que passa pelo sistema penitenciário está destinado a uma vida arruinada; dificilmente sairá das prisões. São extremamente rigorosos, inclusive com a pena capital.

Dito isso, ainda há muita pobreza na China; mas eles estão avançando a passos largos rumo ao topo do mundo. Acredito que tudo começa com a educação, a base fundamental para o desenvolvimento social. A China levou décadas para alcançar o estágio em que se encontra hoje, superando os tempos de ocupação japonesa e a brutalidade do regime de Mao Tsé-Tung.

Nas minhas primeiras viagens ao território chinês, deparei-me com trabalhadores em condições deploráveis. Em uma ocasião, meu filho mais velho, Michel, foi comigo à China. Ele tinha cerca de dezoito anos na época e morava em Londres. Ele viajou da Inglaterra para me encontrar lá. Lembro-me das lágrimas escorrendo pelo seu rosto ao testemunhar as condições dos operários chineses.

Tenho mais de trinta anos de viagens de negócios para a China. No início, isso era bastante comum. No entanto, a situação é muito diferente agora, pois as fábricas chinesas precisam atender a certas exigências da comunidade internacional para realizar vendas. Isso inclui oferecer boas condições de trabalho para seus operários, com jornadas definidas e refeitórios adequados. Caso não atendam a esses requisitos internacionalmente reconhecidos, eles não estão qualificados para realizar vendas no exterior.

O mesmo ocorre em relação à integridade das negociações. Se um chinês não cumprir o acordo e o comprador denunciá-lo, ele pode até perder sua licença de exportação. Claro, é necessário acompanhar de perto todo o processo, tendo alguém de confiança para supervisionar a produção e o controle de qualidade, garantindo que tudo ocorra conforme o esperado. Esses são os mecanismos que tornam o comércio com a China muito atrativo.

Foram anos muito proveitosos, com muito sucesso. No início, ainda viajava para o Panamá ou até mesmo Nova York quando estava interessado em produtos prontos para entrega imediata. Mas, quando ia para a China, já sabia que precisava ter paciência para aguardar a produção dos produtos adquiridos. Eu costumava visitar o gigante asiático duas vezes por ano e ficar lá por quase um mês a cada viagem. Em abril, realizava compras que chegariam até o final do ano. Em outubro, contava com as compras para o primeiro trimestre do ano seguinte.

A escolha dos meses não se limitava a isso, mas também por causa de uma das feiras mais incríveis que já tive a oportunidade de conhecer em toda a minha vida. Refiro-me à Canton Fair[46], uma experiência única para qualquer pessoa com interesse em atividades comerciais. Nessa feira, é possível encontrar de tudo que circula na China. Os 35 dias de duração são divididos por temas, que mudam a cada semana: têxteis, produtos químicos, decoração, maquinários, brinquedos, presentes, entre outros.

O mundo comercial se reúne para ver as novidades dessa feira, é impressionante. Fui testemunha do crescimento da Canton Fair ao longo do tempo. Estamos falando de mais de três mil estandes e showrooms. No início era um desafio percorrer toda a feira em busca do que eu procurava. Mas, depois, aprendi a me orientar e seguir um caminho mais definido.

Eu imergia profundamente, abraçando cada oportunidade com avidez. Desde pequenos artigos de presente até bicicletas, motos e jet-skis, tudo eu importava! Fechei o acordo de 150 contêineres a cada semestre, impulsionado por meu êxito, direcionando minhas investidas para a China. Duas vezes ao ano, eu cruzava fronteiras em direção àquelas terras, assegurando meu abastecimento ao longo dos doze meses.

---

46 A Feira de Cantão ou Feira de Importação e Exportação da China é a feira comercial mais célebre da China, realizada na primavera e no outono, todos os anos, desde a primavera de 1957 em Canton (Guangzhou), Guangdong. O Pavilhão Nacional (seção de exportação) é classificado em dezesseis categorias de produtos, que são exibidos em 51 seções. Mais de 24 mil das melhores corporações comerciais chinesas participam da feira. Isso inclui empresas privadas, fábricas, instituições de pesquisa científica, empresas totalmente estrangeiras e de comércio exterior. Mas também acontecem negócios de importação, além de vários outros tipos de atividades, como cooperação e troca econômica e técnica, inspeção de mercadorias, seguros, transporte, publicidade e consultoria comercial.

Hugo Rinaldi, como sempre, auxiliava-me no Porto de Santos. A propina paga era alta, chegava a vinte, trinta mil dólares. Era imprescindível acertar as contas para que meus produtos adentrassem o solo brasileiro. No entanto, essa prática me tornava um alvo em potencial; caso deixasse de pagar subornos, certamente enfrentaria a prisão e perderia minha mercadoria. Eu conhecia bem as cartas desse jogo. Contudo, ainda assim, valia a pena trazer preciosidades chinesas até aqui. Foi um período muito próspero para a minha vida.

Yiwu[47] também se tornou um destino frequente em minhas jornadas. De lá, eu costumava trazer uma infinidade de artigos. Em Yiwu, esbarrava-se em showrooms permanentes e feiras que ocorriam ao longo do ano. Era possível encontrar excedentes de fábricas e produtos prontos para serem entregues. Todavia, nesses casos, o controle de qualidade nem sempre era rigoroso, e nem sempre eram negócios vantajosos.

Importar da China exigia esforço árduo, visitando feiras e fábricas desde cedo, embarcando em longas viagens de carro pelo país. Muitas vezes parecia uma jornada sem fim, até que algo surgia diante de mim como um tesouro reluzente. Eu chegava exausto ao hotel, completamente esgotado, mas com uma sensação de realização, por causa das negociações bem-sucedidas.

A culinária chinesa sempre foi um desafio para nós, ocidentais. No início eu levava comigo alguns petiscos e quitutes, como biscoitos, queijos e salames. Na China não havia muita opção para aqueles que não apreciavam iguarias como insetos e morcegos. Além disso, a comida era incrivelmente picante! Contudo, após a

---

[47] Yiwu é uma cidade da província de Zhejiang, com cerca 1,2 milhão de habitantes, na região leste da China. Famosa pelo seu grande mercado de *fidget toys*, é também o principal centro fabril mundial de artigos de baixo custo.

virada do milênio, as coisas começaram a mudar. Os trens de alta velocidade encurtaram as distâncias, e a culinária local passou por influências internacionais. No entanto, o tempo para relaxar e desfrutar do lazer era escasso, pois o trabalho dominava tudo.

    Entretanto, uma cidade que verdadeiramente me maravilhou foi Xangai. Que esplendor! Não é à toa que a chamam de "Paris do Oriente". Destacam-se a arquitetura charmosa e refinada, além de uma culinária formidável. Simplesmente impressionante! Pequim, por sua vez, exalava o perfume das grandes metrópoles, o epicentro do poder, na vastidão continental da China. Não me atraía tanto quanto Xangai, uma cidade de primeiro mundo. No entanto, eu sempre encontrava um jeito de visitá-la em minhas viagens à China. Que cidade encantadora!

    Antes de retornar ao Brasil, eu costumava fazer uma parada na Europa, buscando aliviar um pouco o estresse acumulado durante um mês de negócios na terra oriental. Era um momento para desfrutar de merecidas férias, encontrando-me ocasionalmente com meus irmãos ou com a minha amada Arleti. Em seguida eu regressava a São Paulo, onde retomava o trabalho e abastecia os comerciantes do centro da cidade. Era a hora de colher os frutos de cada árdua jornada no país da Grande Muralha. A China me proporcionou um sucesso profissional além do imaginado, conferindo-me renome entre os atacadistas do coração da capital paulista.

CAPÍTULO 14

O Argentino da Vinte e Cinco

"Adolfo, o argentino." Assim me chamavam na Vinte e Cinco de Março, onde meu nome ecoava pelos recantos. Um dos raros argentinos de palavra, acolhido entre os meus semelhantes como um homem de confiança, alguém com conexões valiosas. Era comigo que se faziam negócios de boa-fé, firmados no respeito mútuo e na honra inquebrantável, jamais emaranhando a vida de outrem.

Era um ambiente extraordinário, onde os comerciantes se uniam em solidariedade, tecendo laços estreitos. Nós convivíamos harmoniosamente. Contudo, não foi simples tornar-me um proeminente atacadista dessa região, ainda mais sendo estrangeiro. Atingir tal respeito revelou-se uma árdua batalha, pois os argentinos tinham péssima reputação. Éramos vistos como oportunistas, atravessando fronteiras para explorar vantagens, alheios a qualquer compromisso, mestres do calote.

Porém, eu residia em São Paulo, minha família floresceu em solo brasileiro. Quarenta anos de vida profissional na essência da capital paulista. Uma conquista rara, para poucos. Penetrar nesse polo comercial grandioso, tão acirrado, fornecendo produtos a lojas e magazines em todo o Brasil. Cheguei a ter mais de 32 representantes espalhados pelo país.

Nossa turma era excepcionalmente divertida. Entre nós, havia comerciantes de origem árabe, judaica, nordestina. Éramos os senhores desse enorme polo comercial, costumávamos nos deleitar no restaurante de Jacó, onde também jogávamos cartas. O perdedor arcava com a conta. Havia também o Monte Líbano, um restaurante árabe próximo à ladeira Porto Geral. A proprietária, Regina, era uma libanesa de beleza singular. Sua mãe, Alice, era a cozinheira habilidosa. A comida era magnífica.

Entre os comerciantes, havia figuras de grande influência. Eu desfrutava do respeito de todos eles. Amigos como a família Tuma: Romeu, renomado político paulista, e seus irmãos, Renato e Reskalla. Romeu Tuma dispensava apresentações, um personagem que transitava por todos os círculos, meu amigo desde os tempos da Polícia Federal. Quanto auxílio ele já não me prestou! Costumávamos almoçar juntos quase todas as sextas-feiras.

Reskalla, por sua vez, era um sujeito de inteligência aguçada, um historiador nato, capaz de desvelar os segredos dos povos do Oriente Médio. Um grande amigo, cuja companhia me presenteava com inúmeras narrativas. Ele presidia a União dos Lojistas da Rua 25 de Março e Adjacências, conhecida como Univinco, e representava as colônias árabes em solo brasileiro. Os diplomatas árabes que visitavam o Brasil sempre encontravam acolhida em sua morada.

Reskalla costumava organizar eventos memoráveis. Recordo-me de uma ocasião em que convidou Michel Temer, na época deputado federal, para uma celebração local. O próprio pai de Temer havia sido um comerciante de tecidos naquela região. Nossa turma foi honrada com o convite para prestigiar o evento, um almoço no restaurante de Jacó.

A grandiosidade e a solenidade permeavam aquele momento. Saboreamos a refeição, ouvimos discursos, aplaudimos, cumprimentamos e, em seguida, voltamos às nossas atividades diárias. Como esquecer a aflição estampada no rosto de Jacó?

— Mas quem pagará pelo almoço?

É claro que Reskalla deve ter quitado as despesas daquele evento em alguma outra ocasião.

Tivemos uma época de carteados, quando jogávamos pôquer entre amigos, uma distração inicialmente amistosa. No entanto, as coisas tomaram um rumo sério; gerentes e vendedores juntavam-se a nós. Muitos apostavam além de suas possibilidades, colocando na mesa o que nem sequer possuíam. Não demorou para que alguns começassem a frequentar armados esses jogos.

Outros encontravam prazer nas companhias femininas e na farra. Havia um comerciante árabe insaciável, que não conhecia descanso algum quando se entretinha com mulheres. O sujeito era uma verdadeira máquina! Anos mais tarde ele pereceu, vítima de um infarto. Não é de admirar!

Nessa época, eu já tinha outra mentalidade, era um homem dedicado à minha família. Arleti e meus filhos pagavam o preço das longas ausências ocasionadas por minhas viagens a negócios. Nem sempre pude ser um pai presente, perdendo muitas festividades e aniversários de meus filhos. No entanto, jamais permiti que lhes faltasse algo.

Conheço a zona central de São Paulo como a palma da minha mão. Nos anos 1990, vislumbrei uma oportunidade de expansão para os meus negócios. Surgiu uma chance de ouro para adquirir um ponto estratégico na esquina da Vinte e Cinco de Março com a Senador Queiroz. Naquele local, erguia-se um imponente edifício de três andares que abrigava uma agência do Banco Real. Foi o meu amigo Nelson Dibs quem me apresentou essa oportunidade: ele veio até mim para dizer que alguém havia lhe oferecido esse prédio, mas Nelson não dispunha dos recursos necessários para fechar o negócio.

Obviamente, eu também não possuía o montante necessário; estamos falando de um milhão e quinhentos mil dólares! No entanto, por intermédio do Banco Safra, consegui concretizar essa grande aquisição. O banco comprou o imóvel e o financiou para mim. Eu já conhecia a família Safra. O prédio pertencia a dois irmãos libaneses, proprietários de um estacionamento com mais de dez andares. Eles estavam envolvidos em uma disputa e, por esse motivo, decidiram se desfazer dos imóveis que possuíam em sociedade.

Foi um empreendimento ambicioso, mas, com uma taxa de juros favorável oferecida pelo Banco Safra, foi possível arriscar e pagar em sessenta meses, até quitar todo o montante. Realizei uma reforma completa em todo o edifício, abrangendo quase trezentos metros quadrados por andar, totalizando quase mil metros quadrados de área nesse lugar.

Deixei o térreo como uma loja aberta ao público, onde comercializava exclusivamente presentes. Montei o meu showroom no primeiro andar e reservei o último para ser o meu escritório. Hoje, pondero bastante se tomar a decisão de abrir uma loja ao público foi acertada.

Refletir sobre essa questão se faz necessário porque, quando comecei a vender produtos no varejo, os lojistas da região deixaram de adquirir suas mercadorias comigo. Mesmo com preços equivalentes aos deles, sentiam-se desconfortáveis. Não gostaram quando, além de fornecedor, tornei-me um concorrente, mesmo em um lugar como a Vinte e Cinco, onde há espaço para todos. Respeitei o valor que eles traziam, não agi com deslealdade. Ainda assim, não depositaram confiança em mim.

Passado algum tempo, acredito que no ano de 1998, concretizei outra aquisição de extrema importância. Já enfrentava grandes desafios logísticos, com pouco espaço para receber a avalanche de contêineres. Mais uma vez, o Banco Safra surgiu com uma oportunidade de financiamento que não poderia ser desperdiçada.

Tratava-se de um galpão localizado na rodovia Ayrton Senna, próximo à ponte Imigrante Nordestino[48]. Era um espaço de 5,5 mil metros quadrados. Mal posso dimensionar a quantidade de mercadorias que já passaram por esses domínios. Cada produto carrega consigo uma jornada, uma negociação, uma história da minha vida. Foram anos dourados que moldaram meus negócios por quase duas décadas.

Entretanto, aqui reside um grande paradoxo. Se, por um lado, a China fez parte da minha ascensão e me proporcionou o ápice da minha trajetória como comerciante, posso igualmente afirmar que foram os próprios chineses que, em certo sentido, minaram o reinado de grandes atacadistas. Muitos dos meus

---

[48] A ponte Imigrante Nordestino cruza o rio Tietê e faz a divisa entre as cidades de São Paulo e Guarulhos. Parte do sistema viário da Marginal Tietê, delimita o início da rodovia Ayrton Senna. Ela interliga a avenida Gabriela Mistral e a rua Dr. Assis Ribeiro, na Penha, em São Paulo, à avenida Guarulhos, em Ponte Grande, Guarulhos. A antiga ponte (ao nível da rua) foi demolida em 1981, e a nova (que desviava o curso do rio Tietê) foi inaugurada pelo então governador Paulo Maluf.

amigos daquela época já se foram, e aqueles que estão vivos se distanciaram dos negócios. Homens como eu, desbravadores e exploradores do promissor mercado chinês dos anos 1990, começaram a perder terreno para os próprios chineses que se estabeleceram no Brasil e passaram a administrar o comércio no centro de São Paulo.

Os chineses têm uma facilidade muito maior para importar mercadorias de seus conterrâneos, distribuí-las para outros lojistas ou até mesmo vendê-las diretamente aos consumidores. Como competir com eles? Tornou-se uma tarefa hercúlea. Tanto é verdade que os chineses estão dominando o comércio, não apenas onde eu trabalhava, mas em todo o Estado de São Paulo, assim como em todo o território brasileiro.

Outro elemento que contribuiu significativamente para a queda dos antigos comerciantes locais nesse imenso polo comercial foi a corrupção enraizada nas instituições brasileiras. Desde os fiscais até os policiais em todas as esferas, todos buscavam uma fatia maior do bolo, para evitar denúncias que resultariam em multas excessivamente onerosas. As extorsões foram tantas que até mesmo roubaram minha vontade de trabalhar.

Os chineses pagam o valor exigido. De tempos em tempos, os policiais fechavam estabelecimentos comerciais, realizavam apreensões e até mesmo prendiam contrabandistas chineses. No entanto, logo em seguida, outro chinês surgia para assumir o mesmo negócio e gerar lucros para as autoridades envolvidas e para a máfia chinesa.

É um jogo viciado. Quantas vezes, nas manhãs de sexta-feira, da janela de meu escritório, testemunhei viaturas policiais estacionando em frente aos edifícios já dominados pelos comerciantes chineses! Os policiais desciam de seus carros, adentravam os estabelecimentos e saíam com envelopes recheados de dinheiro. Lugares como a Galeria Pagé, por exemplo. Todos já sabiam antecipadamente quando haveria alguma operação para impressionar a imprensa. Um espetáculo meticulosamente ensaiado. Ah, conheço a Vinte e Cinco de Março como a palma da minha mão!

Inicialmente, tentei resistir. Enfrentei mais um sério problema com a fiscalização, desta vez sob o jugo de um tal Dr. Pinto, um delegado federal que apreendeu inúmeras mercadorias minhas para promover sua própria reputação. Tive que recorrer a um advogado renomado, um indivíduo que já havia sido membro da Polícia Federal, o Dr. César Hermann. Ele me auxiliou nesse processo.

Os honorários do César Hermann eram exorbitantes! No entanto, ele me ajudou a pôr fim às extorsões incessantes com as quais eu lidava.

— Adolfo, a partir de hoje, chega de propinas! Você não pagará mais nenhum suborno. Quando alguém tentar extorquir dinheiro de você, ligue para mim.

A partir desse momento, quando agentes da Polícia Civil ou Federal apareciam em minha loja, eu acionava o Dr. Hermann e ele resolvia a situação. Com o tempo, essas aves de rapina pararam de me atormentar. Tornamo-nos bons amigos, César Hermann e eu. Um sujeito extremamente competente, conseguiu que eu recuperasse as mercadorias perdidas, permitindo-me limpar meu nome e evitando novas extorsões. Parecia perfeito.

No entanto, existia uma inveja latente por parte de outros comerciantes, especialmente depois que inaugurei minha própria loja. Eles agiam sorrateiramente, tramando para me derrubar. Em determinado momento, fui atingido por uma multa impagável, acusado de evasão de divisas. Estamos falando de uma quantia imensurável, uma cifra tão elevada que fui obrigado a vender o meu edifício para quitá-la.

Como se pode imaginar, foram os chineses que compraram o prédio. Um casal conhecido; os mesmos que, anos antes, adquiriam mercadorias minhas para revender entre seus compatriotas. Naquela época, eles imploraram para que eu mantivesse silêncio, pois temiam a máfia chinesa. São extremamente perigosos. Para mim, não foi um problema manter o sigilo; eu tampouco desejava declarar o valor da venda.

Acredito que até hoje ninguém saiba ao certo quem são os verdadeiros donos do edifício. A máfia chinesa é um labirinto complexo. No centro de São Paulo, a maioria dos chineses veio da província de Cantão. Eles extorquem todos os seus conterrâneos instalados lá e a polícia não se intromete com eles. Aqueles que não pagam não conseguem se manter nessa região.

Eu ficava curioso ao observar os chineses em seu contexto social. Você os vê trabalhando dia e noite, incansavelmente, mas é raro, salvo algumas exceções, vê-los desfrutando do que ganham, integrados na sociedade, passeando em parques ou shoppings. Um dia, questionei o casal chinês que comprou minha loja:

— Não os vejo nos cinemas nem em restaurantes. Trabalham tanto, até mesmo nos finais de semana e feriados. Para quê, afinal?

Eles me responderam que trabalham a vida toda para acumular dinheiro e não dependerem dos filhos no futuro. Não esperam que o governo financie suas aposentadorias, então precisam trabalhar arduamente para garantir uma velhice digna, sem depender de seus rebentos. Também acabam trabalhando para alimentar a máfia e a corrupção nos órgãos de fiscalização, sem dúvida alguma.

Os chineses não dominam bem o português nem os direitos locais, evitam chamar a atenção e aceitam todos os abusos sem grandes contestações. É por essas razões que os chineses estão lá. Eles são a escolha preferida para os corruptos enriquecerem à sua custa.

No entanto, é importante ressaltar que os chineses são astutos e prosperam financeiramente. Por exemplo, o prédio que vendi para esse casal chinês se transformou em oito lojas. Com a renda dos aluguéis, estimo que eles obtenham cerca de 150 mil reais por mês. Como eu gostaria de ainda ser o dono desse edifício, ter essa renda... Infelizmente, tive que me desfazer desse local. Vendi uma verdadeira mina de ouro ao casal chinês!

Apesar do contexto apresentado, ainda considero valer muito a pena viajar à China para os negócios. Em 2005, cheguei a abrir meu próprio escritório lá. Um hindu chamado Raoul assumiu os negócios e se tornou o nosso broker, depois do falecimento de Savalani. Pobre homem; morreu jovem, vítima de um trágico ataque cardíaco fulminante.

Após 2010, viajei algumas vezes para a China com meus dois filhos mais novos, Dani e Alain. Meu filho mais velho, Michel, nunca teve afinidade com o mundo dos negócios. Mas meus caçulas estão se saindo muito bem em terras chinesas, assumindo nossas atividades após minha aposentadoria. Eles contam com minha experiência e os caminhos que tracei ao longo da vida, mas é notável sua virtude e capacidade de seguir em frente, de acordo com a mentalidade que possuem. É um começo muito promissor para os dois.

Fiz minha última viagem para o país das grandes muralhas em 2017. Um ano depois, já estava passando o bastão para Dani e Alain. Mas se há algo que ainda gostaria de fazer é continuar viajando para a China. Explorar aquelas terras em busca das melhores oportunidades, encontrar novos produtos recém-lançados no mercado chinês, negociar incansavelmente até fechar acordos para importar mercadorias com enorme potencial de venda em terras brasileiras. De bom grado, faria tudo isso novamente, sem hesitar.

Sinto-me imensamente realizado no ramo ao qual dediquei uma vida inteira, e é uma grande alegria ver meus filhos trilhando os caminhos que um dia foram abertos por mim, assim como eu dei continuidade à jornada iniciada por meu pai. O comércio está em nosso sangue, é o grande negócio. Pode proporcionar mais riqueza do que qualquer outra profissão, com maior independência. Este é o legado que estou deixando para meus filhos, os caminhos abertos para que sigam adiante.

CAPÍTULO 15

Um Homem de Família

Agora, permita-me regressar aos anos 1990 para compartilhar sobre minha vida pessoal. Sem dúvida, como mencionei anteriormente, dediquei a maior parte do meu tempo aos negócios, ao longo dessas últimas décadas. Quantas vezes, em um único ano, não viajei para Nova York, Panamá e China! Empenhar-me tão intensamente nas atividades comerciais cobrou-me mais do que tempo e dinheiro. Perdi preciosos momentos da infância e adolescência dos meus filhos, pois eu sempre tinha viagens de negócios quando eles celebravam seus aniversários.

Um dilema comum para muitos pais: nós desejamos oferecer o melhor para nossos filhos, mas isso acaba nos afastando deles. Evidentemente, busquei melhorar, como pai, desde Karina até Alain, meu caçula. Não pude ser presente com a minha primogênita devido ao conflituoso divórcio que tive com Alícia e por ter mudado de país. Michel cresceu próximo a mim, presenciou todas as brigas que tive com Cecília. Nossa separação foi um pedido do próprio garoto, para que as desavenças terminassem. Infelizmente, ele testemunhou muitas brigas intensas em nosso lar. Apesar dessas turbulências, Michel sempre foi amigável e sociável. Ele se deu muito bem com Arleti, sendo um bom irmão mais velho tanto para Dani quanto para Alain. Como filho único de Cecília, sempre foi muito mimado por sua mãe.

Um momento marcante da minha vida foi o casamento da minha filha Karina, nos meados dos anos 1990. Seu marido era Hernán, um homem bacana, fanático pelo Boca Juniors. Assistente social, envolvido em causas sociais, trabalhava em um projeto de reintegração social de jovens infratores na Argentina. Minha filha pediu ajuda para comprar um apartamento em Buenos Aires, para que o casal pudesse começar sua vida.

Felizmente, pude atender ao seu pedido, e os dois tiveram uma bela história, presenteando-me com duas lindas netas, Victória e Delfina, que tornaram-se belas mulheres. A mais velha tem 21 anos; a mais nova, dezoito. O casamento de Karina com Hernán durou mais de duas décadas, mas acabaram se separando. Tratava-se de um homem de bom coração, mas acredito que era muito tranquilo em relação à forma de levar a vida, especialmente quando comparado à minha filha.

Atualmente, Karina tem um novo marido, Daniel. Um homem formidável, já estão juntos há dois anos. O casal está construindo uma casa no campo para morar, adoram cavalos e, sempre que podem, viajam. Fico extremamente feliz por Karina, ela merece toda a felicidade que a vida pode oferecer.

Todavia, é preciso destacar as ótimas recordações que carrego do primeiro casamento dela, realizado em uma bela mansão. Toda a minha família estava presente, fui acompanhado por Arleti. Dani também estava conosco, com cerca de cinco ou seis anos. Michel, agora um jovenzinho, encontrava-se acompanhado por Cecília e seu marido, Alberto, durante o casamento. E, sem dúvida, Alícia, a mãe da noiva, também estava presente na cerimônia. Foi nesse momento que ocorreu um evento inusitado.

Enquanto eu conversava com minha esposa, fui abordado por um rapaz que perguntou por mim:

— Quem é esse tal de Adolfo? Preciso conhecê-lo.

Fiquei intrigado e me apresentei, indagando se havia algum problema. Ele sorriu e respondeu de forma bem-humorada:

— Nunca conheci um homem capaz de reunir três esposas na mesma festa! Preciso lhe cumprimentar, você é único!

Foi engraçado. Verdade seja dita, após todas as turbulências de meu primeiro e do segundo casamento, foi bom constatar que havia conseguido a paz com todas as partes envolvidas, algo certamente positivo para todos os meus filhos. Malgrado a diferença de idade e a distância, são unidos e se dão muito bem.

No início da década de 1990, adquiri este apartamento onde Arleti e eu residimos até hoje, e onde meus filhos cresceram. Na época, Dani tinha apenas oito anos e Alain ainda era um bebê. Embora já gostasse do nosso apartamento na rua Manoel da Nóbrega, a oportunidade de compra foi irrecusável.

Entre meus clientes, havia a família Goldfarb, proprietária das Lojas Marisa. Denise Goldfarb era a minha referência; eu me recordo do seu magnífico showroom na Barra Funda. Eu costumava fornecer contêineres cheios de bolsas femininas para abastecer a rede de varejo de sua empresa.

Em um determinado dia, enquanto aguardava para discutir negócios, ouvi Denise conversando ao telefone com seu irmão, Décio Goldfarb. Ela falava sobre o desejo de vender o seu apartamento e mudar-se para uma casa no Jardim Europa. A conversa, que ocorria diante de mim, despertou minha curiosidade sobre o apartamento em questão. O imóvel que eles mencionavam era exatamente o que eu ocupo até os dias atuais, aqui nos Jardins. Manifestei meu interesse no negócio e Denise me apresentou ao Décio. Após algumas conversas, fechamos o acordo. Consegui vender nosso antigo apartamento por um bom preço e, para completar o valor total da transação, forneci mercadorias aos Goldfarb até liquidar a dívida.

Trata-se de um belo apartamento, com 350 metros quadrados, ocupando um andar inteiro. Foi uma transação muito satisfatória, pois, além de fortalecer meu relacionamento com os Goldfarb, também me fez encontrar grande felicidade em nosso novo lar. Pouco tempo depois, Cecília e Alberto se mudaram para o mesmo prédio, tornando Michel nosso vizinho próximo. No entanto, ele já era um jovem de dezoito anos e logo partiu para uma temporada em Londres.

Desfrutamos intensamente do salão de festas em nosso edifício. Quantas celebrações organizamos para nossos filhos neste lugar! Sempre o decorávamos com primor, contratando palhaços e mágicos. Chegávamos a convidar dezenas de crianças para essas ocasiões. No entanto, eu acabava perdendo a maioria das festas de meus filhos. Por exemplo, o aniversário do Alain era no dia 20 de abril, exatamente durante a Canton Fair, e eu sempre estava em viagem de negócios nessa data. Até hoje ele me cobra:

— Você nunca estava presente em minhas festas.

Eu tentava compensar com presentes, é claro. Sempre trazia coisas da China para ele quando retornava, como brinquedos recém-lançados e roupas que encontrava em Hong Kong. Arleti também se esforçava para compensar minhas ausências. Após o nascimento de Alain, ela deixou completamente o trabalho para se dedicar inteiramente aos nossos filhos. Era uma mãe excepcional, sempre presente em suas vidas.

Nas férias, eu mergulhava de corpo e alma na companhia dos meus filhos. Era um momento precioso em que me entregava por inteiro, dedicando-me a eles. Vivenciamos aventuras memoráveis, e eu os levava à praia sempre que possível. Pouco tempo após o nascimento de Alain, trocamos nosso apartamento no Condomínio Jangada, em São Vicente, por uma encantadora casa de veraneio no Guarujá. O lugar era deslumbrante, e meu barco, o *Spit Fire*, repousava na orla da praia. Os garotos sempre adoraram velejar.

Dani, em especial, nutria um fascínio pelas manhãs de domingo dedicadas à Fórmula 1. Ainda um bebê, Alain não compreendia totalmente, com seus dois anos, mas acompanhava seu irmão mais velho. Levantavam-se cedo, posicionando-se diante da televisão, torcendo efusivamente por seu piloto favorito e o ídolo de toda uma nação, o lendário Ayrton Senna da Silva.

Estávamos no Guarujá naquele fatídico 1º de maio de 1994, Dia dos Trabalho. Lembro-me de estar deleitando-me sob o sol, contemplando o mar. De repente, os pequenos surgiram em prantos, correndo em minha direção. Estavam desolados com a notícia do falecimento de Ayrton Senna, que se deu em um acidente durante o grande prêmio de San Marino, em Ímola. Dani fez questão de prestar suas últimas homenagens ao ídolo comparecendo ao seu velório, organizado na Assembleia Legislativa do Estado de S. Paulo, a ALESP. Foi um episódio que causou uma comoção profunda em todo o país.

Os meninos também ficaram profundamente tristes quando o grupo Mamonas Assassinas sofreu o trágico acidente de avião na Serra da Cantareira. Dani e Alain adoravam a banda, conheciam e cantavam quase todas as suas músicas. Mais um momento de pesar que uniu a nação em luto.

Recordo-me de um cruzeiro internacional que fizemos entre os anos de 1995 e 1996. Estávamos em Miami, acompanhados pela competente Fátima, uma babá que cuidou de Alain até seus sete anos. Desde pequeno, ele sempre fora um garoto cheio de energia e travessuras. Lembro-me dele durante essa viagem, aprontando das suas em um restaurante. Ainda não havia completado quatro anos, mas subia ao palco e pegava o microfone para entoar "Mina, seus cabelo é da hora".

Essa viagem foi repleta de acontecimentos inusitados. Partimos de Miami com destino a Cozumel, no México. O início foi aterrorizante, nosso navio navegava à beira de um furacão. A embarcação balançava ferozmente! Tivemos que circundar a ilha de Cuba por dois dias até que a tempestade passasse. Meus filhos estavam apreensivos, choraram incessantemente, enquanto o navio enfrentava a ira da tormenta. Ansiavam por pisar em solo firme. Enquanto isso, aproveitei a noite para desafiar a sorte no cassino do navio e, para minha boa fortuna, ganhei cerca de sete mil dólares. Dinheiro que guardei no cofre da nossa cabine.

Finalmente, ao raiar do dia, chegamos à cidade mexicana. Desembarcamos pela manhã, por volta das 8h. Tínhamos que retornar para o embarque e seguir viagem às 17h daquele dia. A fim de tranquilizar as crianças, decidi que pegaríamos um táxi para conhecer as belas praias de Cozumel. Finalmente os meninos relaxaram um pouco e começaram a apreciar a viagem. Contudo, eu não havia considerado a diferença de fuso horário entre Miami e Cozumel. Ao retornar, nós tivemos um sério problema.

Quando chegamos ao porto, descobrimos que nosso navio já havia partido. Agoniado, busquei a ajuda de um agente de viagens, que confirmou a partida da embarcação. Podíamos avistá-la ao longe, a dois mil metros do cais onde nos encontrávamos. Sem hesitar, retirei os cento e cinquenta dólares que carregava no bolso e paguei a um mexicano para nos levar de lancha até o iate. A lancha deslizou velozmente sobre as águas em direção ao nosso navio.

No entanto, para nossa surpresa, o capitão não nos permitiu embarcar. Fomos obrigados a retornar a Cozumel, desanimados e em uma situação desfavorável, pois todos os nossos pertences permaneceram no navio. Se ao menos estivesse comigo o dinheiro que havia ganhado na noite anterior! No entanto, o que poderia ter se tornado um pesadelo transformou-se em uma das viagens mais memoráveis que já compartilhamos.

Tomamos um táxi e eu expliquei a situação ao motorista, pedindo que nos levasse ao melhor hotel de Cozumel. Ele nos conduziu ao Hotel Tropical. Lá, fiz uma ligação para um amigo em Nova York, solicitando que me enviasse algum dinheiro. Quase imediatamente, recebi um voucher no valor de cinco mil dólares. Hospedamo-nos em um quarto com cinco camas. Arleti, Fátima, os meninos e eu.

Desfrutamos intensamente, afinal estávamos no México. Praias belíssimas, de águas azuis, em que os peixes nadavam ao nosso redor quando entrávamos no mar. Era uma experiência fantástica. À noite, os adultos se deleitavam com tequila, enquanto os meninos desfrutavam de coquetéis de coco sem álcool. Naquela época, a música "Macarena" estava em alta, fazendo grande sucesso. Recordo-me de todos nós dançando ao som de Carlos Oliva y Los Sobrinos. Como meus filhos se divertiram, mesmo diante do abandono que sofremos pelo nosso navio!

No entanto, a polícia mexicana estava preocupada conosco. Talvez eles tenham conjecturado que permaneceríamos em

Cozumel. Por ser argentino, eu estava isento de visto, ao passo que, para os brasileiros, não vigorava a mesma prerrogativa. Todavia, nossa situação era incomum e desafiadora: todos nós nos encontrávamos em uma condição indesejada e clandestina, uma vez que nossos passaportes permaneceram em nossa cabine do navio.

Assim que a embarcação atracou em Miami, finalmente pudemos embarcar em um avião que nos conduziria diretamente para lá. Os policiais mexicanos, como uma sombra atenta, escoltaram-nos até o aeroporto. Contudo, mal havíamos desembarcado em solo estadunidense e representantes da companhia marítima do nosso cruzeiro vieram em nosso encontro, trazendo consigo todos os nossos pertences. Entre eles, destacava-se o dinheiro que eu havia ganhado no cassino, guardado no cofre. Acompanhando tais objetos, trouxeram-me também um termo a ser assinado, afirmando que tudo estava em ordem e em regularidade.

Nesse ínterim, um dominicano emergiu do nada, dizendo que estava no mesmo navio. Ele testemunhou o que havia se passado conosco e se autodenominava advogado, afirmando ser capaz de nos representar legalmente, pois não deveríamos ter sido deixados para trás e impedidos de embarcar.

— Meta-lhes um processo!— aconselhou-me o advogado dominicano. E eu, seguindo seus conselhos, abstive-me de assinar qualquer documento, optando por iniciar uma ação judicial.

Aproveitamos a estadia em Miami antes de retornarmos ao Brasil, e recordo-me vividamente de Alain cantando "Pelados em Santos" em um restaurante da cidade. Foi uma viagem memorável para todos nós. Pouco tempo depois, já em terras brasileiras, recebi um voucher da mesma companhia marítima. Eles propuseram a escolha de uma nova viagem, a bordo de um de seus navios, com todas as despesas pagas. Tudo o que pediam em troca era que desistíssemos do processo e chegássemos a um acordo. Por fim, acabei aceitando a proposta e embarcamos em outras tantas jornadas marítimas ao longo de nossas vidas. Contudo, aquela viagem ficou gravada em nossa memória como algo inesquecível.

Diferentemente de Alain, Dani sempre foi um espírito sério, desde a infância. Lembro-me de uma ocasião, durante a Copa do Mundo de 1994, quando partimos de São Paulo rumo ao Guarujá. Eu estava ansioso para chegar antes das 16h, momento em que o jogo teria início. Confesso que eu estava acelerando com força quando fomos abordados por um policial na estrada.

No carro estavam Arleti, os garotos e eu. O guarda aproximou-se e indagou se eu tinha ciência de que estava dirigindo a 140 quilômetros por hora. Tentei me explicar, mencionando a urgência em razão do jogo. O guarda solicitou meus documentos e eu os entreguei, juntamente com algum suborno, é claro. Após conferir os documentos, o guarda guardou o dinheiro e nos desejou uma boa viagem. Dani ficou revoltado:

— Pai, você estava a 140 por hora! Você sabe que não é permitido conduzir nessa velocidade! O que você fez? Subornou o policial? Como pode ser tão irresponsável? Você não está levando em conta a segurança da nossa família com esse tipo de comportamento.

Pode-se acreditar? Recebi uma lição monumental de meu filho. Naquela época, ele não compreendia como o policial aceitara o dinheiro e nos liberara sem aplicar qualquer multa. Mas assim são as coisas, e hoje ele já é um homem que conhece o funcionamento do mundo. Contudo, ele continua sendo uma pessoa séria, com um profundo senso de responsabilidade.

Dani e Alain gostam de futebol, são torcedores fervorosos do São Paulo. No entanto, ao contrário de mim, que costumava frequentar estádios em Buenos Aires quando era jovem, eles nunca se sentiram atraídos pela experiência de vivenciar as partidas ao vivo. Talvez essa aversão tenha sido moldada por um evento desagradável que ocorreu pouco antes da Copa do Mundo de 1998, disputada na França.

A seleção brasileira enfrentou a equipe colombiana em um jogo amistoso no próprio Morumbi. Naquele dia, levei todos, Arleti, os garotos e até mesmo Fátima, a babá. Foi uma partida desanimadora, com um desempenho medíocre do time. Recordo-me que a torcida não poupou críticas. Houve vaias e xingamentos, como é de praxe nos estádios de futebol. Sempre há aqueles que insultam os jogadores, outros que os defendem, brigas e tudo mais.

Ao término do jogo, saímos do Morumbi e nos dirigimos ao local onde havíamos estacionado nosso carro. Naquela época, eu possuía um Picasso. Após entrarmos no veículo e eu começar a manobrá-lo para sair, surgiu o "flanelinha" responsável pelos automóveis, vociferando e alegando que eu havia colidido com o carro atrás de nós. Ele gesticulava furiosamente e gritava:

— Você vai ter que pagar por isso.

Observei o carro atrás de nós e não havia qualquer dano. O sujeito estava tentando nos extorquir. Simplesmente respondi que o carro não lhe pertencia e pedi para nos deixar em paz. Foi então que ele, munido de um tijolo, ameaçou jogá-lo em minha direção. E eu, dentro do carro com minha esposa e filhos, apenas desejava retornar ao conforto do nosso lar! Sem dúvida, essa experiência marcou profundamente meus filhos de maneira negativa, e é por isso que eles preferem acompanhar o Tricolor por meio das transmissões televisivas.

Nos derradeiros anos da década de 1990, Dani e Alain ainda eram jovens, em contraste com Michel, já um homem feito. Meu primogênito sempre foi tomado pela indecisão sobre qual rumo dar à sua vida, uma encruzilhada que perdura até os dias atuais. Aos dezoito anos, ele embarcou para uma temporada em Londres, com o intuito de aprimorar seu domínio do inglês, língua que ele fala com maestria, assim como o espanhol. À época, julguei fundamental auxiliar meu filho a se aprofundar no conhecimento da língua inglesa. Todos os meus filhos tiveram essa oportunidade. Michel estudou durante dois anos em Cambridge.

Após seu retorno da Inglaterra, percebi que meu filho havia mudado um tanto. Antes de partir para Londres, ele namorava uma bela jovem chamada Andreia. No entanto, ao me chamar para uma conversa franca, Michel revelou uma grande surpresa: ele se reconhecia como homossexual. Confesso que, inicialmente, isso foi um choque para mim. Contudo, eu o aceito e o amo da mesma forma que amo todos os meus filhos. Michel tem um coração generoso, sendo querido por todos aqueles que o conhecem. Aonde quer que eu vá, sou parabenizado pelo filho que tenho. Sua personalidade carismática atrai uma infinidade de amizades.

Ele sempre se identificou com o trabalho noturno. Primeiramente, foi sócio de um bar, o The Sailor, situado na movimentada Faria Lima. Permaneceu ali por cerca de cinco anos. Posteriormente, aventurou-se como sócio dos bares Sagrado e Consagrado, no elegante bairro do Itaim Bibi. No entanto, essa empreitada não prosperou, por divergências entre os sócios. Como é possível cinco pessoas partilharem do mesmo prato?

Michel encontrou satisfação em atuar no ramo de eventos. Ele organizou inúmeras festividades no Jockey Club. Embora apreciasse a vida boêmia, pouco a pouco meu filho foi se cansando da agitação noturna. Ele percebeu que esse estilo de vida não lhe acrescentava nada de significativo. Atualmente, ele está em união com um baiano chamado Júnior. Ambos decidiram se mudar para Serrinha, um município situado a uma hora de Salvador, no final de 2022. Michel almeja abrir um restaurante japonês nessa cidade. Faço o possível para ajudá-lo em sua empreitada, pois anseio sinceramente que ele encontre o seu verdadeiro caminho.

CAPÍTULO 16

Pânico em São Paulo

Em 1998, vivenciei uma das experiências mais aterrorizantes de minha existência. Infelizmente, uma situação que muitos paulistanos já tiveram que confrontar: o sequestro. Uma ocorrência horripilante que me aprisionou durante horas, enquanto eu rogava aos céus pela preservação da minha vida, ansiando por retornar aos acolhedores braços de minha família.

Era apenas mais um dia aparentemente comum, passado em companhia de um amigo, um dos meus melhores clientes. Por volta das 17h, encaminhei-me para deixá-lo no apart-hotel onde estava hospedado, situado no encontro entre as alamedas Casablanca e Santos, a uma quadra da avenida Paulista.

A rua fervilhava com o fim de tarde, e, incapaz de encontrar uma vaga disponível, vi-me obrigado a estacionar meu veículo em um local proibido. A parada seria breve, tendo eu acionado o pisca-alerta do carro antes de acompanhá-lo até a portaria. Questão de segundos.

Quando retornei ao lado do veículo, eis que dois indivíduos emergiram repentinamente do nada, empurrando-me para o interior do automóvel. Rendi-me, em plena luz do dia, à mercê desses desconhecidos. Um deles assumiu o volante, enquanto o outro, portando uma arma, acomodou-se no banco traseiro. Demonstravam apreensão, como se estivessem em fuga desde antes de me encontrarem, lançando-me, por infelicidade, em seu caminho.

O sujeito ao volante ostentava a postura típica de um policial. Seu corte de cabelo remetia ao estilo militar, e recordo-me de sua calça jeans da marca Forum e da camisa que trajava. Uma figura imponente, ele parecia extremamente à vontade ocupando o assento do meu carro. Provavelmente um sequestrador veterano, ao contrário de seu comparsa, que, apesar da arma em punho, transmitia inexperiência. Era um indivíduo de aspecto desprezível, exalando um odor repulsivo e exibindo uma dentição precária, embora aparentasse ser mais jovem que seu parceiro.

Fui tomado pelo pavor. Quando percebi, já estávamos na Marginal Pinheiros, rumo à Castelo Branco. Ao alcançarmos a fronteira entre São Paulo e Osasco, o criminoso mais experiente deteve o veículo no acostamento e ordenou que eu esvaziasse meus bolsos. Eu portava cerca de novecentos reais, uma quantia significativa naquela época. Além desse montante, eu trazia comigo um cartão bancário, embora raramente o utilizasse. Não era costumeiro carregar cartões de banco, tampouco sacar dinheiro em caixas eletrônicos.

Após a apropriação de meu dinheiro e do cartão, o criminoso passou a me interrogar, indagando sobre minha ocupação e local de residência, entre outros aspectos. Tentei apresentar-me como funcionário de uma loja de confecção no bairro do Bom Retiro e informei-lhes meu endereço, mas eles não faziam ideia da localização. Aparentemente esses malfeitores não eram oriundos de São Paulo. Por ser estrangeiro, eles presumiam que eu guardasse dólares na minha casa.

Em seguida, eles abriram o meu porta-malas. O criminoso mais habilidoso passou a me intimidar, ameaçando-me com veemência.

— Se houver algo comprometedor aqui, vou te matar.

Esse indivíduo era violento, suas ameaças eram constantes. Logo após revistarem o compartimento de bagagem, indagaram-me sobre o valor do veículo, um Astra, estimado em 40 mil reais. Então, afirmaram que tal quantia era insignificante, representando apenas a propina necessária para "trabalharem" tranquilos, sem a interferência da polícia.

Após essa parada, os bandidos seguiram rumo a Osasco, onde pararam em um supermercado, na tentativa de realizar compras utilizando meu cartão. Contudo, não obtiveram êxito, pois eu não conseguia recordar a senha. Isso gerou grande nervosismo nos criminosos, que começaram a proferir ameaças de morte. Eu estava cada vez mais atemorizado.

Os malfeitores me amordaçaram e vendaram meus olhos. Em seguida, fui confinado ao porta-malas do veículo. Ao menos aquele compartimento revelou-se espaçoso o suficiente para que eu pudesse respirar. Já não era possível conceber qual trajeto seguíamos. Pude apenas notar, pelo trepidar do carro, que, após algum tempo, nós adentramos uma estrada de terra.

Finalmente, os criminosos detiveram o veículo e abriram o porta-malas. Encontrávamo-nos em um cativeiro improvisado, uma minúscula habitação, com um velho colchonete no chão. O bandido ordenou-me que me deitasse, afirmando que estavam prestes a me assassinar. Um medo avassalador se apossou de mim. Enquanto esse facínora procurava, a todo custo, incutir-me pavor, seu cúmplice insistia que estava apenas buscando o "leitinho de seus filhos". Eu sentia uma mescla de temor e indignação, mas não podia manifestar qualquer reação. Em uma situação como aquela, manter a calma era praticamente impossível.

Os malfeitores exigiram que eu lhes fornecesse detalhes mais precisos sobre o meu endereço. Dólares e joias eram o que buscavam. Receoso de expor a minha família ao capricho desses criminosos, recusei-me a responder.

— Você vai bancar o difícil? Não vai dizer, argentino? Então, meta uma bala na cabeça dele.

Eu acreditava que, a qualquer momento, o sujeito armado seguiria as ordens do comparsa. Perdi completamente o controle sobre meu corpo. Urinei-me e, impulsionado pelo desespero, até mesmo defequei. Tive de implorar pela minha vida. Ansiava retornar ao aconchego de meu lar. Os bandidos voltaram a me amordaçar e me deixaram sozinho naquele cativeiro.

Eles saíam e retornavam, poucas palavras trocavam comigo. Percebi a passagem do tempo e o início da madrugada pelo cântico dos galos ao meu redor. Enfim, após essas idas e vindas dos dois criminosos, decidiram, por fim, dialogar comigo mais uma vez.

— Gringo, essa é a situação: a paciência acabou. Ou você nos revela o paradeiro de sua casa, ou então a gente te mata agora mesmo. É tua última chance.

Eu chorava copiosamente, suplicando para não morrer. Tentei enganá-los, dizendo que não seria uma boa ideia irmos até o meu edifício. A guarita era blindada e autoridades residiam no local, o que garantia um alto nível de segurança ao redor. Eram apenas mentiras, uma tentativa desesperada de ganhar tempo. De fato, a guarita era protegida, mas para resguardar os porteiros, que poderiam se refugiar ali dentro. Isso não impedia ações criminosas do lado de fora.

No entanto, minhas tentativas de dissuadi-los foram em vão; os bandidos pareciam destemidos em relação ao que eu descrevia. Estavam dispostos a arriscar, tornando-se cada vez mais agressivos. Tive medo, fui forçado a fornecer meu endereço. Minha esposa costumava adormecer cedo, não era incomum eu chegar a casa mais tarde, após passar a noite com amigos e clientes. Por isso, ela não havia percebido que eu já demorava além do esperado. Provavelmente ela já havia se entregado ao sono.

Eram por volta das 5h quando fui novamente conduzido ao porta-malas e os bandidos dirigiram-se ao prédio onde residia. Do bagageiro, eu não compreendia o que estava acontecendo. Apenas percebi que os bandidos tentaram entrar na garagem com o veículo, mas, por algum motivo, o porteiro não abriu o portão para eles. Pude apenas ouvir os gritos de "Deu ruim, deu ruim" e o carro em marcha à ré, afastando-se em alta velocidade.

Após a fuga, os bandidos ficaram enfurecidos comigo. Devido ao fracasso de seu plano, gritavam que eu iria morrer. O nível de tensão era insuportável, eu só ansiava pelo desfecho daquela situação. Não compreendia o motivo pelo qual o porteiro havia negado a entrada do veículo. A manhã clareava quando fui retirado do porta-malas. Estávamos próximos ao Shopping Eldorado, as ruas ainda desertas. Após ser solto do compartimento, os bandidos ordenaram que eu me deitasse no chão, proibindo-me de olhar para trás, sob ameaça de ser alvejado.

Por longos cinco minutos, que pareciam uma eternidade, permaneci deitado, tremendo de medo. Depois de um silêncio angustiante, fui girando lentamente o pescoço para vislumbrar o que se desenrolava. Então, percebi que estava sozinho e que os bandidos haviam fugido. Desesperado, pus-me de pé e corri pela rua em busca de ajuda. Até que me deparei com meu carro, cerca de cem metros adiante do local onde os bandidos me deixaram. Para minha surpresa, a chave ainda estava na ignição! Certamente havia um terceiro criminoso nos seguindo com seu próprio veículo, pronto para levá-los embora.

Dirigi-me diretamente para casa, tremendo muito e completamente sujo. Sentia um imenso alívio por ter escapado daquela situação com vida. Assim que adentrei o apartamento, encontrei Arleti e a abracei, derramando-me em lágrimas. Considerei-me um homem de sorte por, mais uma vez, estar junto de minha esposa e filhos.

Além dos novecentos reais, os bandidos também levaram meu relógio, uma pulseira e uma corrente, todas peças de ouro. Eu tremia como uma folha de papel; esse estado persistiu por quase uma semana. Minha esposa chamou um médico para me examinar em casa e, posteriormente, consultei um psicanalista. Optei por não registrar queixa ou procurar a polícia. Não acreditava que algo pudesse ser feito.

Eu poderia facilmente reconhecer os sujeitos, pois eles não se preocuparam em ocultar seus rostos. Apenas me vendaram para impedir que eu descobrisse o caminho até o cativeiro. Contudo, a suspeita de que o criminoso mais experiente fosse, de fato, um policial não saía da minha cabeça.

Um dia após o sequestro, descobri o motivo pelo qual os bandidos não conseguiram entrar no prédio. O motor do portão estava quebrado! Quando os criminosos se aproximaram, o porteiro saiu da guarita para abri-lo manualmente. Essa inesperada ação deixou os bandidos assustados, fazendo-os pensar que o funcionário havia notado algo errado.

— Seu Adolfo, eu não entendi nada! Fui abrir o portão para o senhor entrar e, de repente, o senhor simplesmente deu marcha à ré e foi embora! — disse o porteiro, confuso.

Fui extremamente sortudo! Minha família permaneceu em segurança. Sem dúvida, foi um dos momentos mais aterrorizantes que já vivenciei. Levei meses para me recuperar do trauma, permanecendo em estado de choque durante todo esse tempo.

Logo após a ocasião, decidi comprar uma pistola calibre .40. Adquiri-a de um contrabandista paraguaio, uma arma automática, sem registro e com a numeração raspada. Inicialmente, senti-me mais seguro. No entanto, fui submetido a uma prova de fogo.

O meu sócio Alberto Calabrese adorava dirigir como um louco; tinha o pé pesado. Certo dia, estacionamos nossos carros em uma garagem, localizada no topo de um edifício próximo ao nosso escritório, na Vinte e Cinco de Março. Após o expediente, saímos juntos para o estacionamento. Como de costume, Alberto partiu na frente, acelerando de forma imprudente.

Ao entrar na rua, ele fechou um táxi que estava passando. O motorista buzinou e Alberto o insultou, como se estivesse com a razão. Em seguida, o taxista revidou, bloqueando o carro de Alberto e apontando uma arma para sua cabeça. Tudo parecia se desenrolar em questão de segundos, e eu estava logo atrás, testemunhando o ocorrido.

Eu costumava carregar a pistola no carro, acreditando que isso poderia evitar um novo sequestro. O primeiro pensamento que me ocorreu foi sacar a arma para defender Alberto. No entanto, qual seria a minha ação? Iniciar um tiroteio e talvez matar o taxista?

Preferi descer do veículo e tentar apaziguar os ânimos. Com extrema calma, coloquei a mão sobre seu ombro. Ele se virou assustado, parecia estar fora de si. Perguntei:

— Senhor, você vai matar esse homem?

Alberto estava pálido de medo e o taxista tremia. Mas ele me ouviu, e isso pareceu ser suficiente para que recuperasse a lucidez.

— Desculpe, eu estava muito irritado. Ele me fechou e ainda me ofendeu — disse ele, enquanto eu pedia desculpas em nome de Alberto.

— Perdoa ele, vá para casa, deixa isso pra lá.

O taxista foi embora e nós pudemos retornar ao nosso prédio, sãos e salvos.

Ainda bem que não agi precipitadamente. Percebi o perigo de portar uma arma em situações como essa, pois não desejava tirar a vida de ninguém. Após esse episódio, decidi nunca mais possuir uma arma. Pouco tempo depois, joguei-a no rio e nunca mais andei armado.

CAPÍTULO 17

Hugo e Haydé

Passados cerca de três meses do sequestro, eu ainda me encontrava profundamente abalado. Na esperança de recuperar a serenidade e reunir meus pensamentos, decidi aceitar o convite de casamento de um antigo amigo, que se casaria em Israel. Tratava-se do Chacon, um israelense radicado em Nova York. Ele era um comerciante com quem eu costumava fazer negócios durante minhas viagens aos Estados Unidos. Nossa amizade havia se fortalecido ao longo dos anos e ele fazia questão de ter minha presença em sua cerimônia nupcial.

Como era de origem israelense, assim como sua noiva, Chacon optou por celebrar seu casamento em Tel Aviv. A princípio hesitei em aceitar o convite, pois não sabia se encontraria algum problema em Israel. Desde minha fuga na década de 1960, eu nunca mais havia retornado ao país. Foi necessário investigar se havia algum processo pendente contra mim. Por meio do consulado, embaixada e amigos, obtive a informação tranquilizadora de que não havia motivos para preocupação.

Assim, embarquei para Israel na companhia de minha esposa. Apesar das garantias de que não enfrentaríamos problemas, senti uma apreensão passageira após desembarcar. Os militares que atuavam no aeroporto eram rígidos e um tanto hostis. Interrogaram-nos minuciosamente sobre os motivos da viagem, a duração da estadia e outros detalhes. Tais atitudes eram típicas de soldados de um país constantemente em alerta devido às possibilidades de conflito.

Arleti e eu fomos questionados sobre nossa relação. Eu disse que Arleti era minha esposa, mas quando perguntaram se éramos casados, respondi que não. Os militares chegaram a indagar:

— Mas como você afirma que ela é sua esposa?

Expliquei a situação, esclarecendo que Arleti era a mãe de meus filhos e que compartilhávamos uma união havia mais de quinze anos. Ainda assim, eles insistiam, argumentando que ela não poderia ser minha esposa, uma vez que não éramos oficialmente casados. Após esse breve desconforto, fomos liberados para entrar em Israel sem maiores problemas. No entanto, esse episódio reforçou em nós a ideia de que, um dia, oficializaríamos nossa união, para que jamais questionassem nossa condição de marido e mulher.

Hospedamo-nos no luxuoso Hotel Hilton em Tel Aviv, desfrutando de uma vista deslumbrante para o mar. Naquela época, a orla da praia estava passando por reformas. Hoje em dia, a orla de Tel Aviv estende-se por mais de 5 quilômetros, com pistas de corrida e ciclovias, uma visão impressionante que encanta os turistas.

Fomos calorosamente recebidos por meu amigo e sua família. A cerimônia de casamento foi magnífica, repleta de cuidado e dedicação. Lembro-me de ter conversado sobre isso com o chefe do noivo, a quem também conhecia de minhas viagens de negócios, um bilionário judeu de origem libanesa, também radicado na capital nova-iorquina. Todos nós estávamos felizes por Chacon, um sujeito muito estimado.

Após a conclusão das núpcias, restavam-nos preciosos dez dias em Israel. Embora o tempo fosse escasso, eu ansiava por explorar cada oportunidade que se apresentasse. Era a primeira vez, após três décadas, que eu regressava à terra que outrora visitei, jovem e repleto de ideais, ainda muito inexperiente. Agora, tinha a honra de guiar a minha amada pelos caminhos da Terra Prometida.

Decidi empreender uma visita a um velho amigo dos tempos de juventude, Júlio Bueno. Já aposentado, ele não mais desempenhava a função de guarda no palácio da Knesset. No entanto, Júlio mantinha contato com outros guardas ainda em serviço, o que nos proporcionou a oportunidade de adentrar o palácio em um momento fora do expediente e das visitações habituais.

Assim, tivemos o privilégio de admirar de perto os assentos dos ministros, eu até mesmo pude me sentar na cadeira de um deles! O reencontro com meu antigo amigo Júlio foi um deleite, após tanto tempo transcorrido. Infelizmente, não pudemos prolongar nossa estadia em Jerusalém, pois tínhamos compromissos a cumprir em Tel Aviv, algo de suma importância.

Dois sobrinhos meus, os filhos mais velhos de minha irmã Haydé, residiam em Israel naquele momento. Os jovens haviam partido para essa terra distante em virtude do descontentamento com o divórcio de minha irmã e seu marido, pois discordavam veementemente da separação. Haydé enfrentava tempos conturbados e desafiadores.

Haydé sempre fora uma mulher à frente de seu tempo. Desde tenra idade, trabalhava incansavelmente, lançando-se no mundo dos negócios aos quatorze anos. Sua vivacidade e agilidade eram inigualáveis, e lembro-me vividamente de vê-la caminhando pelas ruas; o som de seus passos reverberando no solo, sua maneira carismática de cumprimentar a todos. Era impressionante, Haydé era amplamente conhecida e admirada.

Ainda jovem, minha irmã casou-se com Hector, um homem de pouca cultura e modos rudes. Sem exagero, pode-se dizer que Haydé o moldou. Ela o sustentava e o "carregava nas costas". Foi com ela que meu cunhado aprendeu a comer adequadamente, a se portar com elegância e a adotar bons modos. Ele desfrutava do melhor que a vida poderia oferecer, sem contribuir de forma relevante.

Hector passou a vestir-se com as roupas mais refinadas e a frequentar os lugares mais luxuosos. Antes disso, mal sabia articular palavras. Com o tempo, ele se sentia elevado, como se fosse uma estrela de cinema. Além de Diego e Jonathan, tiveram uma filha, Jordana, tão sagaz quanto sua mãe, dotada de uma astúcia impressionante. Apesar de ser a caçula, é ela quem lidera os assuntos familiares até os dias de hoje.

Deslumbrado, Hector começou a perseguir qualquer mulher que cruzasse seu caminho. Um belo dia, minha irmã o flagrou em um ato de traição. Haydé não tolerou o que viu e, cansada de carregar o fardo de Hector, solicitou o divórcio.

Foi um período extremamente difícil. Hector não aceitou o pedido de separação e tentou intimidá-la, passando a persegui-la incessantemente. Trouxe consigo uma série de problemas. Hector chegou ao ponto de comparecer ao local de trabalho de Haydé apenas para constrangê-la. Naquela época, ela era sócia de nosso irmão caçula e administrava um armazém de produtos importados. Em muitas ocasiões, minha irmã viajou ao Panamá com Hugo.

Para pôr um fim ao tormento provocado por Hector, Haydé procurou uma delegacia de polícia e registrou uma queixa formal. Ao relatar a situação aos policiais, minha irmã cativou a simpatia de um deles, Fabián. O policial encantou-se por Haydé e passou a cortejá-la. Era um homem admirável, que trouxe muita felicidade à vida dela. Não demorou para que os dois se entregassem a um romance, o que desagradou os meus sobrinhos. Diego e Jonathan decidiram se afastar e partiram para Israel.

Haydé era uma mulher notável. Uma mãe exemplar, sempre presente na vida de seus filhos. Naturalmente, ficou magoada com o afastamento dos rapazes. Portanto, aproveitei a estadia em Israel para me aproximar deles e proporcionar-lhes um pouco de tranquilidade. Meus sobrinhos são músicos talentosos. Diego, o mais velho, toca violoncelo e é apaixonado pelo flamenco clássico. É casado com uma professora de cerâmica. Quanto a Jonathan, ele adora cantar e tocar guitarra. Meu sobrinho já desenvolveu um projeto fascinante em Buenos Aires, chamado Club Silencio.

Jonathan alcançou relativo sucesso com a sua ideia singular, baseada em receber uma pequena plateia de olhos vendados e transportá-la para uma experiência sensitiva. Coordenando sons de ondas, florestas e até mesmo de um avião em apuros, ele criava um ambiente sugestivo no qual a plateia, privada da visão, imergia e se entregava. Era como se estivessem velejando, trilhando caminhos ou até mesmo caindo de um avião. Inusitado e fascinante.

Os habitantes de Buenos Aires logo preencheram seis meses de agenda para vivenciar o Club Silencio, já que cada exibição comportava apenas trinta pessoas. No entanto, com o sucesso, veio um obstáculo inesperado. A Receita Federal da Argentina aplicou uma multa exorbitante a Jonathan, alegando que ele não possuía autorização para realizar tais eventos no espaço em questão. A multa era tão avassaladora que Jonathan simplesmente desistiu do projeto. Meu sobrinho era um *loco lindo*. Sua vida consistia em cantar, tocar e pedalar de uma cidade para outra, independentemente das circunstâncias.

Quanto a Jordana, minha sobrinha, ela se tornou uma maquiadora profissional capaz de realizar transformações inacreditáveis. Sua habilidade era tão notável que agora trabalha em uma emissora de televisão em Paris, onde reside com seu marido português, Ivo. Juntos, tiveram uma filha, cuja semelhança com minha irmã quando criança é impressionante.

Mas voltemos a Israel e ao período de dez dias após o casamento de Chacon. Lá, tive a oportunidade de reencontrar meus sobrinhos, que ficaram muito felizes ao verem um rosto familiar. Acompanharam-nos em almoços, jantares e passeios. Procurei conversar com eles para suavizar suas emoções e ajudá-los a aceitar, com mais maturidade, as escolhas que Haydé fazia para sua vida.

No entanto, depois de seu processo de separação, Haydé enfrentaria dificuldades ainda maiores, justo quando tudo parecia caminhar para o rumo certo. Apesar do sucesso profissional que ela e meu irmão haviam conquistado, Hugo não estava bem com sua esposa. Rapidamente, os negócios começaram a desmoronar.

Hugo tinha seu jeito peculiar, não fazia por mal. Às vezes ele agia impulsivamente, sem considerar as consequências de suas ações e como elas afetavam os demais. Era um tanto inconsequente, típico de um irmão caçula.

Quando voltei da Europa, no final dos anos 1960, Hugo ainda era jovem, mas já se destacava no ramo de confecções, sendo dono de um negócio próspero em Buenos Aires. Era habilidoso nos negócios, assim como Haydé. Com o passar do tempo, Hugo se estabeleceu como proprietário da maior e mais luxuosa empresa de confecção da Argentina, chamada Afrodita.

Era impressionante ver a quantidade de modelistas que trabalhavam para ele naquela época. Suas peças eram vendidas em todo o país. Ele mal havia completado vinte anos quando começou a empreender. No início, Hugo trabalhava com Mário, um velho amigo de minha infância, que possuía grande talento para os negócios. Meu irmão aprendeu muito ao lado dele. Depois, seguiu em frente sozinho e se consolidou ainda mais no ramo.

Hugo era casado com Bárbara e tinham dois filhos, Hernán e Damián, meus sobrinhos. Minha cunhada era uma mulher belíssima e possuía grande cultura. Costumavam viajar juntos pelo mundo. No entanto, Bárbara era um tanto fascinada pelo glamour, sempre enfurnada em lojas e salões de beleza.

Hugo nunca deixou de proporcionar o melhor para os meninos, mas tanto ele como Bárbara os negligenciavam. Os garotos passavam muito tempo sozinhos enquanto os pais viajavam, e a mãe de Bárbara, com pouca eficácia, tentava cuidar deles. Com o tempo, os dois tornaram-se adolescentes rebeldes, começaram a fumar cedo e sempre se metiam em confusões. Não havia ninguém capaz de trazer um pouco de ordem à vida de meus sobrinhos.

Damián e Hernán tinham tudo, mas pouco se importavam. Bárbara e Hugo não conseguiram transmitir o amor que sentiam pelos filhos, pois passavam muito pouco tempo com eles. Eu sei como é difícil conciliar as demandas de uma vida profissional agitada com a vida em família. Eu mesmo me culpo por ter me ausentado do lar em muitas ocasiões. Assim como Hugo, priorizei o trabalho para proporcionar uma boa vida aos meus filhos. Depois, percebi que era necessário equilibrar as coisas, ter presença ao lado deles. Um equilíbrio que nem Hugo nem Bárbara conseguiram encontrar.

Veja, porém, como o ser humano age quando perde a lucidez em virtude de uma paixão avassaladora. Apesar do distanciamento de seus filhos, Hugo parecia estar bem ao lado de Bárbara. Sua carreira era repleta de êxito, e ele também prosperava em seu negócio de importação com nossa irmã Haydé. No entanto, tudo mudou quando ele conheceu Patrícia, uma mulher provinciana que havia se mudado para Buenos Aires e trabalhava como atendente em uma das lojas de meu irmão. Foi por causa dela que Hugo perdeu a razão.

Tomado por uma paixão fulminante, Hugo sabotou seu próprio empreendimento, algo grandioso que ele havia conquistado com muita dedicação. É lamentável narrar tal cena. Meu irmão contratou ladrões para roubar seu próprio estoque, alegando aos credores que não possuía mais dinheiro nem mercadorias devido ao roubo.

Naquela época, Hugo possuía um apartamento invejável na avenida Libertadores, valendo uma fortuna. Contudo, ele se desfez de tudo sem hesitar, deixando sua ex-esposa e filhos com um pequeno apartamento, algum dinheiro e nada mais. Bárbara chegou a acreditar que o ex-marido estava falido, mas essa não era a realidade. O que meu irmão planejava era sua vinda para o Brasil, acompanhado de Patrícia.

É difícil compreender como alguém pode arruinar sua próspera empresa dessa maneira por causa de uma mulher. Além disso, ele também deixou o armazém de produtos importados que tocava em sociedade com a nossa irmã em maus lençóis. Haydé teve que lidar com o fechamento da firma e com uma série de processos trabalhistas.

Havia um funcionário em especial, um gerente, que causava muitos transtornos. Ele exigia receber mais dinheiro do que realmente lhe era devido. Após a partida de Hugo para o Brasil, ele infernizou a vida de Haydé da forma como pôde. Ela ficou bastante abalada, fumava incessantemente devido ao nervosismo.

Haydé chorava e se queixava dos processos e da voracidade desse homem. Era uma sucessão de ações judiciais. Tudo isso acontecia justamente quando ela pensava ter encontrado a paz, para viver uma nova história ao lado de Fabián. Que problema Hugo deixou para nossa irmã resolver! Ela tornou-se extremamente amargurada diante dessa situação.

Não culpo Hugo, pois ele não estava em seu juízo perfeito, não agiu de propósito. Ele não mediu as consequências de suas ações em relação à nossa irmã. Porém, sei que meu irmão carrega consigo o peso desse problema; ele sabe a dimensão do fardo que deixou sobre os ombros de Haydé.

Acredito que Hugo tenha chegado ao Brasil entre 1997 e 1998, trazendo consigo não apenas Patrícia, mas também a irmã dela e seu companheiro. Ele contava com eles como braços direitos para a nova empreitada que iniciaria aqui no Brasil, onde permaneceu até meados de 2002. Fiz o possível para ajudá-los assim que chegaram. Ainda não havia me desfeito do antigo apartamento localizado na rua Manoel da Nóbrega; então, eles moraram lá por um tempo. Não demorou muito para que Hugo decolasse nos negócios em terras brasileiras. Ele chegou em um momento bastante favorável, e suas habilidades naturais trouxeram resultados positivos em um curto período.

Meu sócio, Alberto Calabrese, frequentemente reclamava do comportamento de meu irmão. Na visão dele, Hugo ultrapassava limites, chegando ao ponto de nos prejudicar, com nossos clientes, para beneficiar a si mesmo. Contudo, ele era meu irmão mais novo, e eu acreditava que havia espaço suficiente para todos.

Com Patrícia, Hugo teve duas filhas aqui no Brasil: Layla e Camila. Camila seguiu a carreira médica e atualmente faz residência em Buenos Aires. Já Layla é empresária e trabalha no comércio, assim como nós. Sempre que possível, mantenho contato com elas. Quanto aos outros filhos, não demorou muito para Hernán e Damián procurarem o pai.

O divórcio apenas piorou o relacionamento de meu irmão com os filhos. Os rapazes estavam cheios de ressentimento, acusando-o de ter deixado a mãe pobre e sozinha na Argentina. Ambos tinham mais ou menos a mesma idade de Michel, na época cerca de vinte anos.

No Brasil, Damián se envolveu com drogas pesadas e se tornou um drogadicto. Ele causava muitos problemas, chegando a ser internado algumas vezes. Já meu outro sobrinho, Hernán, era mais reservado e introspectivo. Ele encontrava uma válvula de escape no boxe, um esporte que apreciava bastante. Era um jovem bonito, porém muito retraído.

Ambos trabalhavam, de alguma forma, com o pai, mas sem comprometimento. Damián estava em uma espiral decadente, acumulando dívidas com traficantes perigosos. Todos temíamos pelo pior, esperando que, mais cedo ou mais tarde, algo trágico acontecesse com meu sobrinho.

Nos negócios, meu irmão prosperava. Em apenas cinco anos, Hugo conseguiu acumular uma fortuna quase equivalente àquela que levei cerca de vinte anos para conquistar. Era algo impressionante de testemunhar, pois meu irmão soube aproveitar o momento de ouro entre 1997 e 2002, ano em que deixou o Brasil. Ao partir, Hugo repetiu o mesmo padrão que havia mostrado na Argentina: sabotou tudo o que havia construído por causa de outra mulher.

Pouco tempo após o nascimento de Camila, sua segunda filha, Patrícia fez exames médicos e descobriu um câncer de mama. Ela se submeteu a um oncologista japonês, lembro-me claramente dele. Esse médico era um cirurgião impetuoso, que optou por uma intervenção rápida. Sem realizar uma biópsia do tumor detectado, ele prontamente removeu os seios de minha cunhada.

Foi uma ação precipitada, pois Patrícia confiou cegamente nesse médico e agiu com pressa, para evitar o pior. Ela colocou próteses mamárias, pensando que o problema estivesse resolvido. No entanto, meu irmão perdeu o interesse por sua esposa. Logo ele começou a buscar aventuras fora de casa, envolvendo-se em um caso mais sério.

Eu sabia que ele tinha uma amante, mas não conhecia sua identidade. Meu irmão não me revelava quem era, alegando que se tratava de uma mulher casada, cuja imagem ele desejava resguardar. No entanto, isso não era verdade. Ele escondia de mim porque eu conhecia a pessoa em questão. Sandra era uma mulher à espreita de um bom casamento. Ela trabalhava com agência de turismo, uma mulher experiente e astuta.

CAPÍTULO 18

O Casamento dos Sonhos

Era chegada a hora de saciar o desejo que brotara em solo sagrado de Israel. Arleti e eu ansiávamos ardentemente pelo nosso matrimônio. Decidimos que o réveillon do milênio seria a ocasião perfeita para celebrarmos a tão aguardada união. Arleti, o grande amor da minha vida. Como a amo, como admiro e respeito sua história! Devo-lhe a minha vida, foi o amor dela que me salvou.

Ela ainda era jovem quando cruzou meu caminho. Desde o início, Arleti precisou enfrentar grandes desafios. Graças a ela, não me perdi, não desmoronei diante do caos que me envolvia quando nos encontramos. Vinda de uma família humilde, jamais se deixou seduzir pelo dinheiro. Até hoje ela lamenta não trabalhar mais, afirmando que não nasceu para ser dona de casa. No entanto, creio que foi a escolha certa ela ter deixado o trabalho de lado para dedicar-se com todo o amor de mãe aos nossos filhos.

Ao longo da vida, tive momentos amorosos marcantes, mas desde que a encontrei... Senti-me, enfim, em meu verdadeiro lar, aquele que ninguém jamais poderá me arrancar. Gosto de contemplá-la enquanto dorme, meus olhos se enchem de lágrimas. Feliz é o homem que repousa nos braços de sua amada.

Recordo-me de Michel Cipriano, olhando para mim e dizendo:

— Argentino, você é um homem de muita sorte, tem uma mulher maravilhosa que te ama e te deu filhos.

Como ele estava certo, o italiano. Fui agraciado por Arleti ter cruzado meu caminho, e tudo que fiz foi retribuir, dar a ela a vida que ela tanto merecia.

Nosso casamento precisava ser digno de nossa história de amor. Por isso, escolhemos nos unir na virada do milênio. Ao tomar conhecimento de nossas intenções, Hugo aproveitou a oportunidade para se casar também com Patrícia, e ainda convidou a sua cunhada para se juntar a nós. Três casamentos na mesma festa! Arleti ficou bastante contrariada e até hoje se entristece por não ter sido uma celebração exclusivamente nossa.

Naquela época, eu não tinha dimensão das turbulências na vida de meu irmão Hugo. Ele estava apaixonado por Sandra, mas casou-se com Patrícia, de quem se divorciaria pouco tempo depois. Eu não teria concordado se soubesse melhor da situação. Não era algo sério para Hugo. Eu não deveria ter dividido um momento tão singular. Arleti e eu havíamos planejado o casamento com tanto entusiasmo; era o momento de consagrar nossa união, e escolhemos a data com muito esmero. No entanto, apesar das queixas de Arleti, não posso dizer que o brilho de nossa cerimônia tenha sido eclipsado.

Realizamos a cerimônia civil dois dias antes e organizamos uma bela celebração para o dia de nosso casamento, na virada do milênio. Escolhemos a cobertura do Hotel Casa Grande, um estabelecimento à beira-mar, o mais famoso e luxuoso do Guarujá. Era um local excepcional, ideal para essa ocasião.

    Nossos filhos já tinham treze e oito anos quando nos casamos. Lembro-me deles chorando copiosamente durante a cerimônia. Ficaram profundamente emocionados! Karina e Michel também estavam presentes, assim como toda a minha família da Argentina. Apesar das mágoas, os filhos de Hugo, Hernán e Damián, também participaram da festa, assim como meus amigos da Vinte e Cinco de Março e a turma do Condomínio Jangada. Que momento sublime!

    O serviço de buffet era espetacular. Uma orquestra de alta qualidade animou nossos trezentos convidados, desde as três da tarde até a meia-noite, quando a cerimônia se encerrou com uma deslumbrante queima de fogos na orla do Guarujá, celebrando a chegada do novo ano, do novo século, do novo milênio! Lembro-me do gerente do evento dizendo que jamais testemunhara uma cerimônia tão bela quanto a nossa.

    Após a festa, retornamos à nossa casa no Guarujá, onde continuamos a celebração, com samba, caipirinhas e muito mais. Chovia intensamente naquela noite de réveillon, a rua chegou a ficar alagada. Mas não nos importávamos; só queríamos comemorar nossa união — uma história de amor tão bela, digna de um filme de cinema. Não havia melhor forma de honrar nosso legado!

    Após esse evento memorável, um dos momentos mais emocionantes da minha vida, embarcamos juntos na empreitada de construir uma casa do zero, no Guarujá. Uma residência extremamente luxuosa, com cinco suítes. Ficamos maravilhados ao ver nossa casa de praia quando o arquiteto, que hoje se tornou meu amigo, Rogério Peres, nos ligou dizendo:

— Venham ver, está pronta.

Quantos momentos incríveis vivemos nesse lar, um refúgio para o qual vou todos os finais de semana até os dias de hoje. Desfrutamos intensamente cada momento, são vinte anos de preciosas lembranças. No entanto, tudo tem seu fim. Hoje em dia, consideramos nos desfazer desse lugar que nos trouxe tanta alegria. O Guarujá já não é mais o mesmo, tem se tornado cada vez mais violento. Além disso, a manutenção acarreta muitos gastos, e meus filhos não têm mais interesse nessa casa de praia.

Jamais poderei esquecer a cerimônia de meu matrimônio com Arleti. O século XXI começou de forma tão auspiciosa para mim, graças ao casamento consumado. Contudo, logo em seguida, eu e minha família enfrentamos perdas significativas.

CAPÍTULO 19

Luto

No alvorecer dos anos 2000, meus sobrinhos permaneceram na metrópole de São Paulo, trabalhando ao lado de seu pai, Hugo. Este possuía participação na renomada rede de lavanderias 5àSec, e os filhos cuidavam de algumas unidades. Ou, pelo menos, era o que se esperava.

Hugo tentava compensar sua ausência, e a maneira como seu casamento com Bárbara havia terminado, por meio do dinheiro. Os jovens, por sua vez, mantinham-se esquivos, frequentemente lesando o pai. Com o passar do tempo, descobriu-se que os rapazes chegaram até a adquirir casas em badaladas praias do Nordeste brasileiro. Damián comprou um terreno em Morro de São Paulo, enquanto Hernán preferiu uma casa na Praia da Pipa, no Rio Grande do Norte. Mesmo assim, eles não deixavam de enviar alguma quantia para Bárbara, que permanecia residindo em Buenos Aires.

Eu tentava auxiliar meu irmão da melhor forma possível, pois Hugo encontrava-se imerso em seu trabalho. No entanto, ele negligenciava seu próprio lar, e os rapazes aproveitavam sua ausência para descontar suas frustrações na madrasta. Comportavam-se de maneira desrespeitosa e indisciplinada. Minha cunhada chorava e sofria intensamente com essa situação. Meus sobrinhos viviam em conflito com Patrícia, o que era extremamente constrangedor. Em diversas ocasiões, eu me retirava de sua casa para evitar atritos com eles, tamanha era a falta de respeito.

Damián mergulhou cada vez mais fundo no mundo das drogas. Meu sobrinho entregou-se até mesmo ao crack. Ele se perdeu completamente; sofria constantes agressões devido a dívidas com traficantes. Recordo-me do seu corpo franzino e ferido. Houve um momento em que ele foi internado em uma clínica, e meu irmão acreditava que isso seria o suficiente. No entanto, mal saiu de lá e já voltou ao vício.

A situação se deteriorou a tal ponto que, em determinada ocasião, Damián tentou persuadir um funcionário de seu pai, um motorista de caminhão, a vender a carga e alegar que tudo havia sido roubado. Assim, eles poderiam compartilhar o dinheiro. O motorista considerou Damián completamente desprovido de juízo! Ele não se envolveria em uma situação perigosa devido aos problemas pessoais do meu sobrinho. Acabou denunciando-o ao pai.

Diante do rumo que os acontecimentos tomavam, não tardaria para que algo terrível acontecesse com meu sobrinho. Damián encontrava-se imerso em um universo sombrio, envolvendo-se com pessoas perigosas, sempre enfurnado nas comunidades para adquirir entorpecentes. Consciente do perigoso ciclo em que meu sobrinho estava inserido em terras brasileiras, fiz o possível para alertar meu irmão, buscando resgatá-lo desse abismo. O Brasil não lhe fazia bem. No entanto, o retorno de Damián ao nosso país não parecia ser uma opção favorável, uma vez que teria apenas Bárbara para ampará-lo, e ela não seria capaz de enfrentar tal desafio.

Nessa encruzilhada, Israel surgia como uma promissora trilha de recuperação. Lá, a realidade se mostrava diferenciada. Sujeitos metidos a valentões como Damián passavam por profundas transformações em solo israelense, falo por experiência própria. Sem mencionar que, em Israel, o acesso às drogas seria exponencialmente mais difícil. Naquela época, o máximo que Damián poderia encontrar seria maconha ou haxixe, por um preço altíssimo.

Hernán, por sua vez, apresentava-se de maneira distinta, sem qualquer histórico de envolvimento com substâncias entorpecentes. Era um jovem introvertido, de poucas palavras. Talvez esses sejam os mais perigosos, pois jamais podemos conceber o que se passa em suas mentes. O sofrimento de Damián era evidente, não havia dúvidas de que o jovem não gozava de plenitude. Contudo, em relação a Hernán, nada se sabia. O rapaz possuía uma aura de roqueiro, era atlético e não fumava.

Impulsionados por sua beleza e acesso fácil ao dinheiro, os dois se deleitavam nas noites paulistanas: mulheres em abundância, festas sem fim. Hernán aparentava ter um relacionamento um pouco mais sério, frequentemente avistado ao lado de uma mulher específica. Porém, pouco se podia deduzir sobre sua vida privada, um enigma a ser desvendado.

Fui surpreendido, tempos mais tarde, ao descobrir que Hernán era um possível suicida. Meu irmão Hugo nunca me havia revelado nada a esse respeito. Parecia que meu sobrinho enfrentava uma profunda depressão, recorrendo à automutilação. Chegou ao ponto de tentar tirar a própria vida. Tais revelações somente vieram à tona após uma grande tragédia.

No primeiro semestre de 2001, o telefone tocou abruptamente, lançando-me em um turbilhão de desespero. Era meu irmão Hugo, clamando por socorro. Encontrava-se em um hospital na avenida Nove de Julho, onde Hernán havia dado entrada em estado crítico devido a uma overdose, ou algo do gênero. Eu mal conseguia assimilar tal notícia, jamais imaginaria que Hernán poderia enfrentar uma situação tão desoladora. Era Damián quem costumava protagonizar tais problemas, mas ele já estava em Israel. Imediatamente, telefonei para Michel e corremos ao hospital para prestar nosso apoio.

Quando adentramos aquela unidade hospitalar, deparamo-nos com uma cena desoladora. Soubemos que Hernán havia saído com alguns amigos na noite anterior, e os rapazes relataram consumo de drogas, porém sem excessos alarmantes. Seus companheiros estavam bem, incapazes de discernir o que Hernán teria feito de diferente, exceto pela presença de uma misteriosa acompanhante carioca, desconhecida por todos, que provavelmente havia oferecido algo peculiar ao meu sobrinho.

Somente por volta das 5 horas da manhã descobriram algo errático em Hernán, quando o encontraram inerte, com espuma na boca. Recordo-me de seus amigos, tomados pelo desespero — eram pessoas conhecidas, familiares de amigos, não eram jovens de má índole. Era um pesadelo vivenciado por todos.

O médico nos atingiu com a notícia avassaladora de que meu sobrinho havia sofrido morte cerebral. Um choque abalou a todos nós. Jamais esquecerei a imagem de meu irmão, transtornado, golpeando o peito de Hernán.

— Acorda, pelo amor de Deus, acorda!

É profundamente triste testemunhar um pai perder seu filho dessa maneira.

Patrícia encontrava-se no hospital, acompanhada de Cláudia, sua irmã, chorando copiosamente, mas também por outras razões. No recinto encontrava-se Sandra, rodeada por mulheres de sua congregação, unidas em orações pela vida de meu sobrinho. No meio de sua aflição e desvario, meu irmão revelou que não havia mais nada a esconder. Hugo afirmou que Sandra era sua mulher. Assim tomamos conhecimento daquilo que existia entre eles. O hospital tornou-se um palco de tragédia digna do teatro grego.

Eu tentava silenciar meu irmão, implorando-lhe que se acalmasse e evitasse tais assuntos, mas tudo foi em vão. Momentaneamente, ele havia perdido a lucidez. Como já mencionei, eu sabia que meu irmão tinha uma amante, mas jamais suspeitaria de que Sandra fosse a mulher em questão. E, nesse momento, ela não fazia questão alguma de esconder a natureza do relacionamento. Do seu modo peculiar, oferecia o apoio que podia a Hugo.

Os dois retiraram-se para tomar café no andar superior. Patrícia encontrava-se arrasada, buscando consolo junto a sua irmã. Michel chorava copiosamente, afinal tinha praticamente a mesma idade de Hernán. Meu filho tinha uma ligação profunda com seus primos, costumava passar férias na Argentina ao lado dos filhos de Hugo.

Eu providenciei a vinda de um rabino, buscando, assim, realizar um velório e um enterro digno para o meu sobrinho. Nesse momento, Bárbara também chegou ao hospital, vinda diretamente da Argentina. Pobre mulher; estava tomada pela fúria e pela raiva. Lembro-me dela intimidando os colegas de Hernán presentes ali, buscando encontrar um culpado para aquela situação.

Os rapazes tentavam se justificar, dizendo:

— Tia, não tivemos culpa, nos perdoe. Não presenciamos nada de anormal, também usamos drogas, mas nada aconteceu conosco.

Apenas mencionaram aquela moça carioca. Era uma situação desoladora. E então, para nossa surpresa, Bárbara nos revelou que Hernán desejava ser cremado e que suas cinzas seriam lançadas no mar Morto. Questionei-a sobre isso, pois nunca havia ouvido falar de algo semelhante. Hernán era tão jovem, como poderia ter cogitado a própria morte? Além disso, ele não era marinheiro, para que suas cinzas fossem dispersadas no mar.

Mas, como mencionei anteriormente, eu não tinha conhecimento de suas tendências autodestrutivas; tampouco sabia que ele já havia tentado tirar a própria vida. Talvez Hernán tivesse discutido sobre essas questões com Bárbara.

Insisti para que realizássemos uma cerimônia tradicional e enterrássemos meu sobrinho em um cemitério judaico, permitindo-nos visitá-lo. No entanto, meus apelos foram em vão. Bárbara era a mãe, e sua vontade prevaleceria. Eu não podia fazer nada, e ela decidiu como desejava, para espanto do rabino. Em nossas tradições, a cremação do corpo é proibida.

Deixei o hospital acompanhado por Michel, com o objetivo de providenciar um caixão. Meu irmão estava em um estado incapacitante para tomar qualquer providência; ele permanecia ao lado de Sandra. Talvez devido às mágoas que carregava em relação à Patrícia e ao fim de seu casamento com Hugo, não demorou para que Bárbara simpatizasse com Sandra ali mesmo, naquele momento.

Eu sentia pena de Patrícia, uma mulher ingênua e de alma simples. Que situação ela enfrentava naquele instante, testemunhando a morte do enteado e vendo o marido perder completamente a razão, declarando-se para sua amante diante de todos.

O velório foi realizado no Crematório da Vila Alpina, onde o corpo de Hernán foi cremado. Lembro-me desse evento; enquanto o fogo consumia o corpo de meu sobrinho, reduzindo-o a cinzas, a melodia da Ave Maria, interpretada por Andrea Bocelli, ecoava no ambiente. Foi um dia extremamente triste para todos nós.

Pouco tempo se passou e meu irmão abraçou o relacionamento com Sandra, deixando seu segundo casamento para trás. Acompanhados por Bárbara, os três embarcaram juntos rumo a Israel, levando consigo as cinzas de meu sobrinho Hernán para serem lançadas nas águas do mar Morto. Também visitaram Damián, que estava profundamente abalado pela morte de seu irmão. Após essa perda inestimável, ele se transformou em um novo ser. Infelizmente, foi preciso vivenciar o pior para que ele alterasse seu próprio destino. Nunca mais quis saber de drogas.

Meu irmão Hugo, devastado pela perda de seu filho e influenciado por sua nova esposa, decidiu, mais uma vez, abandonar seus negócios no Brasil. Deixou Patrícia e suas duas filhas em um belo apartamento na alameda Jaú, além de uma casa no Guarujá. Recordo-me que ele também possuía uma magnífica residência em um condomínio em Alphaville, que vendeu por uma fortuna antes de partir.

Influenciados pelos membros da Igreja Renascer, Sandra e Hugo optaram por se mudar para Boston, nos Estados Unidos. Meu irmão levou consigo uma quantia considerável de dinheiro. Eles empreenderam no comércio voltado para os brasileiros da região, já que Boston é conhecida como uma das maiores colônias brasileiras no exterior.

Pouco tempo depois, Damián se juntou a eles e acabou conhecendo uma francesa que estava estudando em Boston — Rosali, uma mulher extraordinária. Eles se casaram e agora residem em Biarritz, na França. Meu sobrinho tornou-se um homem notável, tenho imenso orgulho dele. Recentemente, Damián também enfrentou a perda de Bárbara, sua mãe.

Após a morte de Hernán, Hugo tentou ajudá-la. Ela veio para o Brasil e tentou abrir um restaurante em Porto de Galinhas, mas sem muito sucesso. Faliu em apenas seis meses. Em seguida, mudou-se para a casa de Hernán, na praia de Pipa, onde passou o restante de sua vida, até falecer, em 2019.

Recordo-me de a namorada de Hernán ter aparecido no hospital naquele fatídico dia. Ela permaneceu por pouco tempo, provavelmente constrangida, pois não conhecia ninguém ali. Pouco depois, ela deu à luz um menino. No entanto, nunca nos procurou para nos dizer se Hernán era o pai da criança. Damián, que a acompanha nas redes sociais, não tem dúvidas de que se trata da filha de seu falecido irmão. Ele afirma que a menina se assemelha muito a Hernán.

Quanto a Hugo, ele enfrentou muitas adversidades em Boston. Meu irmão perdeu muito dinheiro com comerciantes ligados à igreja. Influenciado pela Renascer, ele concedia crédito aos pastores que possuíam estabelecimentos comerciais nos Estados Unidos. No entanto, tudo o que recebeu em troca foram golpes e calotes. Particularmente, não tenho afinidade com essa cidade. O verão lá é breve e o inverno extremamente rigoroso, do tipo que o mantém enclausurado em casa.

Hugo nunca havia passado por situações tão difíceis em sua vida como comerciante. Vendo-se em apuros, ele buscou o comerciante costa-riquenho mencionado anteriormente, na esperança de recuperar algum dinheiro. Não obteve muito êxito, mas acabou desenvolvendo um carinho pela Costa Rica e se mudou para lá com Sandra. No país caribenho, Hugo conseguiu se reerguer e tornou-se novamente um comerciante bem-sucedido. Ele e a nova esposa tiveram minha sobrinha caçula, Sarah, que hoje canta no coral da igreja evangélica que frequentam assiduamente. São próximos do casal que lidera a igreja Renascer em Cristo.

Após essa grande tragédia, ainda enfrentaríamos outra perda dolorosa para toda a família. Como mencionei anteriormente, ao deixar a Argentina, Hugo deixou um grande problema nas mãos de minha irmã. Esse tal Barujá, o antigo gerente da importadora de meus irmãos, movia inúmeras ações trabalhistas contra seus antigos patrões. Barujá, um indivíduo insolente, já havia causado prejuízos significativos a meus irmãos quando ainda trabalhava na importadora. Era um homem extremamente ganancioso e sem escrúpulos, e Haydé teve que enfrentá-lo sozinha.

Hugo não agiu de má-fé, foi sem pensar. No entanto, a situação tornou-se um grande tormento para minha irmã, especialmente em um período de reconstrução de sua vida ao lado de Fabián, seu novo companheiro. No início de 2002, Karina e minha mãe disseram-me para ir a Buenos Aires visitar Haydé, pois ela não estava nada bem. Contaram-me que minha irmã estava debilitada, havia perdido muito peso e tossia incessantemente. Visitei-a quando ela estava passando por uma biópsia, retirando um fragmento de seu pulmão. Infelizmente, foi constatada a presença de um câncer maligno, agressivo e em estágio avançado.

Minha irmã definhava rapidamente, em um breve intervalo de tempo. A quimioterapia não trouxe alívio algum. Em meados de outubro, ela foi conduzida ao hospital e nunca mais voltou. Fabián, seu devotado companheiro, estava ao seu lado dia e noite, um homem muito nobre. Não havia dúvidas sobre o profundo amor que nutria por minha irmã, e ela, por sua vez, amava-o igualmente. Nas últimas horas de sua vida, quando sua existência pendia em um fio, Haydé confortou Fabián com palavras tranquilizadoras, assegurando-lhe que não o deixaria desamparado após sua partida.

Jordana, fiel companheira de sua mãe, também não se afastava um único minuto. Eu liguei para meus sobrinhos Diego e

Jonathan, pedindo-lhes que regressassem à Argentina e estivessem ao lado de sua mãe durante seus últimos dias. Ao falecer, Haydé deixou para trás um considerável patrimônio, amparando, assim, Fabián e meus sobrinhos de forma significativa.

Perder minha irmã foi uma experiência dolorosa, deixando minha mãe desolada. Haydé ainda era jovem, com apenas 53 anos. Se meu pai estivesse vivo, certamente teria sofrido imensamente com a perda de sua filha. Recordo-me da profunda união que existia entre eles, envoltos em um amor incondicional. Desde a infância, Enrique e eu a chamávamos de "pequena sargenta". Seu espírito sempre transbordou autoridade, estabelecendo ordem em tudo à sua volta, enquanto nós éramos seus leais súditos. Haydé era uma mulher íntegra e benevolente. Que privilégio tive em ser seu irmão!

A dor de perder um ente querido é indescritível. No entanto, jamais poderia imaginar que alguém ousaria desrespeitar nosso momento de luto íntimo. A morte de Haydé foi marcada pela infâmia. Jordana, ainda jovem e arrasada pela perda, assumiu a responsabilidade de organizar a cerimônia fúnebre e o enterro no cemitério judaico ortodoxo de Buenos Aires.

Lembro-me vividamente do desespero que a consumia quando me procurou, entre lágrimas, para relatar a reprimenda do rabino, informando que o ritual não seria realizado conforme o esperado.

— Como você não nos avisou sobre a sua mãe? Ela é uma pecadora, largou do marido para morar com um gói[49].

Haydé, como uma mulher divorciada que vivia com outro homem, católico, foi julgada pelo rabinato como uma pecadora.

---

[49] Gói, entre os judeus, é o indivíduo (ou povo) que não tem origem judaica.

Como resultado, foi designado um local para o seu enterro, reservado àqueles que partiam em pecado, separados dos demais. Essa decisão nos chocou profundamente. Eu não conseguia compreender como tiveram a audácia de manchar a memória de minha irmã dessa forma, como infligiram tal crueldade à minha mãe, que precisou sepultar a filha nessas condições. Nossa indignação era avassaladora.

Naquele momento, eu ainda não tinha noção do que estava por vir. Não compreendia por que aquele rabino se dirigia com tal tom àquela jovem garota que estava ali para enterrar a mãe. Eu aguardava os ritos fúnebres judaicos, nos quais o corpo é retirado de seu sudário para ser purificado antes do sepultamento, as orações e todo o cerimonial adequado.

Contudo, nada disso ocorreu. Um verdadeiro absurdo! Dois religiosos ortodoxos levaram o caixão de minha irmã até o "paredão dos pecadores". Esses homens que carregavam o caixão foram tão afobados que nossa família precisou se apressar para acompanhá-los. Um ato ultrajante. Ao chegarmos ao local designado, esses indivíduos simplesmente despejaram o caixão na cova e o enterraram, sem qualquer cerimônia, tratando minha irmã como se fosse um mero animal!

Aquilo nos feriu profundamente, foi uma crueldade indescritível para todos os presentes. Esses rabinos profanaram o funeral de minha irmã. Tomado pela raiva, comecei a gritar com esses religiosos, revoltado pela maneira como o enterro estava sendo conduzido. Sinto uma tristeza imensa ao lembrar da postura de meu tio Sion, marido de minha tia Margarita. Ele levou sua família embora, envergonhado pelo "escândalo que eu provocava dentro do cemitério", segundo suas palavras. "Não vamos nos submeter a essa situação."

Na época, o seu filho Elias fazia parte da AMIA[50] e, portanto, queriam evitar constrangimentos. Fiquei muito decepcionado, mas também não me esqueço de tudo que eles fizeram pela minha mãe após a morte do meu pai. No entanto, não me restam dúvidas de que o único escândalo naquele fatídico dia foi a maneira desonrosa como sepultaram minha irmã. Pobre de minha mãe, testemunhar sua filha ter um funeral tão desprovido de flores e preces. Nada. Nem mesmo um cão é enterrado dessa forma.

Desprovidos de qualquer vestígio de empatia, os responsáveis pelo cemitério insistiam em dizer que não haviam solicitado que Haydé fosse enterrada ali. Chegaram até a questionar por que não a levamos ao Cemitério da Paz, um local judaico menos rígido do que aquele em questão. Minha sobrinha, encarregada do enterro, ainda era uma jovem menina. Ela não poderia conceber tamanha insensibilidade por parte daqueles que a trataram com desdém no dia do sepultamento de sua mãe!

Havia um indivíduo na comitiva cerimonial, um colega de Hugo chamado Yemal. Também criado em Once, era um tipo de colega invejoso. Ele se incomodava com o fato de Hugo ser um jovem comerciante de renome, vestir-se com as melhores roupas e namorar as mulheres mais belas de Buenos Aires. Yemal era corroído pela inveja. Um ressentido! Foi ele quem levou o divórcio de minha irmã ao conhecimento do rabinato. Certamente o fez de maneira tendenciosa, assim como os religiosos interpretaram com muita má vontade. Foi um verdadeiro espetáculo de horror; uma tremenda falta de sensibilidade para com nosso luto e a memória de Haydé.

---

[50] A Associação Mutual Israelita Argentina (AMIA) é um centro da comunidade judaica, localizado em Buenos Aires. Sua principal missão é promover o bem-estar e o crescimento do espírito judaico na Argentina. Em 18 de julho de 1994, a associação sofreu um ataque terrorista, no qual 85 pessoas morreram e mais de trezentas ficaram feridas.

Após o funeral, dirigimo-nos à casa de minha mãe, o mesmo lar onde eu havia crescido. Uma sensação de tristeza e injustiça nos envolvia. Foi então que o telefone da residência tocou e minha mãe atendeu. Era o ex-marido de minha irmã, desejando apresentar suas condolências.

— Hector, seu desgraçado! Você é o responsável pela morte de minha filha, você a traiu após tudo o que ela fez por você e a perseguiu, infernizou sua vida. Como você tem coragem de me ligar? — Minha mãe não poupou palavras, estava profundamente revoltada.

Pouco tempo depois dessa ligação, recebemos a visita de Fabián, acompanhado de seus pais. Pessoas humildes, descendentes de argentinos nativos. As rugas no rosto do sogro de minha irmã eram marcas de um trabalhador rural. Eram homens muito bons, Fabián e seu pai. Enquanto minha mãe estava viva, ela costumava visitar o túmulo de sua filha. Sempre nos contava que alguém deixava flores em seu sepulcro. Certamente era Fabián.

No dia seguinte ao enterro, fui reclamar com os responsáveis do cemitério judaico. Exigi a presença daqueles que ordenaram o enterro de minha irmã na área dos pecadores. No entanto, ninguém assumiu a responsabilidade, limitando-se a dizer que eram as regras da tradição judaica e que não haviam solicitado que levássemos minha irmã para ser enterrada ali.

Quando mencionei minha intenção de exumar o corpo para levá-la a outro cemitério, o rabinato afirmou que isso só seria possível se eu a levasse para Israel, onde ela poderia ter o enterro desejado. Mas isso estava fora de cogitação; não poderíamos afastá-la de minha mãe. Foi uma grande angústia que enfrentamos, algo inaceitável. Minha irmã era uma mulher extraordinária, cheia de vida, ainda tinha muitos anos pela frente; poderia ter desfrutado muito mais ao lado de seu novo marido.

Ninguém esperava pelos problemas que ela enfrentou, as questões deixadas em aberto por meu irmão Hugo. Ele sabe que agiu de forma equivocada ao deixar todo esse fardo nas mãos de Haydé. É importante frisar que ele continuou enviando dinheiro para saldar as dívidas do processo. O problema foi o aborrecimento, a reputação arranhada, uma situação que poderia ter sido evitada. Tenho certeza de que meu irmão não agiu por malícia, apenas agiu sem pensar.

CAPÍTULO 20

Jerusalém de Ouro

A maneira como aqueles religiosos sepultaram minha irmã foi uma desilusão profunda. Haydé, em toda a sua valentia e retidão de caráter, sempre foi vítima da negligência de seu marido, Hector. Fabián, um verdadeiro anjo que cruzou seu caminho, trouxe-lhe o amor que tanto merecia. Fui tomado por um profundo desgosto em relação à minha religião.

Senti a necessidade de reconciliar-me com minhas raízes para encontrar a paz interior. Assim, no final de 2002, o mesmo ano em que sepultei minha irmã, embarquei em uma jornada para Israel, acompanhado por minha esposa, Arleti, e meu filho Michel. Assim que chegamos, Michel já passou por um susto. Meu filho mais velho tem a pele morena, que permitiria confundi-lo com um árabe. Tal fato chamou a atenção dos militares no Aeroporto de Tel Aviv. Durante a triagem, ele foi separado e submetido a uma série de perguntas sobre o propósito de sua viagem, seus acompanhantes e suas reais intenções ali. Como mencionei antes, Israel vive em constante expectativa do pior.

Michel ficou assustado e pediu minha intervenção. Tive que acalmá-lo e instruí-lo a falar em inglês com os militares. Era preciso compreender a rigidez do exército israelense, que vive em constante alerta diante das ameaças. Há sempre o risco de um terrorista armado cometer um ataque. É uma situação aparentemente inescapável. Muitos palestinos são israelenses que residem dentro do próprio país. Quando alguém decide realizar um ato terrorista dentro das fronteiras de Israel, o Estado age com mão de ferro.

Os militares israelenses visitam as casas dos familiares dos terroristas e os expulsam para a Faixa de Gaza. Escavadeiras são utilizadas para demolir as residências e todos são forçados a partir. Pouco importa se eles não possuem qualquer envolvimento com grupos extremistas. Ainda assim, a cada dia há um novo ataque, um novo atentado. Estamos distantes da paz.

Após os militares israelenses cumprirem seu dever, finalmente pudemos entrar no país sem maiores problemas. De Tel Aviv, seguimos para Jerusalém, onde enfrentamos um frio implacável. O inverno já havia chegado a Israel, e a Terra Santa, devido à sua elevada altitude, tornava-se extremamente gelada nessa época do ano. Além do frio, fomos recepcionados por uma chuva incessante no dia de nossa chegada.

Havíamos feito reservas no Hotel King David para nos hospedarmos. Já era noite quando fizemos o check-in. Tudo o que eu desejava era descansar um pouco e me adaptar ao clima, pois era uma mudança brusca de temperatura, partindo do verão brasileiro. No entanto, Michel estava ansioso para visitar o Muro das Lamentações. Ele havia prometido ao seu avô, pai de Cecília, que iria visitar esse lugar sagrado para nosso povo, onde poderia orar por ele.

Acabei sucumbindo à insistência do meu filho e liguei para Ricardo Salem, alguém que nos receberia e guiaria durante nossa estadia em Israel. Ricardo era o irmão mais velho de Eduardo Salem, um amigo dos tempos do Clube Oriente. Sua família foi uma das primeiras a deixar a Argentina e se estabelecer na Terra Santa, no final dos anos 1980. Não era como a minha situação, jovens indo viver em um kibutz para construir o país. Eles eram uma família abastada, pioneiros nesse grande movimento migratório observado entre os judeus argentinos que se mudaram para Israel no final do século passado.

No início da minha ligação, Ricardo mostrou-se um tanto hesitante em nos levar ao Muro das Lamentações. Ele mencionou os riscos envolvidos, pois não fazia muito tempo que Ariel Sharon havia provocado os palestinos ao pisar nas terras da Cisjordânia, dando início a uma intifada. No entanto, para sorte do meu filho, Ricardo acabou mudando de ideia e foi extremamente solícito, apesar do horário tardio. Ele concordou em nos levar ao local desejado. Toda a família era encantadora, tanto Ricardo quanto seus irmãos, Eduardo e Salvador.

Ricardo nos buscou no Hotel King David para nos levar a Jerusalém Oriental, a parte que abriga o Muro das Lamentações. Durante o dia, o lugar é tomado por uma multidão de pessoas de todos os cantos do mundo. Há inúmeras lojas vendendo artigos religiosos, estrelas de Davi, candelabros e uma infinidade de lembranças relacionadas à Terra Santa. Judeus, árabes e cristãos comerciam lado a lado.

No entanto, chegamos tarde da noite e não havia praticamente ninguém ao redor. Ainda assim, o local estava aberto para visitação. O Muro nunca fecha. Apenas dois soldados estavam de guarda naquele momento. Eles nos abordaram para fazer a revista de segurança e nos permitiram entrar. Após atravessarmos o acesso, deparamo-nos com uma longa escadaria de quase um quilômetro. Parecia um animado mercado persa, com degraus estreitos, cada um deles abrigando uma pequena loja. Devido ao horário tardio, as lojas já haviam fechado. Além disso, o frio era intenso e a chuva não dava trégua. Os toldos protetores não eram suficientes para conter a água que caía de todos os lados.

Após percorrermos a longa escadaria, finalmente chegamos ao Muro. Três quartos do espaço eram destinados aos homens, enquanto uma porção menor era reservada às mulheres. Não era permitida a mistura dos sexos ali. Infelizmente, Arleti, minha esposa, ficou sozinha, já que não havia mais nenhuma outra mulher visitando o local naquela noite. Do outro lado, havia apenas outros dois homens e um idoso, além de nós.

Michel aproximou-se do Muro das Lamentações para fazer suas preces e colocar seu pedido entre as pedras, enquanto eu o observava ao lado de Ricardo, protegidos por um guarda-chuva. Todos os dias, milhares de orações são depositados ali. A fé move multidões que se dirigem ao local para fazer os pedidos mais difíceis de serem atendidos.

Eu pude ouvir o homem idoso rogando pela vida de seu neto. À frente do muro, as pessoas choravam e se emocionavam, uma cena de grande impacto. O poder da fé era impressionante, e quem era eu para duvidar de coisas tão além da nossa compreensão. Meu filho nunca havia rezado antes. Desde o seu Bar Mitzvah, ele havia se distanciado de nossas raízes. Mas, naquele momento, ele tinha a oportunidade de expressar sua espiritualidade, e não havia lugar mais apropriado para isso do que onde estávamos. Eu estava cansado e com muito frio, mas, ao mesmo tempo, sentia uma profunda emoção ao testemunhar meu filho vivenciando tal experiência.

    Enquanto observava Michel, repentinamente notei um homem rechonchudo emergindo de um local que parecia ser uma espécie de porão sob o muro. Ele aparentava ter cerca de 25 anos, um jovem rabino com trajes ortodoxos e a quipá na cabeça. Ele olhou para meu filho e, depois, para mim, alternadamente. E assim continuou, até caminhar em minha direção e abordar-me em hebraico:

    — Eu conheço você.

    Naquele momento, questionei-me sobre a origem daquela figura que surgira diante de mim. Como alguém poderia reconhecer-me ali, naquele lugar e àquela hora? Contudo, o rapaz insistia em sua narrativa, e não tive escolha senão perguntar-lhe de onde me conhecia. Foi então que ele respondeu que era da Argentina.

    — Impossível! — exclamei, intrigado.

    Pedi-lhe que se identificasse.

    — Sou filho de Rafael, vizinho do segundo andar onde sua mãe, a Senhora Sofía, residia. Há algum tempo vim para Israel para estudar a Torá — disse ele.

    Lembrei-me de Rafael. Ele era amigo de meu irmão Enrique, um religioso moderado que apreciava jogos, cavalos e cassinos. Ah, como ele amava o tango! De fato, ele morava no segundo andar de nosso prédio em Buenos Aires. Rafael era uma pessoa amigável, um sujeito muito agradável. Mas como seu filho acabou ali? Como ele emergiu daquele abismo e me reconheceu? Eu estava inquieto com essa surpresa inesperada.

    — Rafael, o seu vizinho da calle Larrea.

Qual era a probabilidade de encontrar um antigo vizinho à meia-noite, no frio de Jerusalém, diante do Muro das Lamentações? A vida é cheia de mistérios. Vagas lembranças dele surgiram em minha mente, da época em que eu era criança, nas visitas à casa de minha mãe.

O filho de Rafael solicitou a bênção para o meu filho. Chamei Michel e expliquei-lhe a situação, mas levou um tempo para ele acreditar e compreender o que estava acontecendo. Em seguida, o jovem rabino colocou os tefilins em Michel, fez algumas preces e nos convidou para entrar no local de onde havia emergido.

Não pude recusar. Parecia uma experiência mágica. Infelizmente, Arleti ficou do lado de fora, sem entender o que se passava. Ricardo também não compreendia o que ocorria naquela ocasião. Ele me perguntava se eu tinha alguma noção da presença daquele jovem ali, ao que eu apenas respondia:

— Como eu poderia saber? Claro que não.

O filho de Rafael desejava nos mostrar onde, de fato, se encontrava o verdadeiro Muro das Lamentações. O lugar de onde ele emergira era uma espécie de gruta. Lá dentro, um templo acolhia pessoas de todo o mundo, jovens e até mesmo crianças, dedicados ao estudo da Torá, da Cabala e de outros textos judaicos. Havia inúmeras inscrições em aramaico ainda não decifradas.

Os estudantes religiosos que ali se encontravam dedicavam suas vidas à expansão do conhecimento judaico. Além dos estudos, eles recebiam peregrinos judeus, rezavam e buscavam se aproximar daqueles que não praticavam nossa fé. Nessa gruta, situada cerca de sete metros abaixo da terra, encontrava-se o verdadeiro Muro das Lamentações. O que era visível para todos não passava de uma construção destinada ao turismo. Anos mais tarde, quando retornei a Israel, em minha última viagem, no ano de 2018, pude testemunhar a incrível transformação que ocorreu naquele local. A caverna havia se tornado um templo espetacular, inteiramente construído em pedra, algo verdadeiramente impressionante.

Meu filho Michel ficou extremamente feliz com as preces proferidas pelo filho de Rafael. Essa viagem foi muito significativa para conectá-lo às nossas raízes judaicas. Assim como todo muçulmano anseia visitar Meca pelo menos uma vez na vida, e como os católicos sonham em peregrinar pelos caminhos de Santiago de Compostela, é de extrema importância para um judeu conhecer Israel e vivenciar a experiência do Muro das Lamentações.

Esse é o legado que mais prezo transmitir aos meus filhos: uma fé inabalável nas forças da vida. Acredito ter cumprido grande parte de minha missão aqui na Terra, embora ainda pretenda concluir o que me resta. A família é o principal na vida, nada supera isso. Obviamente, há desentendimentos e problemas em todos os lares, não sou ingênuo. No entanto, é a família que deve prevalecer no final.

Sou um homem de três casamentos, com filhos de três mulheres distintas, mas isso não importa. Meu coração transborda de alegria ao ver meus filhos sempre unidos, apesar das diferenças de idade e da distância. Há uma forte união entre Karina, Michel, Dani e Alain, assim como sempre fomos eu, Enrique, Hugo e Haydé (que minha irmã descanse em paz). Extremamente unidos. Jamais permitiríamos que nossos laços se quebrassem, mesmo que a vida tenha nos apresentado desafios e problemas. Aprendemos essa lição com meu pai e seus irmãos. Nunca permitiremos que o mesmo aconteça conosco.

Fiquei profundamente emocionado e grato pela gentileza de Ricardo e do filho do antigo vizinho de minha mãe. Até hoje, recordo-me do sorriso acolhedor e genuíno daquele jovem. Permanecemos nesse local por aproximadamente uma hora, até nos reunirmos novamente com Arleti para, enfim, descansar em nosso hotel.

No dia seguinte, fomos convidados por Ricardo a conhecer a venerável Tumba do Rei David. Ele veio nos buscar em seu modesto Fiat, e a oportunidade me encheu de alegria. Durante minha estada em Israel, não tive muitas chances de explorar a parte oriental de Jerusalém, uma vez que, até 1976, ela ainda estava sob domínio árabe. No entanto, tive a oportunidade de visitar a Tumba do Rei David em minha juventude, acompanhado por Katha.

Ricardo, proveniente de uma família árabe, dominava com maestria o idioma local. Era uma figura muito conhecida em Jerusalém, movendo-se com tranquilidade entre judeus, árabes e católicos. Eu sentia-me seguro em sua presença, pois naquele tempo a hostilidade entre palestinos era significativa. Era necessário ter cautela ao explorar a parte oriental da cidade.

Aproveitamos a ocasião para visitar o Santo Sepulcro, um lugar imbuído de uma energia densa que se fazia sentir até mesmo pelo olfato. Minha esposa e eu sentimos essa densidade, algo opressivo, que impregnava a atmosfera. Tamanha era a sua intensidade que minha esposa chegou a queimar as roupas assim que voltamos para casa, como se elas tivessem sido impregnadas pelo mesmo aroma.

Jerusalém é uma terra carregada de história e peso, um local frequentado por muitos enfermos que buscam alívio para seus males, principalmente aqueles que afetam o espírito. Multidões acorrem em busca de cura pela fé. É algo belo, sobrenatural e pesado, tudo ao mesmo tempo. Eu me senti acolhido por essa energia, mas não posso dizer o mesmo de Arleti.

Minha amada esposa chegou a passar mal durante a visita ao Santo Sepulcro. Atordoada, ela se apoiou no lugar onde Cristo fora velado, sem qualquer intenção nefasta ou desrespeitosa. Ela simplesmente sentiu um repentino desconforto. No entanto, os sacerdotes católicos não compreenderam o estado dela e não manifestaram a menor tolerância. Um deles a sacudiu com raiva enquanto vociferava. Eu estava completamente confuso; foi preciso que Ricardo traduzisse aquele alvoroço para nós. Eles falavam de sacrilégio e desrespeito, acusavam Arleti de ter se sentado sobre um lugar sagrado. Imagine, só, é evidente que Arleti não teve a menor intenção de cometer qualquer deslize, suas pernas simplesmente a traíram!

Deixamos aquele lugar contrariados, buscamos refúgio em um café árabe para beber um pouco de água e pedimos homus para saciar nossa fome. Lembro-me, como se fosse hoje, do cenário das montanhas majestosas, das rochas imponentes e dos camelos pastando. Enquanto Arleti ainda se recuperava, eu me deleitava com a deliciosa refeição. Estávamos em um momento de paz, até que percebi a presença de um palestino que não desviava os olhos de minha esposa. Ela já se sentia bastante incomodada com os olhares penetrantes que eram lançados sobre ela.

Eu relatei a situação ao nosso amigo Ricardo, que, prontamente, levantou-se e repreendeu o rapaz:

— Você não tem vergonha de flertar com uma mulher casada, na presença do marido?

O jovem ficou envergonhado, chegando até nossa mesa para se desculpar e expressar seu arrependimento.

— Por favor, me perdoe. Eu pensei que ela fosse sua filha. Peço desculpas por qualquer ofensa que eu tenha causado.

De fato, minha esposa sempre foi uma mulher deslumbrante, não posso censurar o rapaz. Curiosamente, ele nos perguntou de onde éramos. "Brasil", respondemos. Como uma forma de se redimir, o jovem sugeriu nos levar a um vidente muito famoso, conhecido em toda a Palestina. Ricardo perguntou quem era esse vidente, e o palestino respondeu que se tratava de Abdul Yasser.

— Você conhece Abdul Yasser? — perguntou Ricardo, um tanto surpreso.

— Sim, meu amigo, posso levá-los até lá.

Eu não sabia se era uma boa ideia; já começava a escurecer e eu temia pela segurança da minha esposa e do meu filho. No entanto, Ricardo não queria perder aquela oportunidade.

— Você está louco, Adolfo! Não imagina quem é esse cara, talvez seja o maior vidente do mundo. Que grande oportunidade! O teu primo Kike sonha em conhecê-lo.

O curioso é que esse indivíduo compartilhava o mesmo nome do antigo líder da Autoridade Palestina, Yasser Arafat. Essa coincidência intrigou-me. Eu não sabia ao certo por que precisávamos de um vidente, mas o entusiasmo de Ricardo era tão contagiante que não pude resistir. Guiados pelas montanhas, chegamos a uma modesta casinha. O jovem palestino que nos acompanhava tratava minha esposa e a mim com extrema cortesia, abrindo a porta para que pudéssemos passar, fazendo-nos sentir como verdadeiros monarcas. Recordo-me vividamente do interior daquele lugar: uma escada em espiral, uma modesta mesinha de centro e um terrário, contendo uma serpente. Havia também duas poltronas e um sofá. Era uma morada verdadeiramente humilde.

Não demorou muito para que um homem descesse os degraus. Aparentava ter cerca de 45 anos. Sua energia era impressionante; uma aura angelical e radiante; algo verdadeiramente incomum. Assim que pus meus olhos nele, percebi que era cego. Seus olhos não podiam enxergar absolutamente nada. Essa lembrança permanece fresca em minha mente, como se fosse hoje.

Assim que ele se postou diante de mim, mencionou que eu estava sofrendo com dores intensas nas costas. Fiquei atônito, pois era a mais pura verdade. Minhas costas estavam me causando tormento. Em seguida, ele perguntou o nome de meu filho que me acompanhava.

— Michel — respondi; sem entender como ele poderia saber que aquele era meu filho. Era algo profundamente intrigante.

O vidente revelou-se uma pessoa de conhecimento vasto, capaz de se expressar fluentemente em qualquer idioma. Conversei com ele em espanhol e, de repente, seu telefone tocou e ele atendeu em francês. Era um cliente da França, buscando agendar uma consulta. O homem era, verdadeiramente, uma celebridade; pessoas de todas as partes do mundo ligavam para ele. E nós estávamos ali, diante dele, por mero acaso da vida. Tudo isso porque um jovem palestino havia flertado com Arleti, sem saber que ela era casada! Foi uma visita breve, sem rodeios. Lembro-me de algumas de suas profecias; suas palavras não eram precisas, ele até mesmo balbuciava algumas delas.

— Ao retornar ao Brasil, tome cuidado com um certo... Arnaldo... Armando... Não confie nele! Mantenha os olhos abertos para aqueles ao seu redor, alguém muito próximo está lhe roubando, tampouco é confiável. Além disso, tenha muito, mas muito cuidado com o mar.

Eu custava a acreditar nas profecias do vidente. Provavelmente ele estava apenas chutando coisas aleatórias. Como um homem cego, que vivia em uma humilde morada em uma região tão remota, poderia saber algo sobre a minha vida, afinal? Eu não conseguia compreender como ele poderia estar ciente dessas coisas. No entanto, ele acertou ao mencionar minha dor nas costas. Também parecia saber do meu amor pelo mar. Foi uma experiência fascinante e enigmática nossa visita ao renomado vidente palestino.

Outra passagem importante nessa viagem a Israel foi a visita que fizemos ao Museu de Yad Vashem[51], em Jerusalém. É um espaço construído em memória das vítimas do Holocausto, o genocídio perpetrado pelos nazistas contra o povo judeu. É uma visita de extrema importância, embora carregada de amargura. É possível sentir o cheiro, a energia e a atmosfera dos campos de concentração. Parece uma réplica daquela realidade sombria.

Há imagens comoventes de crianças, das valas e dos crematórios, além de registros dos prisioneiros. É monstruoso e desumano o que nosso povo passou. É uma tragédia que eu não gosto nem de imaginar. Uma infâmia para a experiência humana nesta Terra. Minha filha Karina visitou esse mesmo local há algum tempo, quando viajou com minhas netas para a Terra Prometida. Ela saiu de lá profundamente chocada. É uma tristeza avassaladora, mas é extremamente necessário confrontar essa realidade.

Pois bem, não é que, após nosso retorno ao Brasil, as previsões do famoso vidente se concretizaram? Eu havia comprado uma residência na Zona Leste para minha sogra, mãe de Arleti. Acabei atrasando um pouco o pagamento da primeira prestação, pois estava colocando minhas contas em dia naquele período.

---

[51] Yad Vashem é o memorial oficial de Israel para lembrar as vítimas judaicas do Holocausto. Foi estabelecido em 1953, e seu nome tem origem no versículo bíblico: "E a eles darei a minha casa e dentro dos meus muros um memorial e um nome (Yad Vashem) que não será arrancado" (Isaías 56:5). Localizado no sopé do monte Herzl, no monte da Recordação (Har HaZikaron), em Jerusalém, Yad Vashem é um complexo de cerca de dezoito hectares, que contém o moderno Museu da História do Holocausto, vários memoriais (como o Memorial das Crianças e a Sala da Memória), o Museu de Arte do Holocausto, esculturas, lugares comemorativos ao ar livre (como o vale das Comunidades), a sinagoga, arquivos, um instituto de pesquisa, biblioteca, uma editora e um centro educacional (a International School for Holocaust Studies – Escola Internacional para o Estudo do Holocausto).

No entanto, o antigo proprietário com quem fizemos o negócio não quis saber de conversa e prontamente registrou um protesto devido ao atraso. E qual era o nome dele? Armando! O vidente havia mencionado o nome. É impressionante!

Pouco tempo depois, eu estava na praia com Arleti, tínhamos saído para um passeio em nosso barco. Durante a navegação, enfrentamos um problema. O leme da embarcação quebrou e ficamos à deriva no mar por mais de doze horas, rezando para sermos resgatados. Felizmente, um navio rebocador veio ao nosso encontro e nos prestou auxílio. No entanto, ao atracar, acabei colidindo o barco com o píer, causando um desastre. Foi uma situação caótica! Nesse momento, lembrei-me do aviso do vidente: "Cuidado com o mar".

Não tardou para a última revelação se concretizar. A minha secretária comercial de confiança, estava me roubando! O objeto de seu desvio eram os recursos destinados ao vale-transporte de nossos funcionários.

O vidente era mesmo muito bom. Posteriormente, eu conversei a respeito dele com meu primo Kike, que se animou ainda mais em encontrá-lo. Que sorte a minha! Pude conhecer o célebre vidente graças à beleza de minha mulher.

CAPÍTULO 21

Ciclos da Vida

Acredito que a sabedoria, trazida pelo fluir dos anos, iluminou meu caminho, permitindo-me abraçar a vida com uma perspicácia mais apurada. Ao longo do tempo, aprendi a harmonizar minha vida profissional e familiar, equilibrando as demandas de ambas. Já não tolerava más companhias em meu círculo, aquelas que apenas traziam problemas, negócios malsucedidos e infortúnios.

Aprendi a dedicar-me a relacionamentos com pessoas de maior excelência e nobreza do que eu, envolvendo-me com indivíduos virtuosos, de caráter sólido, capazes de enriquecer minha existência. E não me refiro somente à riqueza material, embora também seja bem-vinda. Refiro-me, sobretudo, aos valores éticos e culturais, à inteligência, à lealdade. Assim, cresço e evito uma série de contratempos, numa sábia busca por elevar nossa existência. É essa sabedoria que desejo compartilhar com meus filhos, que têm aprendido muito e me enchem de orgulho nos dias de hoje.

Quando Alain era apenas um garoto, ele me causava muitas dores de cabeça. Meu caçula era um espírito inquieto, sempre pronto para desafiar os limites. Sempre busquei oferecer-lhe o melhor e, por isso, matriculei-o em uma das escolas mais tradicionais de São Paulo, o Colégio Dante Alighieri. No entanto, nessa fase da vida é comum que os jovens busquem afirmação pessoal em amizades equivocadas, em companheiros que instigam condutas inadequadas, apenas para rir deles, posteriormente.

Alain sempre foi um jovem atraente, um conquistador por natureza. Competições internas entre amigos surgiam com frequência — como "quem já havia perdido a virgindade?" ou "quem ainda não havia beijado uma garota?". Coisas de jovens imaturos. Em uma dessas brincadeiras entre amigos, Alain exibiu suas partes íntimas aos colegas, querendo gabar-se de conhecer os caminhos do sexo.

Infelizmente, o infortúnio o atingiu quando uma câmera de vigilância interna o flagrou (e a outro colega) realizando o gesto obsceno. Não houve espaço para diálogos, ambos foram expulsos do Dante. Tentei conversar com a diretora, implorar por uma segunda chance para o garoto. No entanto, uma nova oportunidade foi categoricamente descartada. A expulsão era irrevogável.

Matriculei-o, então, em uma nova escola em Moema, o Colégio Franciscano Nossa Senhora Aparecida (Consa), um estabelecimento de excelência, diga-se de passagem. Foi lá que Alain encontrou sua primeira namorada, uma jovem que irradiava beleza naquela idade, despertando inveja em muitas mulheres mais maduras. Lembro-me de tê-la encontrado em minha casa, ao lado de meu filho, no elevador. Era um casal que gerou bastante repercussão entre os outros moradores. Recordo-me de uma vizinha que veio me dizer que estava encantada com a beleza de minha jovem nora.

No entanto, Alain cultivava duas amizades problemáticas: um jovem rechonchudo e um tal de Haddad, o típico adolescente problemático, filho de pais divorciados, rebelde e envolvido com drogas. Influenciado por eles, Alain começou a beber e a fumar. Estava na casa dos dezessete anos. Em um certo dia, ele bebeu com esses amigos e foi para a casa da namorada, onde causou problemas. Não recordo exatamente o que ocorreu, mas ele quebrou um vidro da porta da residência dela. Como consequência, perdeu a garota.

Em 2010, logo após completar dezoito anos, Alain já era um motorista habilidoso. Usava meu Peugeot naquela época. Continuava envolvido com más influências. Costumava frequentar um bar aqui da região, juntamente com Haddad e o outro rapaz. Eles costumavam beber até altas horas, causando confusão, embriagando-se e indo a baladas.

Alain constantemente trazia garotas para nossa casa e se trancava com elas em seu quarto. Pela manhã, acordávamos e nos deparávamos com alguma desconhecida tomando café da manhã conosco. "Oi, tio", elas diziam. Arleti ficava furiosa. Nessa época, meu filho caçula não se importava com nada, apenas queria desfrutar de sua fase. No entanto, em algumas ocasiões, ele extrapolava os limites.

Certa vez, não recordo exatamente o que meu filho aprontou, mas ele estava com o carro, acompanhado desses dois amigos. Eles avistaram uma senhora na rua e realizaram uma brincadeira de extremo mau gosto. Ao que parece, meu filho permaneceu no veículo enquanto o rapaz mais rechonchudo e o tal Haddad saíram e jogaram água na mulher, simulando ser álcool, ameaçando-a com um isqueiro. Em seguida, fugiram, mas alguém anotou a placa do veículo, que estava em meu nome.

Pouco tempo após esse incidente, Alain partiu para Londres a fim de estudar inglês. Todos os meus filhos passaram uma temporada na capital inglesa com esse propósito. Todos são fluentes, dominam o idioma como se fossem nativos. Então, veio a conta dessa brincadeira.

Por estar o veículo em meu nome e alguém ter registrado a placa, fui intimado a comparecer à delegacia. Tive que chamar meu advogado. Até então, eu não tinha conhecimento dos fatos. Meu advogado explicou-me a situação. Apesar de os rapazes afirmarem que era apenas água, a mulher com quem eles se envolveram alegou que os garotos utilizaram álcool. Alain jurava de pés juntos que era somente água, que ele não havia saído do carro, que fora tudo culpa dos amigos.

Fui compelido a desenrolar esse desafio em seu favor, enquanto ele se encontrava em Londres, cidade esplendorosa e imponente. Na capital inglesa, meu filho também se envolveu em inúmeros incidentes. Alain, embora sempre tenha sido um bom rapaz, causava-me muitos dissabores quando se entregava à bebida e à companhia equivocada. Após sua temporada em Londres, ele partiu para San Diego, na ensolarada Califórnia, onde também desfrutou de uma temporada.

Alain era um verdadeiro conquistador de corações. Recordo-me de certa ocasião em que o acompanhou seu irmão mais velho, Dani, um jovem de grande senso de responsabilidade, até a distante China. A viagem tinha por objetivo desvendar os mistérios do mundo dos negócios; no entanto, Alain encontrara uma bela brasileira que residia nas Filipinas. Assim, separou-se de Dani e partiu ao encontro dessa dama. Passaram quase um mês juntos, percorrendo terras distantes da Indonésia e Tailândia. Ela pertencia àquela casta de mulheres independentes, que se deleitam em acompanhar homens prósperos em suas jornadas pelo mundo. Alain tinha envolvimentos diversos, uma moça para acompanhá-lo à Espanha, outra para Portugal. Sempre contando, é claro, com o famoso "patrocínio paternal".

Com o passar do tempo, Alain amadureceu e alçou grandes ambições profissionais. Ao retornar de San Diego, por volta de 2016, juntou-se a Dani, que já trabalhava comigo desde 2014. Fui eu quem abriu as portas do mundo dos negócios para os rapazes, levando-os à China. Estabelecemos nosso escritório lá, onde nosso intermediário hindu, Raoul, estava estabelecido. Trabalhei com meus filhos até minha aposentadoria, em 2018. Hoje, esses jovens tornaram-se homens de sucesso, trilhando seus próprios caminhos a partir das bases que aprenderam comigo.

Dani e Alain dedicam-se a marcas de surfe, malas, mochilas, roupas esportivas e bolsas femininas. Importam tudo da China e possuem os direitos de uso das marcas, vendendo para grandes magazines. Em nosso escritório na China, contamos com cinco designers que se inspiram nas melhores marcas para criar seus desenhos. Meus filhos têm esse olhar, trabalham com marcas de renome no trabalho que realizam. Dani sempre foi extremamente correto e Alain tem trilhado um caminho mais reto. Todos nós passamos por fases, e a maturidade se desenvolve com o tempo.

Tudo o que desejo a meus filhos é que carreguem consigo a mesma magia que sinto em relação à vida, uma fé inquebrantável diante de todas as adversidades. Espero que, ao chegarem à minha idade, possam olhar para trás com o mesmo amor, dispostos a reviver cada detalhe, plenamente satisfeitos e realizados com a vida que levaram. Foram necessárias todas as trilhas que percorri para chegar aonde estou hoje. Não mudaria nada. É um verdadeiro desperdício chegar a certa idade, olhar para trás e desejar que tudo tivesse sido diferente, amaldiçoando a própria sorte. Essa é uma das lições que gostaria de transmitir a todos: que levem uma vida da qual jamais venham a se arrepender. Ter gratidão por cada experiência vivida, o prazer de tornar-se aquilo que estávamos destinados a ser.

Evidentemente, a vida também carrega seus desgostos. Qual homem de índole nobre não se comoveria ao sepultar sua própria mãe? Foi profundamente doloroso para mim perder a minha, no ano de 2014. Minha mãe... As preocupações que ela tinha por mim quando jovem, ficava acordada até altas horas da madrugada esperando meu retorno. No dia seguinte, eu acordava e o almoço estava pronto; ela questionava onde eu andava, com quem me associava. Eu apenas respondia que estava tudo bem, para não lhe causar preocupações. Nem mesmo quando vivenciei perigos distantes, em Israel ou na França. Trocávamos correspondência eu sempre a tranquilizava, dizendo-lhe para não se preocupar, mesmo sentindo uma saudade imensa.

Falei com minha mãe por telefone em uma sexta-feira, indagando sobre os preparativos da festa. Seria o seu 80º aniversário, já tínhamos reservado o salão e elaborado a lista de convidados. Certamente seria uma celebração especial. No entanto, dois dias depois, durante a madrugada, minha filha Karina ligou para informar que minha mãe sofrera um mal súbito e precisara ser hospitalizada. No dia seguinte, parti para Buenos Aires, acompanhado de toda a minha família. Estava angustiado. Minha mãe havia sofrido um aneurisma e encontrava-se em coma no hospital. Nunca mais despertou.

Lembro-me dela deitada em sua cama, o rosto sempre rosado, parecendo a própria Bela Adormecida. Minha sobrinha Jordana não se afastava um só momento de seu lado. Tinha um afeto profundo pela avó. Eu a visitava todos os dias, mas minha mãe começou a se deteriorar, perdendo suas funções vitais. No quarto ou quinto dia, Jordana, com grande doçura, me disse:

— Tio, não entre mais, guarde uma boa lembrança de sua mãe.

Dois dias depois, ela partiu. Uma mulher extraordinária, minha mãe! Que ela descanse em paz.

CAPÍTULO 22

Viajar É Viver

A pesar da partida da minha mãe, guardo igualmente lembranças gratas relacionadas ao ano de 2014. Nessa época, eu estava em estreita amizade com dois companheiros de Santos: Kiko e Ruy. Kiko, um engenheiro ambientalista da Sabesp, unido a Patrícia, uma agente de turismo, e Ruy, um político que já presidira a Câmara de Vereadores de Santos, casado com Estela, uma mulher extraordinária. Devido à profissão de Patrícia, sempre éramos agraciados com viagens magníficas, destinos de tirar o fôlego! Sobretudo cruzeiros. Partíamos em três casais; nossa convivência era excepcional.

    Naquele ano, realizamos um cruzeiro memorável. Nossa jornada teve início em Veneza, um porto indubitavelmente deslumbrante, o mais belo que já presenciei em toda a minha vida. A mera partida de Veneza já era algo fora deste mundo. De lá, atracamos no porto de Brindisi, um lugar conhecido por ser porta de entrada para inúmeros imigrantes ilegais. No entanto, tratava-se de uma cidade tranquila, com a atmosfera típica da Itália.

Dali, prosseguimos em direção a uma cidade grega situada a quarenta quilômetros da histórica Olímpia, até o porto de Katakolon. Muitos passageiros aproveitaram a parada para pegar um táxi e explorar a famosa cidade. Nós, contudo, permanecemos no local, um município secundário, desprovido dos atrativos turísticos das demais localidades gregas, porém não menos encantador.

Deixamos a Grécia rumo a Esmirna, a terceira maior cidade da Turquia. Lá, pudemos admirar inúmeras construções remanescentes do antigo império romano, um verdadeiro tesouro de ruínas a serem exploradas. Fiquei maravilhado ao me deparar com os antigos sistemas de encanamento concebidos pelos romanos, tamanha era sua engenhosidade e avanço tecnológico. Era como se presenciasse uma obra moderna.

No entanto, contrastando com essa paisagem, deparamo-nos com inúmeros acampamentos de refugiados sírios e iraquianos. Era impossível não sentir uma tensão palpável no ar. Era um ambiente perigoso. Acredito que a companhia marítima com a qual viajávamos tenha feito essa rota pela última vez naquela ocasião, a fim de não expor seus passageiros a riscos desnecessários. Patrícia, esposa de Kiko, sempre se mostrou hábil na escolha dos cruzeiros para nós.

Enquanto contemplávamos as ruínas romanas, cruzamos com alguns argentinos. Logo os reconheci pelo sotaque característico e pelo mate que compartilhavam. Eu aproveitei a ocasião e brinquei, dizendo que todos nós tomaríamos mate, já que era uma reunião de argentinos. O sujeito calvo e simpático me perguntou se eu era *kotur*[52]. Eu disse que sim.

---

[52] Entre os sefardistas portenhos, é comum eles se chamarem de *kotur*, que seria "turco" na gíria vesre, muito popular entre os argentinos.

— De que bairro?

— Once — eu respondi.

— Qual é o seu nome de família?

Eu respondi:

— Canan.

Ele exclamou:

— Mirtha, venha cá, acabei de conhecer um primo seu!

Rapidamente, uma mulher aproximou-se. Cumprimentamo-nos e estabelecemos uma conversa, para investigar nosso grau de parentesco. E, acredite ou não, éramos primos! Sua avó era irmã da minha avó paterna. Ela havia se casado com um Brezka, chamado Dibu Brezka.

Lembro-me bem desse avô de Mirtha; ele era sócio de meu pai e seus irmãos, no início dos negócios. Aliás, no início, a empresa deles levava o nome de Canan & Brezka. Mais tarde, minha família seguiu seu próprio caminho e adotou apenas o nome Canan. Quando éramos crianças, Dibu Brezka nos levava para passear em Mar del Plata. Ele fumava seu cachimbo e ouvia música árabe. Mirtha e eu éramos primos. Que coincidência encontrar uma parente durante um cruzeiro em Esmirna! Posteriormente, tive a oportunidade de encontrá-la em Buenos Aires, onde ela era proprietária de uma imobiliária de grande sucesso.

Logo após esse encontro inesperado, embarcamos em um táxi rumo a um mercado persa. Era impressionante, capaz de deixar qualquer um de queixo caído. Se você quisesse comprar um camelo, encontraria um camelo naquele mercado. Não importava o quê! Os comerciantes locais eram singulares, fluentes em diversos idiomas; porém, negociar com eles exigia um pouco de paciência. Ao tentar adquirir algo, perguntávamos o preço e eles respondiam com outra pergunta: "Quanto está disposto a pagar pelo que deseja?". Como poderíamos comprar algo sem saber o valor real do produto?

Em determinado momento, perdi a compostura e declarei que a mercadoria que me interessava não valia nada para mim. O comerciante turco ficou ofendido e quis brigar. Meu amigo Ruy, por sua vez, me defendeu:

— Se você mexer com ele, eu o mato!

Ruy era uma figura e tanto, já nos seus sessenta anos, mas forte como um touro. Um caiçara típico. Costumo brincar com todos os meus amigos de Santos dizendo que eles se acham cariocas. No final, acabamos comprando algumas coisas, como belíssimas almofadas de seda bordadas a mão.

Após nossa passagem por Esmirna, adentramos em um mundo mágico ao explorar Istambul e a enigmática Capadócia. Lá, testemunhamos o espetáculo dos balões coloridos alçando voo, nas primeiras luzes da aurora. Uma cena fascinante — embora eu preferisse manter meus pés firmes na terra e não alçar voo nos céus!

Enquanto retornávamos rumo a Veneza, o navio fez uma parada na Croácia. Ah, que país deslumbrante! O mar exibia uma cor magnífica e as montanhas pareciam abraçar as praias. As cidades eram adornadas por belas pontes, e até mesmo as flores croatas ostentavam uma beleza singular. Era um lugar verdadeiramente incrível para ser visitado.

Por fim, atracamos no porto de Veneza, no final de maio. Aproveitamos alguns dias nessa cidade encantadora para celebrar o aniversário de Ruy, no primeiro dia de junho. A Sereníssima[53]

---

[53] A cidade de Veneza sempre foi chamada de Sereníssima República, pela tradição histórica e pelo seu estatuto de "cidade livre", abrigando todos os perseguidos do mundo. Lá se estabeleceu o primeiro gueto de judeus.

é um lugar memorável; é fácil perder-se em seus canais, nas gôndolas.

    Recordo-me de um momento em que nos deparamos com um pátio adornado por uma porta de ferro gradeada, algo comum por toda a Itália. Ao espiar para dentro, deparei-me com um local de grande beleza: jardins, flores, árvores, pessoas sentadas, apreciando uma refeição saborosa. Era um restaurante. Em tom de brincadeira, disse a meu amigo Ruy que, por ser seu aniversário, ele deveria nos pagar o almoço. Passamos uma tarde extremamente agradável nesse local, em nosso último dia de viagem.

    Posso afirmar que conheço a Itália de ponta a ponta: Roma, Nápoles, o imponente Vesúvio, as belas ilhas de Capri, Milão e tantos outros lugares. Realizei várias viagens para lá, tornou-se rotina pegar um voo direto de Hong Kong para Roma, quando encerrava meus negócios pela Ásia. Frequentemente, encontrava-me com alguém lá, às vezes com Arleti, outras vezes com algum dos meus filhos.

    Roma é uma cidade fantástica. Costumava hospedar-me em um hotel localizado na praça Espanha. Caminhar pelas ruas romanas é como caminhar pela história. Quantas vezes adentrei o Coliseu e me vi transportado para as épocas em que gladiadores romanos duelavam até a morte diante da multidão! A grandiosidade daquele palco cercado pelos romanos sempre me impressionou.

    Viajar faz parte da minha vida. Quantas viagens já realizei a negócios! No entanto, desde os anos 2000, tive o privilégio de desfrutar de viagens ao lado de Arleti, minha família e amigos. A Argentina tornou-se quase uma ponte aérea para mim. Eu visitava o país com frequência, reencontrando meus parentes e apresentando meus filhos às suas raízes. Buenos Aires, Mar del Plata, Bariloche...

Tenho uma predileção por cruzeiros, muitos deles compartilhados com meus amigos Kiko, Ruy e suas esposas. Porém, lembro-me de uma ocasião, no ano de 2015, em que tínhamos programado um cruzeiro pelas costas dos países escandinavos, com duração de vinte dias. Estava tudo planejado e eu me preparava para embarcar quando algo inesperado ocorreu.

Pouco antes da viagem, submeti-me a um exame médico vascular para garantir que minha saúde estava em ordem. Fiz os exames de rotina, e, ao analisar os resultados, o médico informou-me que viajar estava fora de cogitação. Minha artéria carótida estava quase totalmente obstruída, cerca de noventa por cento. Fiquei profundamente chateado por ter que cancelar o cruzeiro, pois estava bastante animado com a aventura. No entanto, a saúde sempre deve ser prioridade. Na tentativa de amenizar a situação, Patrícia, esposa de Kiko, mencionou a possibilidade de obter um voucher para transferir minha viagem para outra ocasião.

Foi durante minha estadia no Hospital Sírio-Libanês que conheci o Dr. Muniz, um especialista em artérias. Agendei uma consulta com ele e a gravidade da situação ficou evidente: era necessário desobstruir minha artéria carótida por meio de uma intervenção cirúrgica. Atribuo esse problema aos longos anos em que fui fumante, um vício que há muito tempo abandonei. No fim das contas, custou-me caro.

Tive plena confiança no médico, que veio altamente recomendado por seus colegas. Felizmente, a cirurgia foi um sucesso e logo pude retomar minha vida normal, livre de maiores complicações. Considero-me um privilegiado por ter um bom plano de saúde até os dias de hoje, tanto eu como minha família. É um investimento considerável, porém essencial para alguém da minha idade que busca viver com qualidade.

Seis meses após a operação, ainda em 2015, Patrícia me informou sobre um navio chamado *Oasis*, o mais moderno do mundo; algo que eu não conseguiria sequer imaginar a menos que estivesse a bordo dele. Era uma excelente oportunidade para recuperar a viagem que havia sido adiada. Assim, Arleti e eu embarcamos, utilizando o voucher que guardamos após o cancelamento do cruzeiro pela Escandinávia.

Embarcamos em uma jornada até Fort Lauderdale, na Flórida, ponto de partida do majestoso *Oasis*. Ao adentrar o navio, Arleti e eu nos vimos tomados pelo assombro. Patrícia estava certa, jamais havíamos testemunhado uma embarcação tão impressionante. Embora o Caribe se desdobrasse à nossa frente como o roteiro a ser desbravado, confesso que mal tinha vontade de abandonar aquela maravilha flutuante.

Quatro mil e quinhentos passageiros ocupavam seus espaços a bordo; no entanto, eu mal os percebia, tamanho era o colosso que nos envolvia. Imperdíveis espetáculos internacionais preenchiam nossas noites. Andares temáticos prestavam homenagens à cidade de Nova York. Imagine, só: no sexto andar, uma réplica temática do Central Park nos aguardava. Um parque em pleno navio, com vegetação exuberante, pássaros e tudo mais. Inacreditável! No andar abaixo, uma homenagem à Quinta Avenida revelava-se em outra réplica fascinante. E ainda havia um anfiteatro capaz de abrigar cerca de 3 mil almas. Luxo era a palavra que permeava tudo: os restaurantes, o cassino, os serviços. Era algo realmente fora deste mundo.

Os americanos, notoriamente, trajavam-se elegantemente em seus cruzeiros, ostentando ternos nas fotografias ao lado do capitão. Num primeiro momento, senti-me constrangido e, por isso, abordei uma funcionária do navio para perguntar sobre a possibilidade de alugar um traje social. Sua gentileza e atenção foram admiráveis e ela indagou se eu estava de férias.

— Certamente — respondi.

— Então, desfrute ao máximo de suas merecidas férias. Aproveitá-las é muito mais importante do que usar um terno, senhor. Quem aprecia trajes que os utilize. Sinta-se à vontade para ser como deseja.

Lembro-me vividamente da cordialidade expressa por todos os funcionários a bordo. Nosso navio passou por Cozumel, onde tive o prazer de conhecer outra faceta desse lugar, onde os barcos aportam. Maravilhoso. Os tacos que degustamos, os espetáculos, a alegria, a tequila. Mas, acima de tudo, desfrutar da melhor companhia que eu poderia ter, exclusivamente para mim: minha esposa, Arleti. O amor da minha vida.

Passamos dois dias em Cozumel e, então, seguimos para a ilha de São Martin — metade francesa, metade holandesa. Uma beleza estonteante. Uma viagem de sete dias pelo Caribe, a bordo do melhor navio em que já estive, o tipo de viagem que você anseia que jamais acabe. Após nosso retorno, Arleti e eu aproveitamos para ficar um tempo em Miami. Hospedamo-nos no Hotel Hilton, à beira-mar. Recordo-me de termos alugado um carro para explorar a cidade, e foram dias maravilhosos, compartilhados ao lado da minha esposa.

No ano seguinte, em 2016, Arleti e eu embarcamos em outra viagem. Dessa vez, entretanto, foi em terra firme, acompanhados de meu irmão Enrique e sua esposa. Decidimos percorrer, juntos, de carro, toda a costa sul da Espanha.

Encontramo-nos em Barcelona, onde permanecemos por quatro dias, antes de alugarmos um carro e iniciarmos nossa jornada, sem destino predeterminado além de permanecermos no sul do país. Recordo-me de termos percorrido quase mil quilômetros até chegarmos a Valência, onde desfrutamos de um dia. De lá, prosseguimos para Málaga, com o objetivo de conhecer Marbella, uma praia muito famosa na região. Que lugar luxuoso! E não posso deixar de mencionar a gastronomia, que me faz salivar apenas de recordar. Cada província espanhola possui sua cultura específica, mas considero o povo andaluz bastante distinto dos espanhóis em geral. São mais calorosos e alegres, como ciganos.

Em todos os lugares que visitávamos, o flamenco se fazia presente. Era impossível não rememorar nosso pai e o quanto ele apreciava aquele estilo; ou os espetáculos aos quais ele nos levava quando éramos crianças, na Diagonal Norte. Tudo era pura animação. Aproveitamos cada instante dessa viagem. Após Marbella, partimos para Granada, em busca de momentos mais artísticos.

Minha cunhada Noemi é uma entusiasta das artes e aprecia enormemente esse tipo de passeio. Visitamos a casa de Salvador Dalí, e cheguei até mesmo a tirar uma foto abraçado à sua estátua. Também reservamos quase um dia inteiro para visitar a casa de Pablo Picasso. Foi incrível poder adentrar as residências de pintores tão renomados.

Ainda em Granada, tivemos a oportunidade de conhecer um lugar fascinante chamado Alhambra. A cidade é um legado deixado pelos mouros que dominaram a Espanha por muito tempo. Optamos por contratar um guia, a fim de aproveitar ao máximo o nosso passeio. Lá testemunhei os mais magníficos espetáculos de flamenco nessa viagem. Outras memórias do meu pai e como vivenciamos tudo isso em nossa infância, as canções que ele nos ensinava. Era como se ele próprio fosse andaluz!

Então, após Granada, Enrique nos brindou com uma sugestão encantadora:

— Vamos dar um salto até Ronda, a cidade dos românticos.

Eu não tinha a menor ideia do que nos aguardava nessa cidade; jamais havia escutado sequer uma menção sobre ela. Que feliz escolha fez meu irmão! Ronda revelou-se uma cidade espetacular, perfeita para casais. Um clima bucólico e romanesco impregnava cada canto. Fui cativado por essas características, deixando em segundo plano o fato de que a cidade era um marco das touradas espanholas, hoje proibidas, devido à brutalidade contra os animais. Tal contraste destoava grandemente da suavidade que eu sentia ao perambular pelas ruas de Ronda, adornadas com um requinte romântico deslumbrante.

Refleti sobre como seria viver em uma cidade como aquela, onde se viaja ao passado mesmo como turista. Mas aqueles que residem em Ronda vivem essa atmosfera de tempos idos como o presente de suas vidas. Acredito que seja uma existência verdadeiramente aprazível. Ah, como nos encantamos por Ronda!

Prosseguimos em nossa jornada e, após passar por Cádiz e atravessar o estreito de Gibraltar, decidimos cruzar a fronteira e passar uma semana no sul de Portugal, explorando as cidades de Faro e Portimão. Portimão deixou uma marca profunda em nós, sendo uma localidade de praias belíssimas que atrai aposentados europeus em busca de uma melhor qualidade de vida no clima mediterrâneo.

Eram aposentados franceses, alemães, ingleses e outros que optavam por passar seus últimos dias naquela cidade portuguesa. Um lugar de uma beleza estonteante, com custo de vida reduzido em comparação a outras regiões europeias. Foram dias maravilhosos, passados em hotéis econômicos, porém excepcionais, com cafés da manhã esplêndidos. Ali, desfrutávamos de uma comida e bebida de excelência. Gostamos imensamente.

Em seguida, retornamos à Espanha e seguimos até Sevilha. Era um lugar maravilhoso, mas já estávamos exaustos após percorrer mais de quatro mil quilômetros. Apesar do cansaço, cada momento dessa viagem valeu muito a pena. Entregamos o carro alugado e pegamos um trem de volta a Barcelona. Enquanto Enrique e minha cunhada seguiam para a República Tcheca, com o objetivo de conhecer Praga, nós retornamos para casa.

Mas retornaríamos à Espanha no ano seguinte, em 2017, por volta de setembro e outubro. Dessa vez, nosso interesse era explorar o norte do país. Com essa finalidade, fomos ao encontro do meu querido sobrinho Damián, em Biarritz, no sudoeste da França, onde ele reside com sua encantadora família.

Biarritz é uma das principais cidades do "país basco francês". Meu sobrinho escolheu um lugar de extrema elegância para morar. Desfrutamos da hospitalidade de sua família por quatro dias. Rosali, sua esposa, é uma mulher excepcional. Damián ajudou-me a organizar minha viagem pelo norte da Espanha com Arleti. Ele seria minha base de apoio enquanto eu explorava. Iniciamos nossa colaboração pela escolha do carro a ser alugado.

Eu queria um carro que pudesse ser entregue apenas em Portugal, porém não havia opções viáveis. Graças a Damián, encontramos um carro português que poderíamos deixar lá, com um valor muito mais acessível do que as opções anteriores que havíamos pesquisado. Era um carro de transmissão manual, pois não havia carros automáticos disponíveis para aluguel. Foi necessário relembrar um pouco, mas após alguns quarteirões eu já estava novamente habituado a trocar de marcha. Coisas que não se esquecem; a memória mecânica retorna prontamente. Com um pouco de prática, eu estava pronto para percorrer os cerca de 2.600 quilômetros que nos levariam até Lisboa, em Portugal.

Biarritz faz fronteira com uma cidade espanhola muito agradável, San Sebastián. Trata-se de uma cidade internacionalmente reconhecida por sua culinária requintada. Por sorte, havia um festival de cinema em andamento na cidade espanhola, um evento igualmente notável e formidável. Foram dias incríveis nessa cidade. A comida estava à altura da fama, acompanhada dos melhores vinhos. Simplesmente fantástico.

De San Sebastián, seguimos para Bilbao, cidade basca onde o grupo terrorista separatista ETA havia surgido. Era uma cidade marcante e profundamente diferente. É impressionante como as culturas se transformam conforme cruzamos as fronteiras espanholas. Cada recanto possui seu próprio mundo.

Bilbao é impressionante, extremamente moderna. Minha esposa e eu desfrutamos de dias maravilhosos por lá. Em seguida, seguimos para Santander, a sede do famoso banco, presente em muitos lugares do mundo, inclusive aqui no Brasil. Trata-se de uma cidade litorânea extremamente elegante e que impressiona pela sua limpeza.

Lembro-me vividamente do encantador Hotel Pescador, nosso refúgio temático, cujas cortinas do quarto dançavam suavemente ao sopro do vento, enquanto a janela se abria, para revelar a majestade do mar. Ah, que estadia memorável! Foi nessa cidade que provei o mais divino *pulpo a la gallega* de toda a minha existência. Para tal proeza, tive de desbravar os caminhos que levam a um autêntico restaurante frequentado pelos nativos, pois prefiro desviar-me das armadilhas turísticas e verdadeiramente apreciar as iguarias que os locais saboreiam. Somente dessa maneira pude deleitar-me com a sublime perfeição de um polvo tão saboroso.

Traçamos nossa rota pela bela costa atlântica, uma realidade completamente distinta daquela do sul da Espanha, banhado pelas águas mediterrâneas. Cada região possuía sua própria beleza, seu encanto peculiar. Continuamos de Santander até a Galícia, terra entrecortada por rios deslumbrantes, habitada por um povo alegre e orgulhoso, os galegos.

Curiosamente, a maioria dos antigos colonos argentinos veio justamente dessa região da Espanha, tal como ocorre, de forma pejorativa, com os brasileiros em relação aos portugueses, rotulados jocosamente como "burros". Nós, argentinos, também compartilhamos dessa brincadeira entre colonizadores e colonizados, embora eu não compreenda o sentido por trás de tal zombaria.

Recordo-me com carinho dos elegantes sapatos que adquiri na Galícia, assim como dos óculos que Arleti e eu compramos na residência de uma senhora encantadora. Minha esposa encantou-se por aquele acessório à primeira vista, e não resistiu à vontade de tê-lo consigo. Aproveitei a oportunidade para adquirir um para mim também, da célebre marca Roberto, estilo Ray-Ban, renomada em terras espanholas. A vendedora nos cativou com sua simpatia, prolongando agradáveis conversas. Até os dias atuais guardo com carinho esses óculos, utilizo-os sempre que estou à beira-mar.

Após deixar para trás a Galícia, recebi uma ligação surpreendente de meu sobrinho:

— Tio, você fugiu do hotel! Saiu sem pagar a estadia!

Dei risada, sem compreender o que estava acontecendo. A organização das viagens e das reservas havia sido incumbida a Damián, meu sobrinho. Assim ocorreu em Bilbao e em Santander. Entretanto, a Galícia não havia sido incluída em seu planejamento. Imagino a perplexidade dos funcionários do hotel ao nos verem, Arleti e eu, carregando as malas e partindo silenciosamente, sem uma palavra sequer! Eu estava convencido de que a estadia estava quitada. Damián fez a gentileza de saldar minha dívida na pousada galega.

Viajávamos a bordo de um Fiat, com o banco traseiro repleto de malas, carregando todas as preciosidades adquiridas durante nossa jornada. Da Galícia, prosseguimos até Vigo, aproximando-nos da fronteira com Portugal. Ah, Vigo, uma cidade de estonteante beleza! Lá, tive o prazer de reencontrar um velho amigo, Alejandro Figueroa, conhecido por ser dono de prestigiosos estabelecimentos em São Paulo, como o Villa Country e o Espaço das Américas. Um verdadeiro milionário, amante da boa vida. Assim como eu, ele cultivou uma amizade próxima com Pelé. Certa vez, teve a audaciosa ideia de organizar um cruzeiro temático com o Rei do Futebol... "Faça um cruzeiro com o Rei Pelé." Infelizmente, o projeto naufragou, pois poucas pessoas se interessaram pela experiência. Figueroa sofreu prejuízos financeiros, mas nada que abalasse sua sólida situação econômica. Minha visita inesperada em Vigo pegou-o de surpresa.

Desfrutamos três dias de hospitalidade em Vigo, onde meu querido amigo relutava em nos deixar partir. No entanto, era imperativo que retornássemos à estrada. Nossa próxima parada seria Santiago de Compostela, local sagrado de peregrinação católica. Evidentemente, não me aventurei a percorrer essa jornada a pé.

Instalamo-nos em um hotel recém-inaugurado, reservado por meu sobrinho. Um local fervorosamente católico, um tesouro histórico, uma viagem de fé através dos séculos, onde devotos caminhavam com seus cajados. Era um espetáculo interessante de testemunhar. O proprietário do hotel nos levou a um restaurante autêntico, escondido em um porão aconchegante, um segredo guardado para os habitantes locais. Sentamo-nos ao lado de uma acolhedora lareira, imbuídos de uma atmosfera de conforto. Essa lembrança perdura em minha mente, uma lembrança que me enche de felicidade por compartilhar esse momento com Arleti, em todo o seu esplendor.

Minha esposa e eu prosseguimos viagem, adentrando o território português. Chegamos a Porto, cidade espetacular, que despertou em nós um desejo irrefreável de nos estabelecer ali. Hospedamo-nos no Eurostars Porto Douro, localizado às margens desse rio encantador, pontilhado por charmosas pontes. Ah, que cenário! Porto nos cativou de tal maneira que até mesmo cogitei a possibilidade de chamar aquela cidade de lar.

Enquanto passeávamos pelas ruas do Porto, fomos surpreendidos por uma conhecida ilustre, a galega que nos vendera os óculos e fora tão gentil conosco. Encontramo-nos em um calçadão repleto de restaurantes, onde descobrimos que seu filho havia estabelecido residência na cidade portuguesa. Foi um encontro curioso, e ela nos desejou boa sorte em nossas jornadas.

De lá, prosseguimos em nossa viagem até a praia de Cascais. Recordo-me de termos nos hospedado em um hotel onde conhecemos um casal de portugueses que vivia em Paris. A mulher desempenhava o cargo de concierge, algo bastante comum entre os portugueses na capital francesa. Já o marido trabalhava como taxista. Eram pessoas encantadoras.

Cascais, a apenas quarenta quilômetros da capital portuguesa, é uma cidade com uma atmosfera bucólica. Desfrutamos de jantares à luz de velas, música suave, bons vinhos e momentos de amor. Brindamos à vida e ao amor. Que privilégio ter a companhia de minha esposa em uma viagem tão especial! Essas lembranças aquecem meu coração e me fazem expressar gratidão pela vida.

Por fim, chegamos a Lisboa. Estávamos exaustos, em uma cidade fascinante e agitada. O trânsito era caótico. Não me recordo do nome do hotel em que nos hospedamos, mas ele se situava em frente a um majestoso monumento, uma estátua de um cavaleiro empunhando sua espada. Encerramos nossa aventura em grande estilo, desfrutando de uma semana na capital lusitana. Passeamos, desfrutamos de restaurantes, saboreamos vinhos e fizemos algumas compras. Durante esse mês de viagem, acumulamos seis malas repletas de artigos. Foi uma experiência profundamente significativa para minha esposa e para mim.

CAPÍTULO 23

Redenção

A última vez que peregrinei à terra sagrada de Israel remonta à transição de 2018 para 2019. Inicialmente, eu planejara a viagem somente com minha amada esposa Arleti, mas, de modo inesperado, meu filho Dani decidiu unir-se a nós. Ele traria consigo Bruna, sua futura esposa. Meu filho almejava apresentar as origens judaicas de nossa linhagem à sua amada. Tal gesto encheu-me de emoção, ao testemunhar Daniel ávido por se conectar com nossas raízes.

Embarcamos no voo inaugural da Latam, cujo majestoso jumbo partiria de Santiago, no Chile, faria escala em São Paulo e, dali, rumaria diretamente a Tel Aviv. No aeroporto, Dani planejou uma surpresa, ao me proporcionar um upgrade para a classe executiva. Sem dúvida, um presente memorável, considerando que enfrentaríamos dezessete horas de viagem!

Devido ao caráter inaugural do voo, uma atmosfera de entusiasmo permeou nossa jornada. Judeus provenientes do Brasil,

Chile, Uruguai, Paraguai e Argentina estavam a bordo. Recordo-me vividamente do momento em que o piloto anunciou o início do processo de aterrissagem, quando muitos passageiros entoaram um canto judaico, "Shalom aleichem" — "A paz esteja convosco".

Naquelas horas, o sentimento ancestral manifestou-se. Mesmo meu filho, que, assim como eu, não era religioso, encontrava-se emocionado, com os olhos marejados. Era o primeiro contato de minha futura nora com nossas tradições, e ela se encontrava surpresa e encantada com o amor e devoção à nossa terra. Essa energia contagiante tomou conta de todos nós, e nossos cânticos ressoaram com maior vigor. Lembro-me das aeromoças chilenas, perplexas diante daquele coral improvisado. Todos se encontravam emocionados. Logo que o avião tocou o solo da Terra Prometida e o desembarque se iniciou, as pessoas desciam e beijavam o solo com reverência.

Mais uma vez, enfrentamos o frio do inverno israelense, mas eu estava orgulhoso ao testemunhar Dani também se reconectar com suas raízes. Levei-o ao Muro das Lamentações, onde um rabino colocou-lhe os tefilins e recitou preces judaicas. Arrepiava-me de felicidade ao ver meu filho solidificando-se como o nobre homem que é, preparando-se para construir sua própria família. Também visitamos o Monte das Oliveiras, um local sagrado tanto para judeus como para muçulmanos e católicos.

Por fim, exploramos o Parque Nacional de Massada[54], cuja história é indelével para o povo judeu. Massada serviu como

---

[54] Massada, que provavelmente significa "lugar seguro" ou "fortaleza", é um imponente planalto escarpado, situado no litoral sudoeste do mar Morto. O local é uma fortaleza natural, com penhascos íngremes e terreno acidentado. Na parte leste, a face do penhasco se eleva 400 metros acima da planície circundante. Antes da construção do teleférico o acesso só era possível através de uma difícil trilha que serpenteia pela montanha. A primitiva ocupação do local era de uma fortaleza da Judeia. O rei Herodes, o Grande, aproveitou as características do local, naturalmente inexpugnável, para

refúgio para judeus que fugiam das forças romanas. Estrategicamente localizado e de acesso difícil, os romanos levaram dois anos para ultrapassar suas muralhas. Entretanto, antes da inevitável invasão pelas legiões, os judeus remanescentes optaram por pôr fim às próprias vidas. Preferiram a morte à subjugação de suas mulheres e filhos. Israel é uma terra de muitas narrativas.

Contudo, naquele dia de visitação, eu não me sentia bem. Uma vertigem intensa acometia-me, e atribuí isso à falta de medicamentos para pressão arterial, já que perdera meus remédios em solo israelense. No entanto, após nosso retorno ao Brasil, as tonturas persistiram e a dor intensificou-se. Consultei um médico no Hospital Sírio-Libanês e recordo-me de sua semelhança com o Conde Drácula! Ele ordenou um exame de ressonância magnética na coluna e, durante o procedimento, uma biomédica adentrou a sala e ordenou a interrupção imediata. Com semblante grave, ela informou que eu precisava ser internado às pressas, pois dois derrames foram localizados em minha cabeça.

Tudo isso por conta de uma caipirinha! Pouco antes de nossa viagem a Israel, eu consumira uma caipirinha de maracujá que se revelou mais forte do que eu imaginava. Acabei sofrendo uma queda no banheiro, mas, levantando-me, retornei à cama, sem recordar de muitos detalhes. Acordei com minha esposa tomada pelo susto, pois deixara um rastro de sangue pelo caminho. Contudo, apenas fizemos os curativos e não imaginávamos que algo mais grave tivesse ocorrido.

---

construir, na sua extremidade ocidental, um palácio, reforçando e ampliando a antiga fortaleza. Após a destruição do Segundo Templo pelos romanos no ano 70, rebeldes zelotes fugiram de Jerusalém para Massada. Os romanos, então, construíram uma enorme rampa pelo lado oeste do platô e destruíram a muralha. Os últimos resistentes judeus vieram a cometer suicídio em massa antes de cair sob o domínio romano. Eles preferiram a morte à escravidão.

Fui internado imediatamente, e logo um neurologista veio conversar comigo. Felizmente, ambos os derrames estavam confinados na calota craniana, não afetando o cérebro.

— Vamos drenar tudo e logo você vai se recuperar — afirmou.

Permaneci internado por sete dias, até receber alta hospitalar. Após a remoção dos pontos, dirigi-me diretamente ao Guarujá, onde pretendia me recuperar do susto. Na praia, aguardava a visita de meu irmão Enrique e sua esposa.

Eu desfrutava de um passeio com minha amada Arleti, regalando-me com um sorvete. No entanto, subitamente, as palavras cessaram em minha boca, deixando-me tomado por uma afasia agoniante. Aflito, percebi que algo estava profundamente errado. Pobre Arleti, seus olhos transbordavam de lágrimas, impotente diante da situação. Enrique e Noemi logo chegaram e compartilharam da angústia que nos envolvia. Rumei então para o Hospital Santo Amaro, modesta instituição situada no Guarujá, porém minha confiança no médico que nos acolheu era mínima. Embora a internação fosse a recomendação imediata, optamos por uma viagem a São Paulo, onde teríamos acesso a um hospital de qualidade superior. Como afirmam os caiçaras, "A rodovia dos Imigrantes é o melhor hospital do Guarujá".

Arleti prontamente telefonou para meu filho Michel. Em uma hora, ele chegou à praia para nos resgatar e conduzir-me ao Hospital Sírio-Libanês. No trajeto, ainda fomos interceptados pela polícia rodoviária. Que situação desesperadora. Por fim, chegamos ao hospital, onde fui encaminhado diretamente à triagem da emergência, acompanhado por minha esposa e meu filho. Um notável neurologista assumiu meu caso, porém, no momento em que ele me atendia, fui acometido por uma momentânea paralisia facial, incapaz de emitir qualquer resposta. Michel, apavorado, irrompeu da sala em prantos e alvoroço, enquanto Arleti se via dominada pelo desespero. Conduziram-me, então, diretamente à UTI, sob os cuidados do mesmo neurologista que, em breve, desvendou o enigma: eu havia contraído uma infecção hospitalar de natureza complexa!

Foram quarenta dias de internação. Novamente, foi necessário abrir minha cabeça para drenar a infecção. Recordo-me de como, na UTI, mal conseguia discernir os rostos dos meus visitantes. Em determinada ocasião, um homem alto aproximou-se e segurou minha mão, sussurrando:

— Não posso perder mais um amigo.

Nesse contato, senti o calor de seu aperto, suas mãos estavam quentes. Retribuí seu gesto com um olhar de gratidão e, em seguida, ele partiu.

Foi então que minha esposa me revelou a identidade do homem: Rogério Peres, o arquiteto responsável pela concepção de nosso lar no Guarujá. Jamais imaginara que ele nutrisse tão profundo afeto por mim. Além de projetar uma morada sublime para nós, nossos caminhos cruzavam-se ocasionalmente em festas de amigos em comum.

A visita de Rogério me fez muito bem; desde então, comecei a sentir-me melhor. Um ano mais tarde, encontramo-nos novamente, durante o casamento da filha de um amigo em comum, na cidade de Santos. Sentindo a necessidade de indagar sobre o que havia ocorrido na UTI e sobre aquele aperto de mãos peculiar, que emanara uma energia revigorante através do calor que transmitia, abri meu coração a meu querido amigo, conduzindo-nos a um recanto mais reservado do evento.

— Você sentiu o calor de minha mão, Adolfo? Eu estava realizando um passe para você...

Rogério, um espírita fervoroso e admirador incondicional de Chico Xavier, compartilhou comigo que, no mesmo dia em que me visitara, perdera um amigo devido à cirrose, um agente, ligado ao universo das duplas sertanejas, que sofria com o álcool.

Embora não possua convicções arraigadas, aquele toque cálido transmitido por suas mãos, naquele dia, levou-me a acreditar que, naquele momento, Rogério havia me resgatado para a vida. Talvez tenha sido mera sensação minha, incapaz de discernir. Contudo, naquele instante, experimentei uma profunda sensação de bem-estar e dei início à minha recuperação. De alguma forma, aquele passe produziu o efeito desejado.

Após quarenta dias, emergi do hospital com dez quilos a menos, embora ainda necessitasse de meses para me recuperar totalmente daquele mal que me enfraquecera. Foi nesse período que me dediquei ao fortalecimento em meu lar, ao passo que delegava gradualmente as responsabilidades comerciais aos meus filhos. Era chegada a hora de transferir-lhes o bastão e ver Dani e Alain liderarem nosso negócio.

No entanto, havia uma questão delicada a ser enfrentada. Por gratidão aos mais de vinte anos de serviços prestados, nomeei Alberto Calabrese meu sócio; ele, que era marido de Cecília, minha ex-mulher, e vizinho de prédio. Ao longo de todo esse tempo, Alberto sempre fora um funcionário exemplar.

Contudo, meus filhos não desejavam dar continuidade a essa parceria e me colocaram contra a parede:

— Papai, se você optar por seguir adiante com Alberto como nosso sócio, tudo bem. Porém, nesse caso, nós vamos partir do zero e construir nosso próprio negócio. Mas, se você quiser que assumamos tudo, será necessário afastar Alberto de nossos empreendimentos.

Compreendi, então, a necessidade de resolver essa situação em prol do futuro de meus filhos. Muito estava em jogo, tínhamos uma próspera empresa, uma importadora renomada, um escritório na China, um depósito repleto de estoque e mercadorias a caminho, além de um capital considerável. Foi preciso conversar com Alberto e pedir-lhe que se retirasse de nossa sociedade.

Entretanto, ele não concordou em se afastar sem receber alguma indenização. Conversou com um advogado, argumentando que também possuía direitos e que havia trabalhado arduamente durante todos aqueles anos. Pressionou-me incessantemente e eu aceitava tudo o que Alberto afirmava. Contudo, fiz questão de recordar-lhe que sempre o recompensei generosamente e que, além disso, ele retirava da empresa quantias muito superiores às suas remunerações. Mesmo assim, ele não abria mão de receber uma boa quantia, embora não mencionasse algum valor específico.

Meu filho Dani tomou a frente para resolver a situação e determinar um montante para indenizá-lo. Após seus cálculos, chegou à conclusão de que seria justo repassar a Alberto vinte por cento de tudo o que ele havia levantado. Sem dúvida, fomos extremamente generosos com meu antigo sócio. Meus filhos almejavam desimpedir o caminho deles. Em outubro de 2019, Alberto aceitou o acordo proposto por Dani, recebeu sua parcela e retirou-se dos negócios.

Continuamos nos encontrando no edifício, trocando poucas palavras além das banalidades típicas de elevador. Ele seguiu com sua vida, e meus filhos estavam livres para assumir o comando. No início enfrentaram algumas dificuldades, pois o comércio sofreu consideravelmente com a pandemia. Cheguei a cogitar que suas aspirações não se concretizariam, pois ninguém sabia ao certo o que aguardar durante esse trágico período. Felizmente, meus filhos me surpreenderam, perseverando com dedicação admirável. Sinto um profundo orgulho por eles.

Alain estava planejando se casar com Geórgia, sua namorada daquela época —uma mulher exuberante, que capturava todos os olhares ao passar. No entanto, Geórgia era uma pessoa fútil, preocupada apenas com marcas famosas e roupas importadas. Recordo-me de como ela frequentava os salões de beleza luxuosos com assiduidade. Geórgia buscava um homem que sustentasse a vida extravagante que almejava, enquanto Alain estava dando os primeiros passos em seus empreendimentos.

No final de 2019, eles já haviam progredido o suficiente para alugar uma casa em uma vila, planejando mudar-se no início de 2020, após um réveillon em Miami. Passariam as festas de fim de ano na companhia da mãe de Geórgia, Carmen, uma mulher ainda mais bela que sua filha. Ela vivia com um americano de Nova Jersey, um sujeito rico e boa-pinta, com um ar de provinciano.

Arleti e eu planejávamos fazer um cruzeiro em Miami durante esse mesmo período. Alain insistiu fortemente para que passássemos o Natal juntos. Inicialmente relutei um pouco, pois não me sentia à vontade em passar o dia com pessoas desconhecidas. Além disso, minha sobrinha, filha de meu irmão Enrique, convidou-me para comemorar seu aniversário em Miami. Depois, eu tinha planos de visitar meu irmão Hugo na Costa Rica, onde passaríamos a virada do ano em família.

Embarcamos para Miami no dia 13 de dezembro, a caminho do nosso cruzeiro. A bordo, já percebi pessoas asiáticas utilizando máscaras e álcool em gel nas mãos. Os países asiáticos já estavam em alerta devido aos surtos de covid na China. No entanto, não dei muita importância, afinal os orientais sempre tiveram esses costumes. Eu não tinha ideia de que estávamos à beira de uma pandemia.

Retornamos a Miami em 21 de dezembro e, dois dias depois, encontramo-nos com Alain, Geórgia, sua mãe e o namorado americano. Estávamos em um bairro rico da cidade, repleto de shopping centers ao ar livre e latinos abastados. O padrasto de

Geórgia fazia o possível para nos deixar à vontade, e sua mãe era uma pessoa comunicativa. No entanto, algo parecia estranho entre Alain e sua namorada; agiam como se fossem dois desconhecidos. Durante o passeio, tentei quebrar o gelo e pedi para tirar uma foto deles em frente a uma bela árvore de Natal, mas eles recusaram. Conheço meu filho, sei quando algo está errado com ele.

Após o passeio, almoçamos e eles nos levaram ao nosso hotel. Planejamos nos encontrar novamente à noite, na casa da mãe de Geórgia. Arleti também percebeu a tensão no ar, mas pensamos que fosse apenas um desentendimento passageiro. Descansamos um pouco no hotel e nos preparamos para o encontro iminente.

Ao chegarmos à residência da mãe de Geórgia, uma bela casa, Alain começou a fazer carinhos em sua mãe, chamando-a de "minha linda, minha linda". Era evidente que ele já estava um pouco alterado, pois esse é o seu comportamento após alguns aperitivos. Assim que tive a oportunidade, levei Alain para um canto e perguntei o que estava acontecendo entre eles.

— Pai, eu me enganei em relação à Geórgia. Não quero mais morar com ela e ela também não deseja essa vida. Está tudo bem, mas acabou. Geórgia até comprou minha passagem de volta ao Brasil, eu vou embarcar amanhã. Nós dois simplesmente não combinamos, pai. Ela não é a mulher certa para mim.

Fiquei atônito ao ouvir meu filho. Questionei por que ele nos levara até lá, para passarmos por essa situação constrangedora. Por que não havia me dito nada antes? Sem saber onde enfiar minha cara, o americano também estava completamente perdido, esforçando-se para se comunicar comigo em inglês. Longe de ter a mesma fluência que meus filhos no idioma, minha interação era limitada. A mãe de Geórgia aproximou-se de mim e tentou minimizar o ocorrido, dizendo que era apenas uma pequena questão passageira. Mas ela não conhecia meu filho; quando Alain toma uma decisão, não há nada que o faça voltar atrás. De forma educada, encerramos a noite com um brinde e, antes de irmos embora, Alain pediu para que o levássemos ao aeroporto pela manhã.

No dia seguinte, Arleti e eu buscamos nosso filho e o levamos até lá. Em seguida, partimos diretamente para o aniversário de minha sobrinha no Española Way, um lugar badalado em Miami. Além de minha sobrinha, encontramos Enrique e sua esposa, Noemi. Eles mal podiam acreditar quando contei o que havia acontecido com meu filho. Alain retornou ao Brasil e ainda encontrou tempo para se juntar aos amigos em Jericoacoara para o réveillon. No final, tudo deu certo para ele. Quem poderia imaginar que, nessa viagem, ele encontraria Maria Fernanda, a adorável mulher com quem se casaria pouco tempo depois?

Quanto a Arleti e a mim, continuamos nossa jornada para a Costa Rica, onde passamos a virada do ano com Hugo. Meu irmão havia alugado suítes em um lugar chamado 360. Era um verdadeiro paraíso, que maravilha contemplar o pôr do sol naquele refúgio. Desfrutamos de dias maravilhosos nas praias costa-riquenhas antes de voltarmos à nossa realidade.

Logo no início de 2020, a trágica pandemia tomou conta do mundo. Um momento extremamente doloroso para todos, pois perdi minha querida tia Margarita para essa enfermidade. Que Deus a tenha. Das irmãs de minha mãe, apenas minha tia Olga continua viva, sendo uma referência para toda a família. Ela é adorada por todos, sobrinhos, primos... uma mulher verdadeiramente notável!

Arleti e eu optamos por nos refugiarmos em nossa casa no Guarujá durante o período de isolamento. Não queríamos passar tanto tempo trancados em nosso apartamento. A grande novidade desse ano foi o nascimento de meu netinho Bernardo, no dia 30 de junho de 2020; logo depois de meu aniversário. É o primeiro filho de Dani e Bruna, e nasceu em circunstâncias difíceis devido à pandemia. Mal pudemos ter contato com ele, não podia haver riscos de contagiá-lo. Só vim a pegar meu neto no colo meses depois de seu nascimento. Bernardo foi um sopro de esperança e de alegria, no meio de tantas dúvidas e tristezas engendradas pelo coronavírus. E, assim, seguimos ao longo do ano, até a chegada de 2021.

Ah, 2021... o ano que se revelou o mais desafiador de toda a minha existência. Recordo-me das agudas dores de cabeça que me atormentaram no início desse período, às vezes acompanhadas de vertigens tão intensas que me faziam cambalear. Nenhuma pista eu possuía acerca do que me afligia. Submeti-me a exames no prestigiado Hospital Albert Einstein, em busca de respostas que se escondiam além do meu alcance. Lembro-me de como até mesmo minha visão parecia turva, enquanto, na consulta, vislumbrava insetos pelo teto. No entanto, a junta médica que me acolheu não logrou identificar qualquer problema, e parti dali sem a mínima compreensão do que se passava comigo.

Todavia, as dores persistiam e espasmos irrompiam em meu semblante. Eu não sabia mais o que fazer. Foi então que, como sempre, minha amada esposa, a doce Arleti, buscou ajuda especializada. Fomos indicados a um eminente infectologista, o Dr. Macadâmia. Todavia, ao contactá-lo, o médico esclareceu que minha aflição não se enquadrava em sua área de especialização; gentilmente, ele nos orientou a um notável neurologista. Era o Dr. Ruy Nakamura, um dos maiores expoentes da neurologia no Hospital Sírio-Libanês. Agendamos uma consulta com ele.

Submeti-me a uma série de exames, incluindo uma tomografia craniana, entre outros procedimentos. Logo o Dr. Nakamura identificou algo singular em meu semblante, uma sinusite de natureza infecciosa, cuja resolução demandaria uma pequena cirurgia. Seria algo simples e com rápida recuperação. Fiquei internado apenas um dia no Sírio-Libanês, enquanto o médico realizava cortes cirúrgicos em minha face, removendo a sinusite. Em seguida, o material coletado foi encaminhado para análise em um laboratório.

Uma semana depois, o médico entrou em contato comigo, solicitando uma conversa urgente. Ele havia realizado uma biópsia e identificado um tumor maligno. Aquela notícia caiu sobre mim como uma bomba, apanhando-me desprevenido. Nunca, em toda a minha vida, enfrentara tal adversidade. O Dr. Nakamura asseverou que seria imprescindível procurar um oncologista e submeter-me a um tratamento para combater o câncer que se alojava em meu rosto.

Ele me indicou um dos especialistas mais renomados no assunto, o Dr. Gilberto Castro, um notável oncologista. Não é tarefa fácil enfrentar o câncer. É um combate árduo, que se estendeu por três longos meses de quimioterapia, radioterapia, imunoterapia, análises sanguíneas, acompanhamento psicológico e nutricional. O Hospital Sírio-Libanês também contava com o Dr. Arruda, um excelente radiologista, que me acompanhou nessa batalha.

Tive um apoio inestimável de minha família, sobretudo de Arleti, que permanecia a meu lado a cada minuto. Submeti-me a um tratamento a laser na boca para aliviar os efeitos colaterais da radioterapia, feridas na gengiva e na garganta. Perdi o paladar e o olfato, bem como o apetite. Foram dias de intensa batalha, cujas sequelas perduram até os dias atuais. Meus lábios permanecem dormentes, assim como minha face.

Por certo, minha resistência física ficou seriamente comprometida após enfrentar esse tratamento; porém, os resultados pareceram promissores, recebendo a notícia de que o câncer não retornara. Contudo, era necessário prosseguir com o acompanhamento médico durante o período de remissão, na esperança de que o câncer não aparecesse uma vez mais.

No mês de setembro, meus filhos vieram até mim com uma notícia: haviam encontrado um locatário para o nosso depósito. Tratava-se de um taiwanês que se dedicava à importação de flores artificiais ornamentais. Aquele era um alento para nós, pois o depósito havia perdido sua funcionalidade e nos impunha custos elevados de manutenção. No início do ano, tivemos que realizar uma reforma dispendiosa no prédio, construindo um deque para facilitar a entrada dos caminhões. Além disso, arcávamos mensalmente com os altos impostos. Também foi necessário reforçar a segurança, uma vez que o depósito sofrera uma tentativa de invasão por parte de desabrigados que buscavam ocupar o local. Nos últimos anos, o espaço havia sido deixado um tanto abandonado. Meus filhos não utilizavam aquele lugar, pois armazenavam suas mercadorias em um dos portos do Espírito Santo.

Em nosso depósito havia uma infinidade de produtos antigos, sobras de estoque e muitas mercadorias guardadas. No entanto, para mim, aqueles itens não eram meros objetos sem valor. O que estava ali representava minha vida e meu empenho. Por trás de cada produto havia uma história, um país de origem, as negociações para adquiri-los, o processo para trazê-lo ao Brasil. Eram batalhas travadas, décadas de trabalho, um verdadeiro tesouro pessoal.

Não demorou muito para que surgisse a questão do que fazer com tudo aquilo em um prazo tão curto. Eu não podia simplesmente me desfazer sem mais nem menos, pois ali havia muitos sacrifícios acumulados. No entanto, não havia lugar para guardar minhas relíquias. Infelizmente, precisei abrir mão das minhas conquistas, com grande pesar no coração.

Logo surgiram os abutres, oferecendo migalhas pelo meu estoque. Propunham preços ridículos, uma verdadeira afronta aos anos de trabalho e dedicação que tão pouco valorizavam. Tentavam se aproveitar da fragilidade da minha situação. Por outro lado, meus filhos não compreendiam meus sentimentos em relação ao estoque, pressionando-me para esvaziar o galpão e entregá-lo até novembro. Eles não se interessavam por nada que estava lá dentro, não concebiam o valor inestimável daquilo tudo, fruto de dedicação e intrinsecamente ligado à própria história deles.

Foi um mês extremamente árduo, com Arleti ao meu lado a cada passo dessa jornada. Voltávamos para casa todos os dias imundos, após revirar tantas coisas. A dificuldade era ainda maior devido à minha saúde, pois ainda me recuperava da batalha contra o câncer. Compreendo que meus filhos tinham suas próprias responsabilidades, enfrentavam uma pandemia que trazia desafios significativos aos negócios. Até contrataram alguns funcionários para me ajudar nesse processo. No entanto, eles não tinham a consciência de todos os sacrifícios necessários para preencher aquele galpão com tudo o que estava lá dentro. Talvez um dia eles passem por um processo semelhante e compreendam melhor o valor de décadas de trabalho árduo.

Arleti e eu derramamos muitas lágrimas durante aquele mês em que nos dedicamos a esvaziar nosso galpão. Por fim, decidimos nos afastar de qualquer abutre e doamos a maioria de nossos produtos para a família de minha esposa, que nos liga todos os dias para expressar sua gratidão. Hoje eles sobrevivem graças às vendas desses produtos. Certamente terão uma década inteira para comercializar a última relíquia. Fechamos os olhos e os beneficiamos com todo o nosso tesouro.

Findada essa penosa tarefa, no mês de novembro de 2021, embarquei com Arleti rumo a Buenos Aires. Nossa viagem tinha como propósito participar de uma reunião familiar organizada pelos meus primos. Contudo, essa jornada revelou-se pesarosa. Minhas forças fraquejaram e eu enfrentava muitas tonturas. As dores retornaram ao meu rosto, e o temor de uma recidiva do câncer se apossou de mim. No entanto, os médicos haviam me assegurado de que eu estava sem nenhum tumor antes de nossa viagem.

Meus primos haviam escolhido um clube sefardita como local para o encontro; parte deles era bem religiosa. A angústia me dominava, tornando-se impossível aproveitar esse momento tão esperado. Eu não conseguia me alimentar corretamente e a apatia me desanimava a proferir o discurso que havia preparado com tanto esmero.

Havia parentes que não via fazia mais de quatro décadas, todos protegidos por máscaras, devido à pandemia. Eu nem sequer pude expressar tudo o que havia memorizado, quando chegou minha vez de discursar. Não me foi possível desfrutar desse momento tão importante; eu ansiava apenas regressar a São Paulo.

No dia seguinte ao encontro, esforcei-me para passear pela minha cidade natal na companhia de Karina e minhas adoráveis netas. Juntos, empreendemos uma incursão às compras e desfrutamos de um almoço. Após a refeição, nós passeamos por Flores, badalado bairro de Buenos Aires. O deleite de estar ao lado de minha filha, com quem partilho uma história tão rica, acalentava-me a alma.

Entretanto, depois de nos despedirmos e do meu retorno à casa de meu irmão Enrique, onde estava hospedado, deparei-me com uma surpresa profundamente desagradável. Lembro-me de já termos jantado, deveriam ser quase 22h, quando os gritos de minha cunhada ecoaram pela residência. Karina tinha compartilhado em suas redes sociais a descoberta de que havia contraído a covid-19, e, considerando que havíamos passado todo o dia juntos, havia uma grande probabilidade de Arleti e eu também termos sido infectados.

Aterrorizada, Noemi tratou-nos de forma equivocada e nos relegou à própria sorte, como se fôssemos leprosos indesejáveis. Tanto ela quanto meu irmão Enrique partiriam para Miami em dois dias e se recusavam a cogitar a possibilidade de terem contraído a doença. Arleti, extremamente consternada, começou a arrumar as malas. Eu não conseguia acreditar no desenrolar dos acontecimentos, tudo estava se passando rapidamente. Aqueles que deveriam ser nossos acolhedores expulsaram-nos de sua casa, sequer nos acompanhando até o elevador.

Ainda ressoa em minha mente o grito de Noemi:

— Espero não ter sido contagiada por vocês.

Até então, eu nem sequer tinha ciência de que Karina estava com covid e havia publicado sobre isso nas redes sociais. Somente depois pude compreender melhor o que se passou nessa ocasião. Que situação angustiante!

Quando já estávamos na rua, minha querida sobrinha Solange, filha deles, telefonou para socorrer-nos:

— Tio, estou no aeroporto. Por favor, vão para minha casa, não há ninguém lá. Vou avisar para liberarem a entrada de vocês no prédio.

Assim, Arleti e eu nos confinamos por dois dias nesse apartamento, aguardando, ansiosos, pelos resultados dos exames. Em breve embarcaríamos de volta ao Brasil.

Os exames revelavam-se imprecisos, algo peculiar. Não confirmavam nossa condição de infectados pela covid-19, tampouco nos exoneravam da suspeita. Todavia, os sintomas começaram a se manifestar quando chegou o dia de nossa partida. Eu já me encontrava tão debilitado que mal compreendia o que me afligia. Ao chegar ao aeroporto, deparamo-nos com um novo pesadelo. Nossa destreza com as novidades tecnológicas é limitada, não conseguíamos realizar o check-in pelo celular. O funcionário do aeroporto, desprovido de qualquer empatia, repetia incansavelmente para realizarmos o procedimento em nosso dispositivo, sem demonstrar o mínimo interesse em nos auxiliar. Chegou ao ponto de nos retirar da fila, declarando que, caso não efetuássemos o check-in, não embarcaríamos. Sentindo-me ultrajado, lágrimas de fúria e desrespeito embargaram meus olhos.

    Felizmente, um cavalheiro que testemunhara a cena veio em nosso socorro, compreendendo que eu mal conseguia me manter em pé. Tudo o que eu desejava era chegar o mais rápido possível a São Paulo, para dirigir-me imediatamente ao hospital e averiguar o que se passava comigo. Havia ainda o risco de termos contraído o vírus de minha filha. Com imensa gentileza, esse altruísta tomou meu celular em mãos e nos auxiliou a concluir o procedimento. Graças a ele, conseguimos embarcar e retornar à capital paulista naquele voo.

    Cheguei ao Brasil em um estado lastimável. Um líquido branco, assemelhando-se a pus, emanava de meu nariz, mergulhando-me em pânico. Entretanto, antes de tratar desse problema, era necessário enfrentar o coronavírus. Tanto eu quanto Arleti havíamos contraído a doença...

    Após nossa recuperação, consultei a dermatologista Dra. Sandra para investigar o que estava ocorrendo com meu nariz. Eu acreditava que aquela secreção pudesse ser fruto de uma infecção. De imediato, a médica propôs uma biópsia. Estávamos em meados de dezembro quando me submeti ao exame em um laboratório. Pouco tempo depois, partiríamos para a Bahia, onde meus filhos haviam alugado uma casa na Praia do Forte para passarmos, juntos, as festividades do fim de ano.

Chegamos a Salvador na véspera do Natal. Ao sairmos do aeroporto, dirigimo-nos a uma locadora de veículos para alugar um carro. Foi nesse momento que o telefone tocou, trazendo-me péssimas notícias. Do outro lado da linha, a Dra. Sandra comunicou-me um diagnóstico avassalador. Aquilo que escorria de meu nariz não era pus, mas sim a metástase de um novo câncer, uma adversidade completamente distinta da que eu já havia enfrentado. Fiquei devastado.

Estávamos a caminho de uma casa repleta de luxos e regalias, meus filhos acompanhados de minhas noras, meu netinho Bernardo e os funcionários. Michel logo se juntaria a nós. Eles haviam preparado tudo para que desfrutássemos de um momento familiar maravilhoso. Como eu poderia despejar sobre eles uma notícia tão avassaladora, em um momento tão especial? Eu não desejava afligi-los com esse terrível problema.

No entanto, após o Natal, eu me reuni com os meus filhos para compartilhar o que se passava com a minha saúde. Foi um momento de extrema angústia para mim. Felizmente, meus garotos revelaram-se fortes e amorosos.

— Papai, não se preocupe! Estamos unidos nessa nova batalha. Já superamos um desafio e temos certeza de que venceremos outro. Estaremos ao seu lado, ombro a ombro.

Abraçamo-nos e trocamos beijos afetuosos, aproveitando a celebração de Ano-Novo para recarregar minhas energias e me preparar para um novo tratamento.

Regressei da Bahia com minhas dúvidas pairando sobre o Dr. Gilberto Castro e o Dr. Arruda. Eles haviam assegurado que tudo estava bem momentos antes da minha viagem a Buenos

Aires. Eu ainda não compreendia totalmente o que havia acontecido, pois não detectaram aquele tumor. Uma sensação de insegurança me envolvia.

Nesse intervalo, recebi uma ligação da Dra. Sandra, que me sugeriu marcar uma consulta com seu colega oncologista que trabalhava no Hospital do Câncer. Percebi que era uma boa ideia, pois ouvir uma segunda opinião não faria mal. O médico em questão era renomado, diretor daquele prestigioso hospital, embora fosse cirurgião e não realizasse tratamentos. Porém, ao mencionar os nomes dos dois médicos com os quais havia me consultado inicialmente, Dr. Castro e Dr. Arruda, o diretor do Hospital do Câncer me tranquilizou.

— Adolfo, você não precisa de mim, já está em ótimas mãos. Acredite, eles me livraram de um câncer na próstata, são excelentes médicos.

Além disso, minha família e eu consideramos positivo o fato de já conhecermos os médicos e o hospital onde eu faria o tratamento, já que havia dado certo na primeira vez. Fico extremamente grato hoje em dia, pois, cientificamente, era difícil detectar o novo tumor, que não tinha relação com o anterior. Era algo novo, em meu nariz.

Sentindo-me mais confiante, retornei ao lado do Dr. Castro e do Dr. Arruda. O Dr. Castro definia o tratamento, enquanto o Dr. Arruda executava o planejamento. Eram dois médicos de extrema importância, sempre acompanhados por uma equipe médica de alta qualidade. Inicialmente pensei que iria sucumbir, que o câncer se espalharia por todo o meu corpo. No entanto, os médicos buscaram sempre me tranquilizar, afirmando que esse câncer era externo, visível e mais fácil de tratar — em comparação ao anterior, que era mais perigoso. Logo retomei as sessões de quimioterapia e radioterapia, uma jornada indubitavelmente árdua. Sentia-me exausto após cada tratamento, vendo minhas sobrancelhas e os poucos cabelos que possuía caírem. Curiosamente, após o tratamento, meu cabelo voltou a crescer, mas agora mais escuro, em vez de branco. O Dr. Castro havia presumido que isso aconteceria.

Enfrentei o câncer ao lado de uma mulher extraordinária, Arleti. Pobre Arleti, ela sofreu muito ao me acompanhar em minha enfermidade. Continua bela como sempre, porém abatida pelo processo. Até hoje, cuida de mim como se eu fosse um bebê, sempre preocupada. Sou um homem afortunado por ter uma mulher como ela, um verdadeiro anjo guardião.

Recebi um cuidado excepcional dos profissionais que me assistiram; até hoje sou tratado como um príncipe sempre que retorno ao consultório. Tenho a grande vantagem de possuir um bom plano de saúde, algo a que nem todos têm acesso. Durante toda a minha vida, paguei caro por isso e, agora, pude perceber que realmente valeu a pena. O Dr. Arruda é um médico competente, uma pessoa excepcional. E o Dr. Gilberto Castro, que ser humano fantástico. Eles me transmitiram muita força ao longo do tratamento, que se estendeu até meados de 2022. Agora, é importante manter o acompanhamento e não deixar de realizar os exames de remissão. Felizmente, sinto-me muito melhor e mais forte.

Entre os meses de novembro e dezembro, o mundo presenciou a Copa do Mundo no Catar. Confesso que minhas expectativas em relação à seleção argentina não eram grandiosas; afinal, começamos o torneio com uma derrota para a Arábia Saudita. Não estava confiante, acreditava que o Brasil se sairia melhor. No entanto, durante a competição, a seleção do meu país mostrou uma determinação e uma garra impressionantes.

Assim que o Brasil foi eliminado, todos nós nos unimos em uma torcida fervorosa pela Argentina.

Que final emocionante! Meus olhos se encheram de lágrimas ao ver os jogadores lado a lado, entoando, com fervor, nosso hino nacional. Ali, senti em meu coração que já tínhamos vencido o jogo. Vivenciei essa partida intensa em minha própria casa, ao lado de minha esposa e meu filho Alain. Nos últimos tempos, o povo argentino tem enfrentado inúmeras dificuldades, então foi revigorante ter um motivo para recuperar nosso orgulho diante do mundo. Que esse sentimento possa transcender o futebol e que, em breve, a Argentina possa superar a delicada situação que a assola há tanto tempo.

Contudo, o mundo do futebol também sofreria uma perda inestimável no final do ano, pouco tempo após a Copa. Eu perdi meu querido amigo, o Rei Pelé. Sua morte me entristeceu profundamente. Ele havia passado por muitos sofrimentos, mas era uma pessoa excepcional. Conhecia-o muito bem. Desde meados de 2016 ele já enfrentava problemas de saúde, quando se casou com Márcia. Sua esposa o isolou, mantendo-o afastado de todo mundo.

Ele morava próximo a mim, na alameda Jaú. Nós, seus amigos, sabíamos que ele enfrentava doenças havia algum tempo. Em decorrência desses problemas de saúde, ele não pôde participar da Copa do Mundo de 2018. Ele caminhava com dificuldade, sofria com problemas renais. Apesar de vivermos tão perto um do outro, raramente nos encontrávamos por aqui. No entanto, frequentemente nos reuníamos na casa de nosso amigo Hugo Rinaldi, onde Pelé, sua irmã e seu filho Edinho compareciam. Quantas festas de fim de ano compartilhamos juntos — Pelé sempre presente!

Foi uma tristeza profunda. Ele não merecia sofrer como sofreu. A única coisa que lamento em sua conduta foi o fato de ele não ter reconhecido sua filha legítima. Não sei se ele carregou consigo toda essa tristeza em seus últimos dias. Mas era uma pessoa extraordinária e humilde, mal parecia que era um Rei. Que descanse em paz.

Recebi a triste notícia de sua partida enquanto estava em Punta Cana. Partimos para lá no dia 22 de dezembro, pouco tempo depois da conquista da Copa do Mundo. Foi ideia da minha sobrinha Solange, filha de Enrique, reunir alguns parentes em uma viagem. O que começou com poucos rapidamente transformou-se em um grupo de mais de 25 pessoas, ansiosas por passar o Ano-Novo juntas. Solange organizou tudo, fez as reservas em um hotel espetacular, um verdadeiro paraíso na Terra.

Passamos do dia 22 de dezembro até o dia 4 de janeiro, desfrutando de quatorze dias vestidos de azul e branco. Todos os olhares se voltavam para nós e nos cumprimentavam pela conquista da taça. Lá estavam meus irmãos e suas esposas, sobrinhos e minha querida tia Olga. Pessoas vindas da Argentina, Costa Rica, Espanha e França, como o caso de meu sobrinho Damián e sua esposa.

Em Punta Cana, tive o prazer de conhecer um argentino que reside em Murcia, uma cidade costeira próxima a Sevilha, na Espanha. Seu nome era Jorge, amigo de longa data da minha sobrinha Marina, que hoje vive em Miami. Foi por intermédio dela que tive o privilégio de conhecê-lo, com sua esposa, Carmem, e seus três filhos. Pessoas verdadeiramente encantadoras.

Foram momentos deliciosos, daqueles que tornam a vida valiosa. Desfrutamos de comida excepcional, aperitivos, danças e risadas incessantes. Mantemos contato regularmente; Jorge vive em um verdadeiro paraíso, e todos nós já estamos convidados para visitá-lo nessa bela praia mediterrânea. Tanto ele como seu filho possuem vozes surpreendentes, assim como a filha de minha sobrinha Marina. Era emocionante vê-los cantar.

    A viagem foi tão maravilhosa que Solange já está organizando uma nova aventura para todos nós, desta vez em Playa del Carmen, no México. Já estamos nos preparando para estarmos juntos novamente, celebrando mais um grande momento. Aprecio imensamente a companhia de meus irmãos; afinal, somos todos mortais. Já estamos em uma fase avançada da vida e já perdemos uma irmã, o que foi uma dor intensa para todos nós. Portanto, aproveitamos cada momento que passamos juntos, conscientes de que não sabemos quando isso poderá não ser mais possível. Precisamos valorizar esses momentos tão especiais. É isso que realmente importa na vida, é isso que se torna o mais dourado em nossas memórias.

    No mês de abril de 2023, tive a oportunidade de regressar à Argentina, desfrutando de uma boa saúde. O motivo dessa viagem era verdadeiramente especial, pois se tratava do casamento do meu Alain com Maria Fernanda. Fiquei imensamente surpreendido, pois jamais poderia imaginar que ele planejaria uma celebração tão glamorosa. Organizaram tudo a distância, e eu duvidava que desse certo. Imaginem só, um casamento em outro país, confiando toda a preparação a uma organizadora portenha. Romina, que mulher competente, conduziu o evento com maestria.

    Alguns dias antes da cerimônia, fomos agraciados com uma surpresa extraordinária, promovida pelo meu sobrinho Jonathan. Ele nos convidou para um evento em sua casa, onde costumava organizar o Club Silencio. Éramos cerca de trinta pessoas ocupando um espaço de vinte metros quadrados. Jonathan providenciou acomodações para todos e nos serviu petiscos, antes de nos presentear com a exibição de um vídeo repleto de imagens da nossa grande família. Entre elas estavam minhas saudosas tias, meu pai e minha mãe. Ah, a emoção tomou conta de todos nós! Jonathan sempre revelou ser um artista de extrema sensibilidade.

Pude rever minha mãe, rodeada por suas irmãs, nos tradicionais chás das cinco horas, tão característicos da Argentina. Sua alegria e encantador sorriso nos emocionaram profundamente. Foi uma exibição que nos tocou intensamente; lágrimas fluíram em abundância, uma noite indescritível. Naquele momento, todas as rusgas e ressentimentos se dissiparam; algo verdadeiramente especial. Os laços que nos uniam eram mais fortes do que qualquer desentendimento mesquinho. Que experiência grandiosa Jonathan nos proporcionou com aquela surpresa.

Após esse momento familiar tão especial, chegou a hora de dar início às festividades do casamento do meu filho. A celebração começou na sexta-feira, com um animado happy hour pré-nupcial, realizado no terraço do hotel onde os quase 150 convidados brasileiros, amigos dos noivos, estavam hospedados. Todos vestidos de branco, exceto Alain e sua futura esposa. Eles até mesmo trouxeram um DJ brasileiro para animar a festa. Tudo estava meticulosamente organizado.

No dia seguinte, dirigimo-nos ao Palácio Sans Souci, localizado em San Fernando, a quarenta quilômetros de Buenos Aires. Era uma imponente construção, bem preservada, adornada por um jardim deslumbrante, capaz de deixar qualquer um sem palavras. Ficamos ali durante a recepção, que teve início às 17h e estendeu-se até às 20h, quando adentramos o palácio para dar continuidade à cerimônia.

Acompanhei os preparativos desde o começo, permanecendo próximo ao meu filho, que descontraía com seus padrinhos, desfrutando de um bom uísque. Que festa maravilhosa! Uma orquestra composta por nove músicos executava peças eruditas para entreter os convidados, algo verdadeiramente excepcional. Romina, a mencionada organizadora, demonstrou um talento notável ao cuidar de todos os detalhes. E o que dizer da gastronomia? Simplesmente transcendental.

    Alain fez sua entrada para a cerimônia ao lado de Arleti, que mal conseguia conter as lágrimas, tão emocionada estava. Todos nós compartilhávamos da mesma comoção, e eu sentia uma alegria imensa pelo meu filho, sabendo que ele atravessava um momento tão belo em sua vida. Desejo apenas o melhor para ele e para todos. Foi uma festa inesquecível, que perdurou até as cinco da manhã de domingo, deixando-nos extasiados.

Epílogo

Neste momento da minha jornada, vislumbro apenas os planos imediatos, pois o futuro já não desperta meu interesse. De segunda a quinta-feira permaneço em São Paulo, cuidando da minha saúde e desfrutando da companhia encantadora do meu netinho, Bernardo. Em breve ele terá a alegria de receber seu irmãozinho Davi, que ainda se encontra no ventre materno. E, nos fins de semana, meu destino é sempre a praia. Enquanto a nossa casa no Guarujá estiver de pé, descerei a serra para vislumbrar o oceano. Ah, a paz que se instala quando durmo ao som das ondas beijando a areia! Adoro dirigir, sempre fui um hábil condutor, viajo tranquilamente rumo ao litoral.

Desfruto da companhia de uma mulher extraordinária, cuja presença em minha vida é como um sonho tornado realidade. Cultivo amizades sinceras, com quem gosto de conversar e compartilhar momentos, sempre que possível. Não há arrependimentos em minha vida, e, com grande prazer, trilharia exatamente o mesmo caminho novamente, mesmo nas encruzilhadas mais sinuosas, pois foram elas que me conduziram até aqui.

À medida que me aproximo do fim desta jornada chamada vida, reflito sobre as experiências, desafios e conquistas que moldaram a pessoa que me tornei. Cada capítulo, cada página virada trouxe consigo uma lição valiosa e um momento precioso.

Ao olhar para trás, vejo uma vida repleta de altos e baixos, porém sempre marcada por determinação e perseverança. Superei obstáculos inimagináveis, encontrei o amor verdadeiro e amizades sinceras, deixando minha marca no mundo de maneiras pequenas, mas significativas.

Com o passar dos anos, aprendi que o verdadeiro valor reside nas conexões humanas e na capacidade de impactar positivamente a vida dos outros. Os relacionamentos que cultivei e as memórias que compartilhei são tesouros que levarei comigo até o último suspiro. Embora as rugas marquem meu rosto e a idade enfraqueça meu corpo, sinto uma profunda gratidão por todas as oportunidades que a vida me proporcionou. Alegro-me com os momentos de felicidade, valorizo os desafios que me fortaleceram e guardo as lições aprendidas ao longo do caminho.

No crepúsculo da minha existência, encontro-me em paz e serenidade. Aceito o ciclo natural da vida e compreendo que um dia me despedirei deste mundo. No entanto, meu legado permanecerá vivo nas histórias compartilhadas, nas lições transmitidas e nas vidas que toquei.

Aos que vierem depois de mim, peço que valorizem cada instante, abracem as oportunidades e pratiquem a bondade uns com os outros. Lembrem-se de que a vida é efêmera, mas seu impacto pode ecoar através das gerações.

Agora, enquanto o sol se põe e as sombras da noite se aproximam, concluo minha autobiografia com um coração grato e uma mente repleta de memórias. Que minha história inspire outros a viver plenamente, enfrentar os desafios de frente e encontrar a verdadeira felicidade em cada momento precioso.

FONTE Loretta
PAPEL Pólen Natural 80 g/m²
IMPRESSÃO Digitop